西南政法大学国际法学精品博士文丛

张晓君　总主编

《蒙特利尔公约》视角下承运人强制责任保险研究

胡　晓／著

MENG TE LI ER GONG YUE
SHI JIAO XIA
CHENG YUN REN QIANG ZHI ZE REN BAO XIAN YAN JIU

法律出版社
LAW PRESS · CHINA
北京

图书在版编目(CIP)数据

《蒙特利尔公约》视角下承运人强制责任保险研究 / 胡晓著. -- 北京 : 法律出版社, 2023
(西南政法大学国际法学精品博士文丛 / 张晓君总主编)
ISBN 978 -7 -5197 -8128 -6

Ⅰ. ①蒙… Ⅱ. ①胡… Ⅲ. ①制止非法劫持飞机公约 — 承运人责任 — 责任保险 — 研究 Ⅳ. ①D815.5

中国国家版本馆 CIP 数据核字(2023)第 138599 号

《蒙特利尔公约》视角下承运人强制责任保险研究
《MENGTELIER GONGYUE》SHIJIAOXIA CHENGYUNREN QIANGZHI ZEREN BAOXIAN YANJIU

胡 晓 著

策划编辑 徐 菲
责任编辑 徐 菲
装帧设计 鲍龙卉

出版发行 法律出版社
编辑统筹 法律考试·职业教育出版分社
责任校对 李慧艳
责任印制 胡晓雅
经 销 新华书店

开本 A5
印张 8.375 字数 187 千
版本 2023 年 9 月第 1 版
印次 2023 年 9 月第 1 次印刷
印刷 北京虎彩文化传播有限公司

地址:北京市丰台区莲花池西里 7 号(100073)
网址:www.lawpress.com.cn
投稿邮箱:info@lawpress.com.cn
举报盗版邮箱:jbwq@lawpress.com.cn

销售电话:010 - 83938349
客服电话:010 - 83938350
咨询电话:010 - 63939796

书号:ISBN 978 -7 -5197 -8128 -6
定价:42.00 元
凡购买本社图书,如有印装错误,我社负责退换。电话:010 - 83938349

张晓君

教授、国际法与国家安全学双博士研究生导师。西南政法大学国际法学院院长、区域国别学院院长、国家级涉外法治研究基地东盟法治研究院执行院长、中国-东盟法律研究中心秘书长、海外利益保护研究中心主任。司法部国际法咨询委员会专家，入选司法部全国千名涉外律师领军人才库、中国国际经济贸易仲裁委员会仲裁员、中国海事仲裁委员会仲裁员。教育部哲学社会科学重大攻关课题“对‘一带一路’沿线国家投资风险监测预警体系研究”首席专家。

胡　晓

重庆市人，重庆科技学院法政与经贸学院讲师，硕士生导师，重庆市创新文化研究中心研究员。西南政法大学国际法学博士。主要研究方向为国际法理论、航空法、能源法。主持并参与国家级、省部级课题十余项，发表学术论文十余篇。

引　言

一、研究目的

1999年5月28日《统一国际航空运输某些规则的公约》(以下简称《蒙特利尔公约》),在加拿大蒙特利尔签订。该公约于2003年生效,我国为《蒙特利尔公约》的缔约国,其于2005年对我国生效。1999年《蒙特利尔公约》对华沙体系的继承和创新无疑是成功的,它结束了华沙体系的碎片化时代,规范了承运人责任,对华沙体系中不合时宜的内容进行了修正。例如,旅客人身伤亡实行双梯度责任模式,在第二梯度下承运人可能承担无限责任;新增起诉地,扩大了管辖权范围;确立承运人强制责任保险。这些对华沙体系的创新性突破无疑是1999年《蒙特利尔公约》权威性的基石。特别是该公约第50条规定的承运人强制责任保险,是其保护消费者利益宗旨的最好体现。该制度不仅表明了国际公约由承运人利益导向朝消费者利益导向的转变,同时也符合法律人本化发展的规律,在国际航空私法领域有着非常重要的现实意义。但是从2003年《蒙特利尔公约》生效至今,在司法实践中,人们对该公约所规定的保险范围、充分保险的含义以及一些其他相关概念的界定方面,都存在不少疑惑之处,这不仅阻碍了该公约的适用,也不利于法治的发展,因而对此有检讨与反思的现实必要性。

保险的作用主要是管理风险和分散风险,属于一种风险管理的方式。保险被定义为预先将相对小额的保险费缴给保险业者,保险业者对未来发生承保的意外事故,负损害赔偿责任,也就是被保险人以确定的小损失将巨大灾难的不确定性转移给保险业者。这不仅是社会经济发展的结果,也是保障社会稳定的机制。保险一般以自愿保险为主,但是在一些高风险领域则需要引入强制责任保险制度,在日常生活中,我们最常见的就是机动车交通事故责任强制保险,除此之外,在船舶和民用航空器领域也有相关的强制保险规定。根据1995年出台的《中华人民共和国保险法》(以下简称《保险法》)第10条规定,我国强制保险由法律、行政法规明确规定,除此之外任何部门规章或地方政策都无权规定强制保险。可见在当时的社会条件下,我国对强制保险的态度非常谨慎。这主要是因为,1995年出台《保险法》时,我国经济市场化程度不高,只有少数几家保险公司。由于保险公司数量少,无法形成有效的市场竞争,保险公司不注重服务和品质的提升。针对这种现象,法律将强制保险的权限进行了严格控制。所以1995年审议通过的《中华人民共和国民用航空法》(以下简称《民用航空法》)只规定了对第三人的强制责任保险,2008年修正的《民用航空法》也未对航空责任保险范围作出调整。但是随着我国改革开放的不断深化,保险行业的格局也发生了巨大改变,保险公司的数量、规模、服务和品质都有了明显的提升。因为有了正常的市场竞争,保险在处理突发事件、稳定社会和促进和谐社会构建上起到的作用越来越突出,所以强制责任保险的范围应该在航空领域得到扩大。航空事故的后果通常都是灾难性的,保险不仅能分散航空承运人的风险,也能保证消费者的权益,它已真正成为一种保护弱者的公共管理机制，将强制保险制度引入此领域是共赢结果。

二、研究方法

（一）历史研究法

对《统一国际航空运输某些规则的公约》（以下简称《华沙公约》）的起源、内容及对其修正的议定书、相关协定与若干国家的规定加以阐述，并对1999年《蒙特利尔公约》进行相关的介绍和说明，以勾勒国际航空承运人损害赔偿责任法治的演变。另外，本书对我国《民用航空法》的立法沿革作出整理，借此介绍我国法律在此部分的发展历史。

（二）比较研究法

本书将华沙体系与1999年《蒙特利尔公约》就航空承运人对旅客伤亡、延误，以及对货物行李毁灭、遗失、损坏或延误损害赔偿责任相关规定的差异予以比较研究，审视我国《民用航空法》及其他相关规定是否符合国际公约。

（三）文义研究法

公约的理解通常从文义解释开始，也就是从有关条文的文字阅读开始，并设法了解文字的意义，公约制定牵涉不同法系的相异概念，甚至文字含义的差异。1999年《蒙特利尔公约》共有6种语言的作准文本，碍于语言表达的界限，有时仅有单一语言的文本未必可以获知其真意。1999年《蒙特利尔公约》有中文作准文本，故在解释1999年《蒙特利尔公约》的规定时，本书以中文文本为基础，还参考英文文本、法文文本的条文以助理解。

三、研究创新

1. 本书以联系的眼光看待《华沙公约》和1999年《蒙特利尔公

约》两者之间的关系，在重点分析1999年《蒙特利尔公约》规则的同时，同样关注规则形成的原因。在当时的历史条件下，1999年《蒙特利尔公约》对《华沙公约》规则的保留和变化都有其深刻含义且代表了价值取向的转变，如果孤立地看待二者间的关系，得出的结论就是不准确和片面的。而且《华沙公约》所形成的法理可以适用于1999年《蒙特利尔公约》，理应值得重视。

2. 在人身伤亡赔偿责任章节，以国际法人本化思想为指导。本书第二章第三节探讨了单纯精神损害赔偿，在各国实践不一致的情况下，应该明确这种赔偿种类是否该引入，统一各国实践。人本化思想体现以人为本，人身伤亡责任与行李货物灭失责任相比，所带来的灾难后果是无法弥补与挽回的。国际航空法应该与国际法发展趋势统一，以人本化思想指导立法，在明确相关法规运用的基础上统一各国认识。

3. 在民用航空货物运输章节，本书考虑多式联运下各种运输方式之间承运人责任、保险责任的冲突问题。在全球化不断深入发展的今天，多式联运越来越发达，规则之间的冲突难免影响行业发展，如何在解决冲突的同时，设计与其相符的保险制度，应引起关注。

4. 在延误章节，以平衡各方利益为指导思想。本书通过对航班延误承运人责任的研究，发现在我国民用空域小、流量控制次数多的情况下，航空承运人往往也面临很大风险，并非处于绝对优势地位。因此，为了平衡航空承运人和旅客的权益，对延误进行法律分类是更具合理性、可行性的办法。

第一章　承运人责任与强制责任保险历史演进

第一节　航空保险概论

一、航空保险市场的发展与现状

尼古拉斯·培根爵士(Sir Nicholas Bacon)曾说过:“明智的商人,在每一次冒险中,都要付一部分货物的价值用于为剩下的货物投保。”随着时代的发展,保险几乎成为一种普遍的必需品,因此,保险进入航空领域是合乎逻辑的。[1] 目前,承保航空保险的最大市场为英国伦敦保险市场,伦敦保险市场又分为保险公司市场(Company Market)和劳合社(Lloyd's)保险市场。承保航空保险的主要以劳合社保险市场为主。

(一)英国航空保险市场的发展

第二次世界大战后,航空技术开始部分由军用转向民用,世界范围内的定期航线网络逐步形成,民航业的迅速发展,得益于新技术和许多训练有素的飞行员。前军用飞机很快被新型的专用飞机取代,与较小的战斗飞机相比,它们需要更高的保险水平。但是这些专用

---

〔1〕 See Walter C. Crowdus, *Aviation Insurance*, Journal of Air Law and Commerce, Vol. 2, p. 176(1931).

飞机很快又被价值更高、容量更大的喷气式飞机取代，所以英国在1960年引入B707喷气式飞机，虽然B707不是世界上首款喷射机，但是世界上首款取得成功的喷气民航客机。在那个飞机技术快速发展的时期，航空保险业为了能够跟上技术创新和满足市场要求，承保范围不断扩大。在1983年，凤凰城（Phoenix）、皇家交易所（Guardian Royal Exchange）和诺维奇联盟（Norwich Union）成立伦敦保险集团（London Aviation Insurance Group）。1990年10月由10家公司成立英国航空保险集团公司（British Aviation Insurance Group Ltd.）来处理他们保险业务中的航空保险的部分。

劳合社保险市场是世界上最古老且相当具有独特性的保险市场，也是最重要的保险市场，是当今世界上唯一允许个体保险人经营保险业务的保险市场。[1]

1. 劳合社保险市场历史

劳合社始于1600年的一家咖啡馆。船长、船东、商人和其他对航运感兴趣的人聚集在该咖啡馆购买或出售现在所谓的远洋货物保险，该咖啡馆被称为购买海上保险的好地方。从事奴隶贸易的水手也经常光顾这家咖啡馆。劳合社垄断了与奴隶贸易有关的海上保险，并一直维持到19世纪初。1871年，劳合社通过一项公司法——1871年《劳合社法》，标志着劳合社正式成立。通过该法案，劳合社协会委员会对协会事务的控制得到了巩固，同时该法案赋予协会制定自己的章程、获得不动产和个人财产以及以公司名义执行所有行为的权力。根据1871年《劳合社法》，该协会仅限于经营海上保险，但根据1911年《劳合社法》，该协会被授权经营各种类型的保险。在

---

〔1〕参见袁建华编著：《海上保险原理与实务》（第4版），西南财经大学出版社2014年版，第19页。

1970年年末和1980年年初发生一系列财务丑闻之后,议会通过了新法案——《劳合社法案》(1982)取代了1871年《劳合社法》。为了避免利益冲突,新法案对经纪人在承销商中可能拥有的利息量进行了规定。它还建立了一个正式的理事机构,以制定和修改章程,并建立纪律委员会和内部上诉法院。[1] 如今,经纪人和承销商聚集在伦敦东部莱姆街(Lime Street)的劳合社办公楼,劳合社现已成为买卖各种保险的重要枢纽,而不仅是海上保险。

2. 劳合社的主要运营商

劳合社保险市场有五个主要类别的人员,他们是辛迪加、保险购买者、保险经纪人、管理代理人和保险承保人。(1)辛迪加是劳合社保险市场的支柱。辛迪加就像一个小保险公司,承担风险并支付索赔。每个辛迪加由一个或多个成员组成,他们可能是个人或公司,成员提供金融资本,使辛迪加得以运作。每个辛迪加专门经营某些类型的保险。例如,有的辛迪加可能专注于商业财产保险,而有的则承保一般责任保险。(2)保险购买者,一般为个人或公司。很多时候,如果传统的保险提供商没有提供所需的保险,个人或者公司或许可以在劳合社找到保险销售商。(3)保险经纪人,他是保险买家和保险集团之间的中间人。想要在劳合社保险市场开展业务,经纪人必须经过劳合社的认可。大多数大型保险经纪公司通常通过子公司在劳合社保险市场开展业务。(4)管理代理人,管理代理人代表辛迪加工作,监督他们的日常业务。他们雇用和监督承保人、理赔员、会计师和其他重要人员。一个管理代理人可以监督一个以上的辛迪加。(5)保险承保人,虽然辛迪加承保的大部分业务是由保险经纪人产生

---

〔1〕 See Julia Kagan, *Lloyd's of London*, Investopedia (Aug. 03, 2022), https://www.investopedia.com/terms/l/lloyds-london.asp.

的,但也有一些业务来自保险承保人。保险承保人是指代表管理代理人承保风险的公司。保险承保人在管理代理人授权他们的范围内运作。这个范围各不相同,一些保险承保人被授权签发文件,一些也可能有权收取保费和处理理赔。

3. 劳合社的运作方式

伦敦劳合社不是一家保险公司,而是一个由公司会员和个人会员组成的保险市场。[1] 劳合社的成员通过联合体开展保险业务,每个联合体均由管理代理人运营。所有的保险业务都通过劳合社的会员,即劳合社保险承保人单独进行交易。劳合社只是为其会员提供交易场所,并根据《劳合社法案》和劳合社委员会的严格规定,对会员进行管理和控制,包括监督会员的财务状况,为他们处理赔案、签署保单、收集共同海损退还金等,并出版报刊,进行资讯搜集、统计和研究工作。

4. 劳合社航空保险介绍

早在第二次世界大战爆发之前,1939 年已有一些专业的航空保险辛迪加在劳合社保险市场承接航空保险业务。而在更早的 1935 年劳合社航空保险协会(Lloyd's Aviation Underwriter's Association)即已成立。第二次世界大战爆发之后,航空保险辛迪加快速成长,业务量也大增,劳合社专业行政局委派专人保护他们在与被保险人洽谈时的利益。目前,承保航空保险的会员被分成两类:专业的航空保险辛迪加和非专业的航空保险辛迪加。其均在承保航空保险业务。

2001 年 9 月 11 日,恐怖分子武装劫持客机震惊了世界,航空保险公司付出巨大赔款。因此航空保险在保费(危险地区的保险费率上调)、保险范围(缩减承保范围)和保险条件(保险公司列出不保地

---

[1] 参见聂斌、张瑶主编:《保险企业管理》,西南财经大学出版社 2018 年版,第 32 页。

区:阿富汗、斯里兰卡等)方面都有重大的改变。[1] 尽管出现了这些新的前所未有的风险,但全球航空航天公司始终处于确保航空运输业能够继续运营的最前沿。"9·11"事件之后,赔款情况好转,并且航空产业持续投资新的航空器及安全系统设备的建置,增加了机场和飞机上的安全性。这些因素持续吸引新的保险能量进入航保市场,保费在"9·11"事件之后的一段时间到达巅峰之后得以持续下降。

(二)美国航空保险市场的发展

美国航空保险市场并不是一开始就发展得尽如人意,而是经历了从起步到衰败再逐渐稳定的过程。第一次世界大战刺激了美国航空业的发展,战争结束后大量的战斗机飞行员转向了民用航空市场。由于技术和市场迅速发展,一些保险公司看到了航空保险的商机,开始尝试着承保航空险,但是由于缺乏经验,退出航空保险市场的现象也屡见不鲜,所以航空保险市场发展缓慢。不过,旅行者保险公司(Travelers Insurance Company)为了适应需求,仍在1912年发行航空全险保单,并在1919年开出了第一张航空旅行保单。但不幸的是,美国民用航空市场的发展并不如旅行者保险公司所预期的那么良好。在经历了几次严重索赔之后,旅行者保险公司在1931年结束了在航空保险领域的业务,直到1939年加入美国航空保险集团(United States Aviation Insurance Group, USAIG)后,才重新开展航空保险业务。1920年3月,一个劳合社的核保人霍拉蒂奥巴伯(Horatio Barber)到美国且成为哈特福德事故赔偿公司(Hartford Accident and Indemnity Company)的航空核保人。1924年哈特福德事故赔偿公司

---

[1] 参见庄铭国、李淑茹:《国际贸易实务》,台北,五南图书出版社2014年版,第607页。

除了公共责任保险和财产责任保险外,均不再承保其他的航空保险业务。1925 年仅剩哈特福德事故赔偿公司和旅行者保险公司在承保航空保险业务。1926 年哈特福德事故赔偿公司退出整个航空保险市场,直到 1929 年 9 月,才再次加入美国航空保险集团。

美国航空业从衰败到稳定主要有两个原因:一是因为政策的制定。如在 1925 年美国国会通过《航空邮件法》(Air Mail Act),它旨在使航空邮件不受邮局完全控制的一项重要立法。简言之,它允许邮政局局长可以与私人公司签订合同来运输邮件。1926 年美国国会通过《航空商用法案》(Air Commerce Act),创建了美国商务部的航空部门,该部门的功能包括对飞行员进行测试和许可,对飞机进行认证以及对事故进行调查。二是因为事件的刺激。1927 年年仅 25 岁的查尔斯·林德伯格(Charles Lindbergh)从默默无闻的美国航空邮件飞行员中脱颖而出,成为第一个单人直飞横跨大西洋的人。这次飞行被广泛认为是世界历史上航空业发展和进步的转折点,因为这次飞行让航空业得到了资本的关注,激励行业发展的同时,也让航空保险变得更受重视,在 1926 年和 1929 年航空保险业开始回暖,其中有两个主要的保险集团成立。

首先,在 1928 年 7 月,美国航空保险集团与美国航空保险公司合作,开始对外营业,并开始接受与航空风险有关的保险。目前,美国航空保险集团由世界上 70 多个主要保险公司组成,是美国最大的航空保险公司。[1] 一开始,这个集团总共有 8 名成员——4 个火灾保险公司和 4 个意外伤亡保险公司。其中 4 个火灾保险公司包括:美国联合火灾保险公司(National Union fire insurance Co.)、北河保

[1] 参见[美]马克·S. 多夫曼:《当代风险管理与保险教程》,齐瑞宗等译,清华大学出版社 2002 年版,第 352 页。

险公司(North river insurance Co.)、太平洋火灾保险公司(Pacific fire insurance Co.)、美国火灾保险公司(United States fire insurance Co.);4个意外伤亡保险公司包括:马里兰伤亡有限公司(Maryland Casualty Ltd. Co.)、新阿姆斯特丹伤亡事故公司(New Amsterdam Casualty Co.)、纽约赔偿公司(New York Indemnity Co.)、美国保诚担保公司(United States Fidelity and Guaranty Co.)。之所以集团成员只有火灾保险公司和人身意外伤亡保险公司,是因为当时美国许多州的法律规定保险公司仅可承保火险(水险)、意外险和人寿险其中的一种。1929年,美国航空保险集团遇到第一次巨大航空赔偿事件。美国航空保险集团所承保的美国西部航空公司的福特飞机(Western Airway's Ford Tri-Motor)坠毁在新泽西州纽瓦克机场,在还未升空的时候,飞机撞上了装满沙子的铁路货车,导致飞机上15人中的14人丧生,飞行员是唯一的幸存者。当时,这是美国历史上最致命的飞机事故。美国航空保险集团在机体保险部分给付赔偿29,680美元,责任保险部分给付赔偿193,000美元。

其次,在1929年美国的两家大型保险公司丘伯父子公司(Chubb and Son)和大陆集团(Continental Corporation)发现了航空保险的巨大市场需求,所以组建了联合航空保险集团(Associated Aviation Underwriters, AAU),[1]以承保简单的飞机保险,目的是减小飞机的运营和维护风险。联合航空保险集团最初由17个保险公司组成,现在联合航空保险集团已成为北美最大的航空保险集团之一,代表一系列成员保险公司承保所有类型的航空保险。

---

[1] See Global Aerospace, *An Aviation Insurance Leader for 95 Years and Counting*, Global Aerospace (Aug. 27, 2019), https://www.global-aero.com/an-aviation-insurance-leader-for-95-years-and-counting/.

在1960年由于许多保险集团和保险公司进入航空保险市场，航空保险市场迅速发展起来，市场竞争程度增加，导致保险费降低，再保险市场也发展起来，大约有50%的美国保险机构也承做英国保险公司市场和劳合社保险市场的再保险业务。现在，美国的再保险市场是世界上较大的保险市场之一。在20世纪70年代末期，航空保险业的获利能力达到最高峰，被保险人所出的费用最低且保障的范围最完整。20世纪80年代早中期，由于经济泡沫化及石油危机，民航产业陷入低潮，许多航空公司破产或被并购，航空保险业务量急速萎缩。另外，由于社会思想观念的改变，大家越来越重视自身的权益，而当时飞行事件频传，空难事件的赔偿纠纷很多，航空保险事件调查费用与诉讼费用也快速增加，航空保险业者不得不提高保险费以求足够支付损失。某些航空公司在1985～1986年的保险费增加了约原来的50%，飞机制造商的保险费在1980～1986年增加了500%。1986年后飞机安全事件减少，保险费也随之降低。20世纪80年代后期，保险费恢复正常，保险合同中有一些创新的规定加入，如被保险人在保险期间无赔款或赔款不到某一程度时，退费若干。2001年“9·11”恐怖袭击事件发生后，航空第三人责任险对全球各国的航空业、保险业的影响最大也最直接，其余险种虽因受国际局势变化的影响而有所波动，但整体而言波动幅度不大。

二、航空保险的定义与特征

民用航空器是目前人类进行远距离活动时常用的运输工具之一，虽然失事率极低，但由于航空器运输特性，一旦发生空难事件，往往造成巨大的人员伤亡和财产损失，而航空公司往往无法负担这样的损失和赔偿责任。要管理这种损失概率小、损失幅度大的航空危险事故所产生的巨大损失，保险是一个最有效的风险转移方法。

（一）航空保险定义

保险在法律和经济学意义上，是一种风险管理方式，主要事后用于弥补投保人经济损失的风险。[1] 保险被定义为通过缴纳一定费用，将一个实体潜在的损失风险向一个实体集合的平均转嫁。《保险法》将财产险定义为：投保人根据合同约定，向保险人支付一定费用，保险人在合同期间对于合同约定的可能发生的事故所造成的财产损失承担赔偿保险金责任。

对于航空保险的定义主要有以下几种：（1）“航空保险即是以航空器及其有关利益、责任为保险标的的运输保险，它承保与航空有关之各种空中与地面的损失。民航产业相关者、机组成员或乘客，预先以相对小额的保险费缴给保险业者，保险业者则在未来发生承保之航空意外事故时，负起损害赔偿责任，也就是被保险人以确定的小损失将巨大灾难的不确定性转移给航空保险业者”[2]。（2）“航空保险包含同航空器的制造、所有权、经营和维护以及地面上航空设施的运作有关的风险的保险”[3]。（3）“航空保险是指以与航空有关的物质财富及其有关利益为保险标的的各种保险总称”[4]。（4）“航空保险是指防止飞机发生意外事故，以航空运输中相关财产、利益以及人身为保险标的的各种保险的总称，包括以航空承运人为被保险人的各种险别、以机场所有人或经营人为被保险人的各种险别以及以飞机制造厂商为被保险人的各种险别”[5]。根据以上定义，笔者认为航

---

〔1〕 参见王健康、龙玉国等编著：《保险经济学》，清华大学出版社 2005 年版，第 1 页。

〔2〕 杨雅玲：《航空保险》，台北，东华书局 2010 年版，第 12 页。

〔3〕 吴建端：《航空法学》，中国民航出版社 2005 年版，第 261 页。

〔4〕 刘伟民主编：《航空法教程》（修订版），中国法制出版社 2001 年版，第 419 页。

〔5〕 李新记：《我国航空保险法律问题研究》，南京航空航天大学 2007 年硕士学位论文。

空保险是航空活动中各种保险的总称。

(二)航空保险特征

航空保险为运输保险中重要的险种之一,与其他运输保险有类似之处,又有不同的地方。总括来说,航空保险有以下四种特质:

1. 注重再保险和共同承保

对于承保的航空保险公司而言,航空器是一个风险巨大而集中的单位,一旦发生需要理赔的情形,保险公司赔偿金额庞大,额度均较其他种类的保险高出许多。鉴于此,国际上通用的做法是对航空保险在全球范围内进行再保险,即将保险责任大部分转移到世界各国的再保险公司,原保险公司只留下很小一部分责任。在早期的航空保险市场上,英国、美国、法国、德国、意大利、荷兰、西班牙和瑞士等都有一些以保险联营方式经营的较大规模的保险公司,当然也有许多保险公司不是联营的。航空保险的再保险在实践中发挥了分散风险责任的巨大作用。2019 年 3 月 10 日,埃塞俄比亚航空公司的一架波音 737 MAX 8 客机从亚的斯亚贝巴起飞后不久坠毁,机上来自 35 个国家的 157 名乘客和机组人员全部遇难。埃塞俄比亚航空公司的飞机失事是 5 个月中发生的第二起涉及 MAX 8 机型的坠机事件。2018 年 10 月,同一型号的狮航客机在印度尼西亚坠毁,机上 189 人全部遇难。波音公司产品连续两年发生重大航空事故,引起世界哗然,连续两起空难事件也让保险公司面临重大损失。在 2019 年空难中,慕尼黑再保险公司、瑞士再保险公司、汉诺威再保险公司被证实为此次空难承保。[1]

---

〔1〕 See Matt Sheehan, *Boeing recovered Boeing recovered \$500mn from insurers due to fleet suspension*, https://www. reinsurancene. ws/boeing-recovered-500mn-from-insurers-due-to-fleet-suspension/ (2019 - 7 - 25).

所谓共同保险,是指两个或两个以上保险公司使用同一保险合同,对同一保险标的、同一保险责任进行保险。[1] 例如,2009 年法国航空公司一架空客 A330－203 航班突然消失在巴西海岸外的上空,巴西军方在 5 天后找到了部分机体及乘客遗体。该航班的理赔工作进行了很长的时间,3 年后相关的赔付工作依然未全部结束,乘客责任险、产品责任险都只获得了部分赔付。当时法国安盛保险集团(Axa Insurance Group of France)为该航班的主要承包商,承保份额为 12.5%,全球最大的航空承保公司全球航空航天保险公司(Global Aerospace)承保份额为 7.5%。[2]

虽然再保险和共同保险都是分散航空保险公司风险的一种手段,但二者仍存在一定差异:(1)再保险是对风险的二次分散,投保人为第一次保险的承保人。而共同保险是对风险的第一次分散,投保人为航空运营主体。(2)从法律关系上看,当航空事故发生后,投保人只能向承保人提出索赔,承保人索赔之后再按比例向再保险承保人追赔,投保人不能向再保险承保人直接提出索赔请求。共同保险中,投保人可以同时向全部承保人提出索赔请求。

2. 保险金额高

在航空保险中,当提到船体保险时,它指的是对飞机的"财产"损害进行承保;而责任保险则是指对旅客和第三人的人身伤害和财产损害的"意外伤害"进行承保。常规意义上的保险合同通常不包括战争险和恐怖主义险。

从物质损失来看,因保险标的物航空器造价昂贵,所以保险金额

---

〔1〕 参见曾庆敏主编:《法学大辞典》,上海辞书出版社 1998 年版,第 452 页。

〔2〕 参见杨林、李险峰:《重大空难理赔案例》,载中国银行保险网,http://www.cbimc.cn/zt/2014－03/26/content_103018.htm。

相对大幅高于其他保险。飞机的保险金额因机型、年龄和技术设备的不同而有很大差异，飞机的价值在保险合同中有明确规定，并得到保险公司和航空公司的同意。例如，一些新型波音747的保险金额超过2.5亿美元，许多宽体飞机的保险金额将超过每架1亿美元。[1]如果飞机受损，保险公司必须向航空公司支付飞机维修费用，如果飞机发生全损（飞机损坏无法修复），保险公司将支付保险合同中规定的金额。

从人员伤亡来看，一旦发生航空事故，一般都是机毁人亡，甚至还有可能对地面第三人造成伤害，可谓损失巨大。对人员伤亡的赔偿一般以国际公约、区域法规（欧盟）、国家法律为准。以1999年《蒙特利尔公约》第21条为例：对于金额不超过128,821特别提款权的索赔，[2]航空公司没有任何抗辩权；对于超过128,821特别提款权的索赔，航空公司如果可以证明损失完全是第三方的疏忽造成的，就可以免除责任。

当空难发生时，保险公司一般都要承担财产损害和人员伤亡两部分赔付，虽然再保险和共同保险为保险公司减轻了负担也分摊了风险，但高昂的赔付款其仍难以承受。保险金额理应和承担的风险以及赔付数额成正比，所以航空保险的保险费与其他类保险相比较高。

3. 发生理赔次数较少

航空业一直是一个高科技产业，新技术的发展推动了航空业的持续进步。科技创新能改善飞行操作，提供愉快地乘坐体验，尽可能

---

[1] See Paul Hayesa, *Recent Developments in the Aviation Insurance Industry*, Risk Management and Insurance Review, Vol. 12, Issue 2, p. 4(2006).

[2] 2019年修改为128,821特别提款权，限额的修改于2019年12月28日生效。

减少航空运输对环境的影响,其中最为关键的一点就是提高了飞机的安全性。安全是全球航空业可持续发展的关键支柱,也是各国政府、国际民用航空组织(International Civil Aviation Organization, ICAO)、承运人以及乘客的首要追求。由于技术的进步,空中交通管制的改进和飞行员培训,以及政策保障,在过去的几十年中,空难事故和死亡人数都在逐年减少。航空安全的改善归因于多种因素,2016 年 9 月,在国际民用航空组织大会第 39 届会议上,代表们一致认为有必要加快修订《全球航空安全计划》(Global Aviation Safety Program,GASP),并将其作为未来的航空安全政策和规划框架。《全球航空安全计划》为各国、航空业、利益相关方和国际民用航空组织实现加强全球航空安全的共同目标奠定了基础,即(1)增强风险意识和应对措施;(2)培养安全文化和人的能力;(3)改善技术和创新;(4)改进监督和质量保证;(5)加强合作和支持。该计划为民用航空安全性的提升提供了政策支持。美国联邦航空管理局(Federal Aviation Administration,FAA)也为此出台了一系列的安全简报,其中内容涵盖:空气动力学、航空医学、航空决策、控制飞行进入地形、飞行训练与能力提升、机械和系统维护、起飞和着陆、气候等。只有在组织对飞行员技术操作的有效性和纠正措施保持持续警惕的情况下,飞机的安全性能才能不断取得进步。如果不对安全控制和措施进行持续监控,就无法判断安全管理过程是否正在实现其目标。美国联邦航空管理局的一系列简报为飞机安全性能的提升提供了科技方向。

4. 主要以强制保险为主

航空活动面临许多人类无法克服或预料的自然风险和人为风险,如战争或恐怖主义风险等,一旦发生事故,损害巨大且赔偿责任重。为了保障受害者的索赔权以及维护航空业的持续发展,各国民航当局均以法规形式对航空公司损害赔偿责任有一定程度的规范要求,虽然保险范围不尽相同,但是航空公司均需投保相关保险。例如,1952 年《关于外国航空器对地(水)面上第三者造成损害的公约》(以下简称《罗马公约》)第 15 条、2009 年《关于航空器对第三方造成损害的赔偿公约》(以下简称《普通风险公约》)和《关于因涉及航空器的非法干扰行为而导致对第三方造成损害的赔偿公约》(以下简称《非法干扰公约》)都对第三人责任保险作了强制性规定;1999 年《蒙特利尔公约》第 50 条也规定了承运人需按照该公约要求进行充分保险。许多国家或地区的立法也都对第三人责任保险作了明示或隐含了强制保险的要求,例如我国的《民用航空法》第 166 条、《通用航空经营许可管理规定》(已失效)第 19 条第 12 款都规定了第三人责任的强制保险;《欧洲议会和理事会关于航空公司和飞机运营商保险要求》(欧盟第 785/2004 号法规)就航空承运人和飞机运营人对旅客、行李、货物和第三方制定了最低保险要求,包括战争和恐怖主义风险,关于邮件运输的保险要求被规定在《欧洲基本航空服务义务》(欧盟第 1008/2008 号)法规和欧盟成员的国内法中;《美国联邦法规》第 14 编第 205 条也规定,美国或国外承运人,必须具有符合美国联邦航空管理局对航空承运人的保险要求:对第三方和旅客责任进行保险。

三、航空承运人强制责任保险

当今世界,各国都大力发展科技,尽管飞机技术已经相当成熟,但是世界上任何一家航空公司都无法保证零事故发生。无论是天气原因、航空器材故障,抑或人为操作失误,均有可能导致航空事故发生,轻则导致航空延误,重则导致乘客伤亡、货物灭失、地面第三人死伤。事故发生之后的索赔问题显得更加复杂,不仅使消费者对航空运输的安全性产生怀疑,巨大的经济赔款也可能导致航空运输者破产。因此,国内外航空运输者为了可以安全经营,就其运输所产生的相关责任,借由保险来进行转移。1966 年《蒙特利尔协议》第 2 条中规定,乘客为取得赔偿限制之外保障,可以向保险公司购买保险;1999 年《蒙特利尔公约》第 50 条进一步建立了强制航空承运人投保充分保险的制度,以保障航空事故被害人的求偿权。第 50 条的创设是符合该公约的宗旨和原则的,这是在航空业和社会发展的新背景下以保护消费者利益为导向的核心制度,对国际航空私法保护弱者利益有着重要的意义。[1]

一般情况下,商业保险都是在平等基础上,投保人与保险人自愿签订保险合同,但是在某些危险性高、对公共利益损害较大的特殊领域,则应实行强制保险。强制保险又称为法定保险,是指根据国家的法律法规,在某些特殊领域,无论投保人是否自愿,都必须参加的保险。[2] 比如,各国都将机动车第三者责任险规定为强制保险的险种。由于保险应该是意思自治,强制保险是公权力介入私法的范畴,所以强制保险范围受到了严格限制。《保险法》第 11 条第 2 款规定:除法律、行政法规规定必须保险的外,保险合同自愿订立。责任保险是以被保险人致人损害依法应当承担的赔偿责任为保险标的,是一种针对第三人的保险。其构成需具备两个条件:(1)被保险人对第三者依法负有赔偿责任;(2)第三者必须向被保险人请求赔偿。[3] 所

[1] 参见王瀚、张超汉:《1999 年〈蒙特利尔公约〉先行付款制度之检讨——以航空旅客运输消费者权益保护为视角》,载《时代法学》2011 年第 9 期。
[2] 参见林宝清:《保险法原理与案例》,清华大学出版社 2006 年版,第 307 页。
[3] 参见叶延玺:《责任保险对侵权法的影响研究》,浙江大学出版社 2018 年版,第 256 页。

以强制责任保险，是指根据国家的法律法规的强制性规定，投保人对第三人应当承担的责任进行的保险。

在航空领域，我国有学者将其定义为“在航空公司或其他法人在经营民用航空运输业务过程中，因意外事故造成旅客伤亡、货物、邮件、行李损失或其他第三者人身伤亡和合同责任等承担的保险”[1]。也有学者将其定义为“航空承运人责任保险是航空保险的最常见形式，主要包括承运人对旅客伤亡与行李、货物损害赔偿责任的保险和航空器经营人对地(水)面第三人造成损害的赔偿责任保险”[2]。由于本书是从1999年《蒙特利尔公约》视角下对承运人强制责任保险进行分析，所以在本书视角下航空承运人强制责任保险是指：在民用航空运输活动中，航空承运人依据法律的强制性规定，对其应当对第三者承担的财产赔偿责任进行保险的制度，这种责任险主要包括因意外事故造成的旅客伤亡，行李和货物损失，旅客、行李或者货物在航空运输中因延误引起的损失。

第二节 国际航空承运人责任制度演进及发展

所谓国际航空运输中的“承运人”(carrier)，华沙体系和1999年《蒙特利尔公约》并未作出明确规定。经过《华沙公约》多年的实践，美国司法对此形成了一种通用解释，即事故或事件发生时航空器的实际经营者，大量的案例表明这一司法解释也被1999年《蒙特利尔

[1] 肖艳颖：《航空保险》，中国民航出版社2008年版，第84页。

[2] 杨惠、郝秀辉编著：《航空法通论》，中国政法大学出版社2009年版，第266页。

公约》在实践中沿用。[1] 而航空承运人责任制度的演进，就是法律从行业保护朝消费者保护的一个转变过程，也是法律越发人本化的体现。从华沙体系到1999年《蒙特利尔公约》，虽然统一航空承运人运输规则的过程几经波折，但经过70年的努力，最后也取得了实质性的成果。承运人责任制度作为统一过程中的一个方面，其发展本质就是承运人责任的归责原则、赔偿限额、责任期间、抗辩事由及一些其他规则方面的不断规范、完善、细化。

一、航空承运人归责方式

归责是指确定违约行为人承担民事责任的法律依据，体现了法律的价值判断，即当事人违约之后，应以当事人过错还是以损害后果，抑或以公平考虑等作为价值判断标准，从而使行为人承担责任。[2] 而归责原则是指基于一定的归责事由而确定责任成立的法律原则。[3] 归责原则主要有过错责任原则、推定过错责任原则和无过错责任原则（严格责任）。在国际航空运输中，主要归责方式是推定过错责任原则和无过错责任原则。

（一）推定过错责任原则

推定过错责任原则是指在法律特别规定的场合，对于制造损害事实的人，推定其有过错，并据此确认造成他人损害的行为人的赔偿责任。[4] 它最早应用于海上承运人，因为第一届国际航空私法会议

---

〔1〕 See George N. Tompkins & Jr., *Liability Rules Applicable to International Air Transportation as Developed by the Courts in the United States: From Warsaw 1929 to Montréal 1999*, Netherlands: Kluwer Law International, 2010, p. 107.

〔2〕 参见王利明：《侵权行为法归责原则研究》，中国政法大学出版社1992年版，第17～18页。

〔3〕 参见崔建远主编：《合同法》（第4版），法律出版社2007年版，第286页。

〔4〕 参见杨立新：《侵权法论》，人民法院出版社2005年版，第134页。

受到《海牙规则》的启发而制定了《华沙公约》,所以《华沙公约》也继受了1924年《海牙规则》的推定过错责任制度,当然伴随而来的配套制度就是承运人责任限制。由于在海运、空运事业发展初期,海运、空运大权均操控在世界强国手中,因此当时的立法方向均由这些国家操纵。为了减轻被害人的举证责任,美国率先主张推定过错责任制,为了保障航空公司航空事业的发展,欧洲国家提出承运人责任限制。

推定过错责任是指只要行为造成损害结果,即推定行为人主观上有故意或过错,本质上仍没有脱离过错责任的轨道。[1] 推定过错责任适用于航空运输事故时,需具备下列条件:(1)缔约双方当事人地位不平等,被推定有过失的一方处于有优势的社会经济地位或者立法者希望赋予一方当事人较重的责任义务;(2)事故的发生通常是由被推定有过失一方行为引起;(3)被害人不容易知道损害事故发生的详细原因;(4)被推定有过失的一方有自证清白的责任。[2] 其立法用意在于传统的过错责任常令被害人求偿无门,为加强对被害人的保护。推定过错原则事前推定承运人故意或过失,需要承运人自证清白。如乘客、行李、货物在运输过程中遇到事故而遭到损害或延误,因不知事故发生的原因,要求乘客证明承运人有故意或过错才能求偿,有失公平。[3] 由于《华沙公约》将航空事故的责任强加给承运人,因此它也将举证责任强加给承运人,因为它认为,在大多数坠机或重大事故中,承运人是最了解原因的。[4] 如果原因无法确定,承

---

〔1〕 参见王卫国:《过错责任原则:第三次勃兴》,浙江人民出版社1987年版,第180页。

〔2〕 参见王瀚:《国际航空运输责任法研究》,法律出版社2012年版,第364页。

〔3〕 参见李琦主编:《民事侵权法实证分析》,中国法制出版社2005年版,第68页。

〔4〕 See Lawrence B. Goldhirsch, *Warsaw Convention Annotated: A Legal Handbook*, Netherlands: Kluwer Academic Publishers, 2000, p. 324.

运人将承担责任。

1929 年《华沙公约》对行李或货物延误损失的规定主要体现在其第 19 条中，该条规定了承运人对旅客、行李或货物在航空运输过程中因延误而造成的损失应负责任的归责原则。该公约第 20 条又规定了承运人的免责事由。虽然不是绝对的严格责任，但它要求承运人“使用最大程度的谨慎和远见，在当时的情况下是合理必要的”〔1〕。可见，《华沙公约》在延误情况下承运人承担推定过错责任。这主要是因为，在航空运输中，延误往往带来的是相关的经济损失，而不是直接的人身伤亡和货物灭失，而且在很多情况下延误的发生是不可抗力或意外事件导致的。如果在延误发生之后，承运人及时采取了相应的合理措施，把旅客或托运人的损失降到最低点，那么承运人就不应该承担延误损失责任。当 1999 年《蒙特利尔公约》第 17 条和第 18 条将旅客、行李与货物损害的归责原则向严格责任过渡之后，第 19 条规定的旅客、行李与货物运输延误的归责原则仍适用《华沙公约》下的推定过错责任。因此，根据 1999 年《蒙特利尔公约》的规定，承运人只对其主观具有过错的“不合理延误”承担责任，这也是符合法律公约原则和精神的。

（二）无过错责任原则

所谓无过错责任原则，即受有损害，即施予报复，无论行为人是否有故意或过错，只要行为造成了损害的结果，即应负赔偿责任。〔2〕后来，法律制度出于对理性的考虑，又确立了过错责任，即行为造成了损害结果，以行为人主观上故意、过错为归责事由。〔3〕以过错责

〔1〕 Georgette Miller, *Liability in International Air Transport: The Warsaw System in Municipal Courts*, London: Cambridge University Press, 1978, p. 60.

〔2〕 参见刘惠荣主编：《国际环境法》，中国法制出版社 2006 年版，第 317 页。

〔3〕 参见杨立新：《侵权行为法》，中国法制出版社 2006 年版，第 32 页。

任为基本原则的侵权行为法，于19世纪发展到全盛，但因工业革命后，新式交通工具的出现，当交通事故与工业灾害发生时，由于科技复杂难以举证，从而减低了受害人获偿的机会，因此过错责任原则面临压力。[1]

在世界各国立法例中，无过错责任大都率先适用在消费者保护案件上。如工业灾害、公共危害事件中，一旦发生事故，不仅损害严重、受害者众多，事故原因多为高科技工业缺陷，举证不易，从而使无过错责任制度逐渐扩张，虽行为人主观上无故意或过错，但仍让其对损害发生所造成的损失进行赔偿，已成为与过错责任具有同等地位的归责原则。其归责考虑因素有三：(1)意外灾害的严重性；(2)损害填补的必要性；(3)责任保险的发达。[2] 无过错责任依其发生形态也可分为三种：(1)风险责任，即对特定危险事物享受利益，此危险所产生损害的责任；(2)法律特许利用他人物品情形时所产生损害的补偿责任；(3)基于法定担保义务，尤其是因自身行为创造某种信赖要件而产生的损害。承运人所负的责任，其性质应属第一种风险责任。近年来，因科技日新月异，飞机的肇事风险率已可通过技术改良而降低，因此1999年《蒙特利尔公约》对于承运人的限制责任便采用此立法原则。不过国际民用航空组织却以普通法的术语称为“严格责任”，严格责任是欧美法系国家经常使用的名词，它与无过错责任不完全相同，存在微妙的差异。严格责任是侵权行为法中确定责任标准的用语，它比缺乏合理照料的普通责任更为严格，但尚未达到绝对完全程度，凡属应予避免的损害发生时，无论是否做了照料和预

---

〔1〕 参见李双元、温世扬主编：《比较民法学》，武汉大学出版社2016年版，第512页。

〔2〕 参见邓小荣：《无过错责任基本问题初探》，载《华侨大学学报(哲学社会科学版)》1999年第2期。

防，均应承担损害赔偿。[1] 严格责任允许有限的免责理由，但合理照料不在这些理由之列。如果按大陆法系主、客观原因作标准来分析，严格责任似乎属“主观责任”的范畴。

1999 年《蒙特利尔公约》对有关行李或货物的规定相比《华沙公约》发生了质的变化。《蒙特利尔公约》把行李、货物发生损失时的承运人责任分别在第 17 条第 2 款和第 18 条两个条文中加以具体规定，而不像《华沙公约》把行李或货物损失综合起来规定在同一条款当中。1999 年《蒙特利尔公约》如此规定，使承运人的责任更加明晰，区别不同的损害类型，对应不同的抗辩理由，使受害人可以得到更为人性化和人本化的保护和关怀。更为重要的是，《蒙特利尔公约》还规定承运人在发生托运行李或货物毁灭、遗失或者损坏时的严格责任，把免责事由仅规定在行李或货物本身的缺陷或质量等一些客观事由上，这样一来该公约对托运人一方利益的保护便提高到一个更高层次。

（三）双梯度责任制度

1999 年《蒙特利尔公约》为取得乘客与承运人间利益的平衡，因而突破华沙体系所规范的赔偿限额，另外创立一项新责任制度及赔偿方式，主要规定在《蒙特利尔公约》第 21 条中，它以该公约第 17 条为基干形成了国际航空运输的推定过错责任和严格责任制度的二元体制，成为规定承运人责任的最重要部分。第 21 条中以 128，821 特别提款权为双梯度责任制度的分界点。航空承运人造成乘客死亡或伤害，当其赔偿额在 128，821 特别提款权范围内，承运人无论有无过错，均应负责，采取严格责任；当赔偿额超过 128，821 特别提款权时，

---

[1] 参见钱弘道：《英美法讲座》，清华大学出版社 2004 年版，第 316 页。

就超过的部分,通过举证责任的转换,判断承运人是否须对超过部分负责,即承运人能证明损害的发生非由其所造成或完全由第三人单独造成,承运人不必就超过 128,821 特别提款权数额部分负责,否则承运人须对请求权人请求的数额完全负责,第二梯度责任采取推定过错责任。

二、航空承运人责任限额

纵然华沙体系呈现碎片化,但是我们也能从一系列文件的发展以及各国的态度中了解到,各国最为关注的问题是对《华沙公约》赔偿责任限额的提高,这也是华沙体系一系列文件不停修改的地方。责任限额一直是华沙体系各国争议最大,最难达成一致的问题,发达国家因航空业发展快,安全性高,所以普遍认为华沙体系的责任限额偏低,而且责任限额最初的目的是援助国际航空运输的发展,在当时看已不合时宜,这其中以美国为代表。[1] 另外,发达国家还认为,华沙体系的责任限额是对消费者利益的限制,对其提供的保护不够,应当在归责原则和责任限额的制度设计上,进一步向消费者保护倾斜。[2] 于是《华沙公约》先后进行了多次修改,处于司法实践非常混乱的境地。

(一)反对责任限额的理由

事实上,《华沙公约》责任限额的争议方主要是发达国家和发展中国家,由于社会发展程度不一样,各项产业发展也存在差距,所以

---

〔1〕 See Thomas J. Dolan, *Warsaw Convention Liability Limitations: Constitutional Issues*, Northwestern Journal of International Law & Business, Vol. 6, Issue 3, p. 899(1984).

〔2〕 See Peter H. Sand, *Air Carriers' Limitation of Liability and Air Passengers' Accident Compensation under the Warsaw Convention*, Journal of Air Law and Commerce, Vol. 28, Issue 3, p. 261 –262(1962).

他们对于公约责任限额的争论很难得到调和。各方给出的理由也各有论据呈现拉锯状态。关于《华沙公约》的责任限额,以美国为代表的发达国家几乎普遍反对《华沙公约》的责任限额设置,归纳起来主要有四点理由:

首先,航空业一步一步发展,其技术设备水平已经得到大幅提升,特别是发达国家,他们的航空承运人经济实力已今非昔比,与1929年《华沙公约》签订时期的航空业以及航空承运人的状态已不可同日而语,现在的航空业以及行业承运人有能力承拒更高的责任甚至无限责任。

其次,就算提高了航空承运人的责任,他们也可以通过保险将责任进行转移。保险业的发达,以及再保险和共同保险业务的成熟,使保险人有能力承担航空保险的巨额赔付,而且航空业也因为技术的提升已成为最安全的交通运输方式之一,所以保险责任的提高并不会给两个行业造成沉重负担。

再次,承运人对于旅客人身伤亡的赔偿费用是根据丧葬费、医疗费、预期收入等数额计算所得,发达国家因为经济的发展其人民生活水平普遍高于发展中国家,所以国际航空承运人承担的责任在发达国家也远高于发展中国家。另外,发达国家的精神损害赔偿非常普遍,而且赔偿数额往往非常巨大;而在发达国家,由于国际公约并没有明确规定精神损害赔偿,国际运输的旅客所获的赔偿远低于国内运输的旅客,于是过低的责任限额更让其无法接受。通货膨胀甚至还会让这一过低的责任限额更为明显。

最后,在美国有法院曾断然拒绝适用《华沙公约》,因为其法官认为华沙体系关于承运人责任限额的规定违反美国宪法。例如,1969年美国的伯德尔诉加拿大太平洋航空公司案(Burdell *v.* Canadian

Pacific Airlines,以下简称伯德尔案),该案法官就主张:“《华沙公约》将本案的责任限制在8300美元,违背了原告在美国宪法中应当享有的法律正当程序与平等保护原则。这种限制是专断的(arbitrarily),不负责任的(irresponsible),反复善变的(capricious),无抗辩余地的(indefensible)。给予国际航空承运人特殊待遇,也无法律或理性基础的支援。”[1]

(二)赞成责任限额的理由

相对于以美国为首的发达国家极力想提高责任限额、取消责任限制而言,发展中国家却有着相反的想法。因为每个国家的经济发展水平不一,航空业发展程度也参差不齐,发达国家的航空业实力强,他们能承受的赔偿责任发展中国家的航空承运人不一定能承受,以较强实力的水准对弱者进行要求,是不公平的。而且发达国家和发展中国家的旅客生活水平不一致导致其得到的赔偿失衡也让人难以接受。

再者,发展中国家的保险业也不如发达国家发展得那么成熟,他们的风险承担能力以及再保险和共同保险业务、政策开发还不足以承担航空灾难的巨额赔偿。在保险费率上,发展中国家的航空业技术水平低,航空安全率不高,发生事故的概率也远高于发达国家,所以发展中国家的保险费率对航空承运人责任限额的变化显得极为敏感,保险费率一旦提升,承运人就将面对保险费和更高限额的双重压力。

在发展中国家,他们认为《华沙公约》必须限制航空承运人的责

[1] Britt Monts, Due process, *Equal Protection and the Right to Travel—Can the Article 22 of the Warsaw Convention Stand up to These Constitutional Foes?*, Journal of Air Law and Commerce, Vol. 49, p. 918 -919(1984).

任，并通过对可能发生的灾难性索赔规定统一的限制，使航空运输业得以发展和获得必要的资本。[1] 从经济、法律的发展规律可以知道，在经济发展的初期，政策更加偏向行业的保护以促进经济发展，当行业发展到一定水平后，政策方向则会慢慢向消费者倾斜，保护弱者利益。每个国家的法律选择都取决于该国的经济发展水平。无论是发达国家还是发展中国家的法律都是由此规律演变的。贸然将发达国家的政策倾向强加于发展中国家，难以让人接受，对发展中国家而言，这无疑是牺牲其航空承运人利益，以满足对发达国家消费者的保护，实属不公。

在国际民用航空组织委员会设立的华沙体系现代化和巩固问题特别小组（Special Group on the Modernization and Consolidation of the Warsaw System，SGMW）会议中，发展中国家对于发达国家要求提高责任限额提出了以下几点看法。其一，印度反对无数额限制的责任模式，并认为，举证责任倒置的推定过错责任本质同严格责任（strict liability）没有区别。该制度非常不利于航空承运人的发展，对于一些中小型企业来说，更是难以生存。如果按照发展中国家的消费者生活水平来计算，其人身伤亡赔偿也远远低于发达国家，所以如果实行该制度，保险费率也会提升，在这种模式下，受益人只有发达国家的消费者。这种观点得到了 53 个非洲会员国的支持。其二，他们甚至进而提倡"三阶责任制度"（three-tier system of liability），第一阶梯为 100,000 特别提款权的严格责任，第二阶梯为 500,000 特别提款权的举证责任倒置的推定过错责任，第三阶梯为请求超过 500,000 特别提款权的过错责任。该提议受到阿拉伯民航委员会 16

---

[1] See D. Goedhuis, *National Airlegislations and the Warsaw Convention*, Berlin: Springer, 1937, p. 136.

个会员国的支持。其三,越南甚至提议请求赔偿的数额超过 100,000 特别提款权时,应要求赔偿请求权人证明承运人的过失。[1]

因为华沙体系整体的混乱和碎片化严重,所以承运人责任限额的存废或是有限责任限额的高低,在其体系中存在严重不透明的状态。在单一形态的承运人情况下都呈现如此状态,在复合型承运人责任混合状态下,其责任模式就更加复杂。

(三)承运人责任限额的变化

前文所提到的伯德尔案,其法官的主张毫无道理,因为在美国,已参加的国际条约有等同于美国宪法的效力,[2]而他所提出的理由明显不符合法理。所以以美国为首的发达国家提出的提高、取消责任限制的要求,一开始就遭到了发展中国家的反对。经济发展初期,法律往往偏重于保护行业,而经济发达时期,法律转而偏向于消费者。这是发达国家经济、法律发展史上的共同规律。但发达国家却不能因为其优势经济地位便强求他国依照自己的模式处理相关事务。

由于航空运输具有很强的国际性,为了不妨碍国际航空运输行业的发展,国际社会认为关于航空运输承运人损害赔偿民事责任制度有必要予以统一。第一次世界大战中飞机被广泛运用,对航空技术的提高与航空制造业的发展有明显的激励作用。于是 1929 年缔约方在华沙签订了《华沙公约》,为首部规范航空私法的国际公约,承运人责任限额也是该公约的核心内容之一。第二次世界大战期间,

---

[1] See Michael Milde, *The Warsaw System of Liability in International Carriage by Air: History, Merits and Flaws and the New "non-Warsaw" Convention of* 28 *May* 1999, Annals of Air and Space Law, Vol. XXIV, p. 170 – 171 (1999).

[2] See Louis L. Welner, *The Continuing Attacks by American Courts on the Warsaw Convention*, International Lawyer, Vol. 4, No. 5, p. 919 – 920 (1970).

虽然航空运输产业发展有所停顿,然而战争中所积累的力量,为战后航空业蓬勃发展奠定了基础。[1] 而且当时受到人文主义思想影响和对人价值的关注,各国开始对较低的损害赔偿表现出不满,种种原因促成了《海牙议定书》与其他对《华沙公约》修正、补充等的文件出现。华沙体系对承运人责任限额的规定不断提高,直到 1999 年《蒙特利尔公约》问世,困扰国际社会 70 年的问题才得以解决,形成国际统一。

1929 年《华沙公约》对"国际运输"的航空意外事件规定,除非航空承运人能证明已采取所有必要措施防止损害的发生,或证明无法采取该等措施,可减轻或免除其责任。另外,基于当时参加会议国家的平均生活水准,该公约第 22 条规定航空承运人就"国际运输"事故对每位乘客的赔偿以 125,000 法郎[2](约合 8300 美元)为最高限额,以限制航空承运人责任。1955 年的修订《海牙议定书》第 11 条将赔偿限额提高了一倍,达到 250,000 法郎(约合 16,600 美元)。它还增加了一项规定,允许根据当地法律追偿诉讼费用。《瓜达拉哈拉公约》第 1 条仅将承运人区分为实际承运人与缔约承运人,未对赔偿限额作出修正。1966 年签订了《蒙特利尔协议》后,美国对责任限额的数额表示不满,美国要求每名乘客可获得的赔偿不得超过 100,000 法郎,这一数字被其他国家认为过高。各方最终达成了"妥协",[3]《蒙特利尔协议》第 1 条第 2 款规定每位乘客的赔偿限额为 75,000

---

[1] 参见王铁崖:《国际法》,法律出版社 1995 年版,第 294 页。

[2] 1929 年《华沙公约》第 22 条第 4 款规定:"金法郎是指含有千分之九百成色的 65.5 毫克黄金的法国法郎。这项金额可以折合成任何国家的货币取其整数。"在 1929 年《华沙公约》于 1933 年生效时,250 金法郎大致相当于 120 元人民币。

[3] See J. C. Batra, *Modernization of the Warsaw System-Montreal* 1999, Journal of Air Law and Commerce, Vol. 65, Issue. 3, p. 429 - 430(2000).

美元，不包括诉讼费用则为58,000美元。《危地马拉议定书》第8条规定对乘客死伤的赔偿限额为1,500,000法郎，延误赔偿限额为62,500法郎，但是因为生效条件过于严苛而未生效。蒙特利尔第一号至第三号附加议定书旨在将《华沙公约》《海牙议定书》《危地马拉议定书》关于责任限额的货币单位由法郎改为特别提款权，转换后乘客伤亡的责任限额分别为8300特别提款权、16,600特别提款权、100,000特别提款权，《蒙特利尔第三号议定书》对乘客延误的赔偿限额规定为4150特别提款权。1999年《蒙特利尔公约》第21条对此采取双梯度赔偿责任制，损害赔偿额在128,821特别提款权以内，承运人即应加以赔偿，不得主张无过错而免责；超过128,821特别提款权部分，承运人就超过部分的数额被推定有过错而应负责，除非承运人能证明损害的发生不是由承运人或者其受雇人、代理人的过失或者其他不当作为、不作为造成的或完全由第三人的过失或者其他不当作为、不作为造成的，承运人不必就超过部分负责。

至于承运人对行李因运输造成损害的赔偿限额，《华沙公约》第22条第2款和第3款将其区分为托运行李以及旅客自行保管的物件，前者赔偿额与货物相同，后者则以每一乘客5000法郎为限。《海牙议定书》将托运行李改为已登记的行李，赔偿数额未作改变，新增关于已登记行李或货物发生部分毁损、灭失或延误的规定；对于乘客自行保管的物品，承运人责任限额也未变动。《危地马拉议定书》对于行李部分不再区分托运或未托运、登记或未登记，承运人对行李的毁损、灭失或延误所产生的赔偿责任，以每一乘客15,000法郎为限。1999年《蒙特利尔公约》有关行李运输责任限额的规定为，无论托运行李或非托运行李，造成行李毁灭、遗失或损坏的责任限额为每名乘客 1288 特别提款权,[1]除非乘客在向承运人交付托运行李时,特别声明物品价值,并支付附加的托运费用,此种情况下承运人在声明价值范围内担责。

航空承运人对于货物的赔偿限额,自《华沙公约》以来未有改变,均以每公斤 250 法郎为限;《蒙特利尔第四号附加议定书》与 1999 年《蒙特利尔公约》仅将赔偿货币单位由法郎改为特别提款权,换算之后以每公斤 17 特别提款权为限,[2]除非托运人特别声玥货物价值,并支付额外费用,以此可以提高承运人赔偿限额。

从不断提高的承运人责任限额可以看出,国际社会对限额的修改大致都遵循了只升不降的原则。责任限额的创设初衷是为了保护行业发展,但是随着经济社会的不断进步,对承运人保护的范围不断缩小,规则也从行业中心向消费者中心偏移。各公约、协议、议定书中关于航空承运人赔偿责任限额如表 1－1 所示:

表 1－1　航空承运人赔偿责任限额

公约、协议、议定书	乘客伤亡	行李	货物	延误
《华沙公约》	12.5 万法郎/人	已登记行李:250 法郎/公斤 旅客自己保管的物件:5000 法郎/人	250 法郎/公斤	无规定
《海牙议定书》	25 万法郎/人	登记的行李:250 法郎/公斤 旅客自行照管的物件:5000 法郎/人	250 法郎/公斤	无规定

[1] 2019 年由 1131 特别提款权提高到 1288 特别提款权,生效日期为 2019 年 12 月 28 日。
[2] 1999 年《蒙特利尔公约》关于货物的承运人责任限额,第三次复审为 22 特别提款权。

续表

公约、协议、议定书	乘客伤亡	行李	货物	延误
《危地马拉议定书》	150 万法郎/人	15,000 法郎/人	250 法郎/公斤	62,500 法郎
《蒙特利尔第一号附加议定书》	8300 特别提款权/人	托运:17 特别提款权/公斤 非托运:332 特别提款权/人	17 特别提款权/公斤	未规定
《蒙特利尔第二号附加议定书》	16,600 特别提款权/人	未规定	未规定	未规定
《蒙特利尔第三号附加议定书》	10 万特别提款权/人	1000 特别提款权/乘客	17 特别提款权/公斤	4150 特别提款权/人
《蒙特利尔第四号附加议定书》	未规定	托运行李:未规定 非托运:未规定	17 特别提款权/公斤	未规定
《蒙特利尔公约》	128,821 特别提款权/人	1288 特别提款权/人	22 特别提款权/公斤	5346 特别提款权/人

三、航空承运人责任期间

因为经济的进步推动科技的发展,航空业也随之变得强大,相关法律变得更加倾向于保护旅客和托运人利益,这是社会发展的结果也是必然趋势。所以在《华沙公约》制定后,航空承运人责任也在随着行业的强大变得越来越重。

航空承运人责任期间的确定关系到承运人责任认定。简单来说，如果事故所引起的旅客伤亡、行李或货物的毁灭、遗失或损坏发生在承运人责任期间，才会有后续的责任判定，凡是超出这个规定期间发生的事故，不管造成何种伤亡和损失，从法律上来说，承运人都无须负责。所以，责任期间是承运人承担责任的一个十分重要的构成要素，《华沙公约》和 1999 年《蒙特利尔公约》对旅客运输和行李、货物运输分别规定不同的期间。

（一）航空旅客运输的责任期间

关于航空旅客运输的责任期间，《华沙公约》与 1999 年《蒙特利尔公约》都在各自的第 17 条中做了类似规定。如果将该规定拆分可分为静态与动态两部分。前者为“在航空器上”（board the aircraft）的期间，也就是乘客进入舱门到离开舱门的期间；后者则为“在上、下航空器的任何操作过程中”（any of the operations of embarking or disembarking）的动态过程。所谓“任何操作过程”，主要是指旅客登机、下机的过程。

通过静态标准来判断旅客是否处于承运人责任期间，在实践中没有太大疑问，一般是指，旅客进入机舱到离开机舱的过程，[1] 如 1955 年的斯卡福诉环球公司案（Scarf *v.* Trans World Airlines）。至于“上、下航空器的任何操作过程中”，无论是华沙体系，抑或 1999 年《蒙特利尔公约》均未加以定义，致使实务中对于旅客登机和下机过程的判定范围解释不一。尤其是上航空器的过程，在实践中该过程一般是指旅客办理完值机手续之后，未进入机舱之前，且旅客的活动因为登机而处于承运人掌管之下。判断是否处于登机过程，赵维田

[1] 参见王瀚：《国际航空运输责任法研究》，法律出版社 2012 年版，第 271 页。

教授提出了“三重标准”,[1] 以从宽的态度对其进行解释,但是经过实践的发展,在“三重标准”的基础上,再增加一个“时间标准”会更为全面和准确。

(二)航空行李或货物运输的责任期间

承运人行李货物运输的责任期间为“航空运输期间”,其定义规定在《华沙公约》第 18 条第 1 款和第 2 款。1999 年《蒙特利尔公约》在其第 17 条第 2 款和第 18 条第 1 款、第 3 款对此也作出了规定,它将《华沙公约》“在航空站内、在航空器上或在航空站外降落的任何地点”删除。相较之下,《华沙公约》似有两个判断要素“货物处于承运人掌管之下”和“货物处于航空站内、在航空器上或在航空站外降落的任何地点”。[2] 然而,“货物处于承运人掌管之下”已足以表明承运人的责任期间,多加一个判断标准反而冗长,且易生解释上的疑义。

1. 货物处于承运人掌管之下

依 1999 年《蒙特利尔公约》第 18 条第 3 款的规定,承运人责任期间与货物所处位置关系不大,唯一的判断要素为承运人“掌管”。实践中对于“掌管”的认定主要是判断承运人是否控制和保管了货物,这里所指的“控制和保管”与“占有”无关,简单来说,就算承运人没有直接占有货物,但是货物所处的位置在承运人控制之内,那么承

[1] (1)活动性质,即旅客活动是否属于登机性质,应视旅客是否正在登机。(2)控制,旅客是否处于承运人的指导、掌管、照料或控制下。如承运人的工作人员通知旅客登机,并引导旅客登机,则应认为在其控制之下。(3)位置,旅客正处于登机的区域,即从候机地点到航空器的区域,一般包括飞行运行区域、停机坪和飞机的停放地点。如经承运人指引而正在经过廊桥,则应认为处于登机区域。登机区域应在登机时刻专属于该承运人为旅客登机而使用的区域,不包括在当时可以供其他承运人或其他单位使用的公用区域或公共场所。参见赵维田:《国际航空法》,社会科学文献出版社 2000 年版,第 323 页。

[2] 参见王瀚:《国际航空运输责任法研究》,法律出版社 2012 年版,第 411 页。

运人就有防止货物毁损、灭失的义务。[1]

2. 航空运输期间

承运人的航空运输期间一般是从收货时起到交货时止。现实中,收货的判断标准为承运人在航空货运单上签字、盖章并将该份航空货运单交予托运人。但这只是一般的判断标准,实践中也存在一些特殊的情况,如承运人签字盖章后并未掌管该批货物,则航空运输期间应从实际掌管货物之时起算。也就是说,以签发货运单作为单一判断标准并不准确,还是应以承运人"控制货物"为主。如果货损发生在机场之外的地方,就需要判定该运输是否为"辅助运输"区间,从而判定承运人责任。[2]

承运人责任期间的结束在实践中认定为交货给收货人,收货人一旦收货完毕承运人运输期间就相应终止。但是"交货"在实践中存在不同的认定标准。在爱马仕保险公司诉泛美航空公司案(Hermes Assurance Company *v.* Pan-American Airways)中,法院认为将货物存放于私人保存仓库之中,且货物在该仓库内承运人无法自由拆封或开启货物,此种情况不属于在承运人的掌管下。对此法国法院有着不同的看法:"交货不是一种事实行为,而是一种法律行为。"承运人单纯将货物置于仓库,只是一种事实上的放置,不属于法律上的交付,所以承运人责任期间并未结束。因此,仅将货物交付海关,不是实质交付,该货物仍应视为在承运人掌管之下,承运人不得推卸

---

[1] See Elmar Giemulla eds., *Montreal Convention*, Netherlands: Kluwer Law International, 2006, p. 15.

[2] See Lawrence B. Goldhirsch, *The Warsaw Convention Annotated: A Legal Handbook*, Netherlands: Kluwer Law International, 2000, p. 93 – 95.

责任。[1]

第三节 国际航空承运人强制责任保险推进

国际航空承运人责任制度的演进和发展,从某种意义上来说,对国际航空承运人强制责任保险制度的推进起到了催生作用。由于无过错责任原则在航空领域的实行,当发生航空事故时,承运人的赔偿风险大大增加,这在扩大保护消费者利益的同时,却缩小了承运人保护范围。航空产业作为国家经济发展的高端产业,如何在保护弱者利益的同时,借助第三方力量也对航空业进行保护,在这种大背景下,航空承运人强制责任保险制度应运而生。

一、1929 年《华沙公约》

在 1999 年《蒙特利尔公约》通过之前,华沙责任体系包括一系列国际私法公约:(1)1929 年《华沙公约》;(2)1955 年《海牙议定书》;(3)1961 年《瓜达拉哈拉公约》;(4)1971 年《危地马拉议定书》;(5)蒙特利尔第一号至第四号附加议定书。[2] 它们共同构成了调整旅客、行李和货物国际航空运输中责任索赔关系的规则。其中特定公约的适用取决于航空承运人与旅客或货主之间协议的运输性质。

在 1929 年《华沙公约》的正文中并未体现任何关于承运人强制责任保险的内容,但是在 1929 年的国际私法会议的首场会议记录表

---

〔1〕 See Elmar Giemulla eds., *Montreal Convention*, Netherlands: Kluwer Law International, 2006, p. 21 -22.

〔2〕 See J. C Batra, *Modernization of the Warsaw System-Montreal* 1999, Journal of Air Law and Commerce, Vol. 65, Issue 3, p. 429 -433(2000).

明，当时关于承运人强制责任保险的内容并不是完全未被考虑，国际航空法专家技术委员会对此问题曾进行过考虑，也曾对此进行讨论。值得关注的是，全体会议记录显示，在其他关于“航空运管的私法问题”中已经进行了保险的工作，而且保险内容曾在 1926 年马德里达成的《西美公约》和 1928 年在哈瓦那达成的《泛美公约》中讨论过。[1]

根据 1929 年国际私法会议记录可知，参会代表不仅考虑对旅客责任实施强制保险，对机组和第三人也曾考虑实施强制责任保险。[2] 其中关于旅客的强制责任保险得到了苏联代表的支持，而且参会代表都承认强制责任保险的重要性。第一次世界大战后，虽然通用航空业迅速发展，但技术并不先进，在这种情况下，保护行业发展才是各国的首要问题，而承运人强制责任保险明显会加重承运人负担，所以 1929 年《华沙公约》的最后文本并未包含此内容。如航空法专家技术委员会主席贾尼尼（Giannini）先生所言：“虽然海事法已经有了非常新的发展，但是在新的海事法中也保留着一些古老的传统，这种情况下强制保险内容很难达成。”[3] 所以最后，苏联代表也并未对此问题做出进一步的表态。[4] 而且从 1929 年《华沙公约》的最后签订文本可知，该公约的目的是保护承运人利益促进航空业发展，强制责任保险与该目的不符。

---

〔1〕 See Robert C. Horner & Didier legrez, *Minutes of the Second International Conference on Private Aeronautical Law*, South Hackensack: Rothman, 1975, p. 155.

〔2〕 See Robert C. Horner & Didier legrez, *Minutes of the Second International Conference on Private Aeronautical Law*, South Hackensack: Rothman, 1975, p. 182.

〔3〕 Robert C. Horner & Didier Legrez, *Minutes of the Second International Conference on Private Aeronautical Law*, South Hackensack: Rothman, 1975, p. 183.

〔4〕 See Robert C. Horner & Didier Legrez, *Minutes of the Second International Conference on Private Aeronautical Law*, South Hackensack: Rothman, 1975, p. 183.

二、其他相关协定与沿革

(一)1971 年《危地马拉议定书》

尽管 1966 年的《蒙特利尔协议》将美国纳入了华沙体系,但它并不是解决国际航空法问题的理想国际法解决方案。在国际民用航空组织的倡议下,1971 年 21 国政府在危地马拉城外交会议上签署了《危地马拉议定书》。该议定书的签署国是以美国为首的发达国家,所以《危地马拉议定书》第 8 条对承运人责任限额进行了提高,将旅客伤亡的责任限额由《华沙公约》的 125,000 法郎提高到 1,500,000 法郎,行李责任限额由 250 法郎提高到 15,000 法郎。尽管如此,美国对责任限额仍然不满意,坚持写进一个“补充赔偿条款”(Supplementary Compensation Clause),关于航空乘客死亡或伤害的赔偿,任何国家可以在其境内建立并实施补充赔偿制度。例如,在其国境内可以强制要求该国航空承运人与保险公司订立合同,由承运人在其机票内加收额外的保险费,遇有事故时,被害人可以获得超过国际公约限额以外的赔偿,也就是以国内强制保险的方法增加受偿额。虽然这种补充赔偿制度最后并未得到实施,但却是华沙体系中唯一涉及强制责任保险的条款,也表明了各国开始重视责任保险,为后来承运人强制责任保险的形成奠定了基础。

(二)1981 年国际航空法研讨会

这次研讨会由劳合社组织,皇家航空协会主办。关于强制责任保险方面,值得关注的是郑斌(Bin Cheng)教授提交的两份文件:《国际航空运输法律管制的多变—双边途径》(A Multilateral-Bilateral Approach to the Legal Regulation of International Air Transport)和《国际航空运输旅客伤亡的绝对、无限、担保综合责任制度》(An

Integrated System of Absolute, Unlimited and Secured Liability for Passenger Injured or Death in International Carriage by Air)。这两份文件中,承运人强制责任保险的观点雏形初显。郑斌教授提议建立三梯度(three-tier)责任制,第一梯度要求"承运人对他们的责任进行充分保险"(Adequate Insurance);[1]第二梯度是建立一种后备辅助体制(Backup System),郑斌教授提到当承运人或制造商承担额外责任的情况下,保险行业作为一个整体应当以共同保险的形式来满足承运人或制造商的剩余责任;[2]第三梯度是建立一种国家或国际确定责任。当发生大规模的空难事故时,当事国应当为他们的承运人,国际民用航空组织为他的成员方承担责任,以此确保受害者能够获得赔偿。虽然在第一梯度责任下,郑斌教授并未对"充分保险"进行进一步说明,但是这种创新性的提议成为之后强制责任保险的重要理论基础。

(三)1982 年国际法协会会议

召开 1982 年第 60 届国际法协会会议的目的是继续进行第 59 届国际法协会会议上讨论的问题。[3] 会议上郑斌教授、国际法协会航空法委员会主席和杰普琳·杜泰尔(Jacpueline Dutheil)教授共同准备了一份草案——《涉及国际航空运输和外国飞机造成地面损害的国际航空责任综合制度公约草案》(Draft Convention on an Integrated System of International Aviation Liability Covering International

---

[1] See Sebastian Fernandez Pena, *Defining Insurance Coverage Adequacy under the Montreal Convention of* 1999, Annals of Air and Space Law, Vol. 34, p. 358(2009).

[2] See Sebastian Fernandez Pena, *Defining Insurance Coverage Adequacy under the Montreal Convention of* 1999, Annals of Air and Space Law, Vol. 34, p. 358(2009).

[3] See Peter D. Nesgos, *Report of International Law Association* (1982 *ILA*), Annals of Air and Space Law, Vol. 7, p. 516 - 517(1982).

Carriage by Air and Surface Damage Caused by Foreign Aircraft.)。该公约草案分为两部分,第一部分是国际航空运输,第二部分是外国飞机造成的地面损害。尽管这两部分基于相同的指导原则,但它们可以被视为两个独立的规划设计。该公约草案的指导原则为:(1)航空运输损害和地面运输损害的赔偿责任不受限制;(2)本责任是绝对的、有担保的,但因延误而造成的损害除外;(3)所有因外国飞机造成的航空运输损坏和地面损坏而引起的索赔应分别对承运人和经营人提出。[1] 对于第二点原则中提到的"绝对的责任"(secured),郑斌教授提出三种担保方法:(1)自我保险;(2)合作保险;(3)政府保险。以此确保航空承运人对旅客或托运人进行全面赔偿。根据这三种担保方法,参会者们设计了一个双梯度制度:(1)第一梯度为承运人购买的保险必须能覆盖其承担的责任,承运人可能被当事国要求提供证据,证明已购买保险;[2](2)第二梯度为如果承运人未能履行第一梯度的责任,则承运人的国家为最终保证人。[3] 该制度的提出在代表中引起了不小争议。

---

[1] See Doo Hwan Kin, *Some Considerations of the Draft for the Convention on an Integrated System of International Aviation Liability*, Journal of Air Law and Commerce, Vol. 53, Issue 3, 1988, p. 779.

[2] 第一梯度体现在《涉及国际航空运输和外国飞机造成地面损害的国际航空责任综合制度公约草案》第35条第1款,具体内容为:(1)每一个承运人必须按照当事国所规定的数量、类型和条件进行保险和其他形式的资金担保,包括保证,以抵销本公约下产生的损害责任。当事国应要求进入其国内的承运人提供证据,即提供当事国所要求合适的证书或证明文件以使这些条件能够被实现。(2)如果主管法院所在国有此规定,可以根据上一项所要求对提供资金担保的人提起直接诉讼。实质上该条是国际法协会效仿了1963年《维也纳核损害民事责任公约》第7条第1款和第2条第7款的规定。

[3] 第二梯度体现在《涉及国际航空运输和外国飞机造成地面损害的国际航空责任综合制度公约草案》第35条第2款,具体内容为:根据本公约第1款的规定,承运人和任何提供资金担保的人在不能对本公约规定的责任进行赔偿时,以及缔约国允许它们的承运人仅根据其规定的最大限额获得资金担保时,承运人所在国在某种程度上应该对承运人以及任何提供这类资金担保的人在不能对本公约规定的责任进行赔偿时对其承担责任。

（四）1987年《阿尔沃国际航空运输公约草案》

1987年10月，第四届伦敦劳合社国际航空法研讨会在葡萄牙阿尔沃召开。研讨会以一体化和更新华沙责任体制为目的讨论由郑斌教授和皮特·马丁（Peer Martin）教授起草的文本，即《阿尔沃一号公约》（Alvor Ⅰ）。[1] 经过对该公约的讨论，在其基础上形成的最后草案获得了参会代表的支持，最后草案为《阿尔沃国际航空运输公约草案》，也即《阿尔沃二号公约》（Alvor Ⅱ）。

《阿尔沃二号公约》继承了1981年航空法研讨会和1982年国际法协会会议的研究成果。但与其前身1982年《国际私法协会公约草案》的第35条第2款相比，《阿尔沃二号公约》也有一些质的改变，即放弃了承运人所在国为最终保证人，因为这种改变，第二梯度下的责任很可能被舍弃。虽然双梯度责任受到了影响，但是《阿尔沃二号公约》中关于承运人强制责任保险的规定，对当时正在起草的1999年《蒙特利尔公约》产生了重大影响，可以说，《阿尔沃二号公约》对未来航空承运人强制责任保险这一制度的正式确立起到举足轻重的作用。

（五）华沙体系的评价

《华沙公约》在当时的社会背景下可以说是一个妥协的产物，经过多次修订之后，华沙体系越来越复杂和混乱，在这种情况下，整合华沙体系的呼声越来越高。虽然华沙体系有自身的缺陷，但是其价值也是不可忽视的，对华沙体系进行全面评价，是整合华沙体系的基础。蒙特利尔麦吉尔（McGill）大学法学教授迈克尔·米尔德

---

[1] 《阿尔沃一号公约》和《阿尔沃二号公约》之间的本质区别在于前者比后者在超前接受关于航空承运人对旅客绝对、无限和确定责任时表现得更激进，而研讨会批准并通过的《阿尔沃二号公约》，对此却显得较为迟疑。

(Michael Milde)关于华沙体系的价值(merits)与瑕疵(flaws)作出几点评价,颇值得参考:(1)《华沙公约》就法律的统一具有价值,若无其代表的法律基础,则各国、各区域集团及国际航空运输协会(International Air Transport Association,IATA)的单方法案(unilateral actions)将无从建立。(2)多年来更新《华沙公约》的文件不断,而以欠缺明确而统一的多样文件对《华沙公约》加以修正,造成法律事实上的不统一。[1] (3)关于旅客的生活损害(loss of life)、痛苦(wound)或其他伤害(injury)的责任限制概念,不再为全球国际航空运输所接受。航空公司不需要(不应受)消费者成本上的特别补助,与其他事业一样,航空公司有作为其风险管理对策的主要部分的充分责任保险,所以有限责任的存废有检讨的必要。(4)华沙体系不仅过时且其运输凭证的形式与烦琐的要求无法适应现代的需求,此已成为电子资料程序广泛运用的重大阻碍。(5)华沙体系是民法与普通法概念间不完全的妥协,其中某些条款已在不同法系的不同国家中,造成诠释、适用与结论上相当大的困难。例如,“事故”(accident)、“身体伤害”(bodily injury)、“故意的错误行为”(willful mis conduct)等概念,以及是否仅可以请求损害赔偿(compensatory),抑或请求惩罚性损害赔偿(punitive damages),均涉及多样的法律解释。[2]

一般关于华沙体系价值与瑕疵的评论,始终集中在《华沙公约》的功过上。《华沙公约》的主要目标之一是建立统一的国际航空运输

---

〔1〕《华沙公约》的有效文本为法文、西班牙文、俄文,但优先基本文本则只有法文。即使有些文件有数种语言的有效文本,在法文是全球性外交语言的年代,仍以法文文本为优先。而不同的文本又交存于不同的交存处(如波兰、墨西哥、国际民用航空组织)。在现代条约惯例和调和上,一个单一而公平的交存处是必需的。

〔2〕See Michael Milde, *The Warsaw System of Liability in International Carriage by Air: History, Merits and Flaws and the New "non-Warsaw" Convention of* 28 *May* 1999, Annals of Air and Space Law, Vol. 24, p. 167(1999).

规则。然而,越来越多的证据表明,《华沙公约》制定的计划在实现这一目标方面基本上是失败的,[1]因为华沙体系的其他文件或因属于协定,或因未生效,多欠缺适用上的普遍性,所以虽然《华沙公约》为了顺应时代发展进行了多次修订,但始终未能达到统一国际航空运输规则的效果。整体来看,《华沙公约》的诸多文件为国际航空承运人责任的统一立法提供了明确可行的方向,此乃华沙体系的价值;至于其瑕疵,应当是各阶段的修正使国际航空承运人责任的规范陷入一片混乱的状态。

三、1999 年《蒙特利尔公约》

华沙体系的演进,始终随着不同利益的斗争和妥协,其中承运人与旅客利益权衡的背后,同样也有着国家间的利益博弈。《华沙公约》在经过数次修订之后,已呈现严重碎片化,各国、各区域、各组织,甚至各承运人纷纷采取适合自己发展的赔偿制度,此种情况下,华沙体系处于支离破碎的险境中。华沙体系的所有条约、各国的国内法,以及承运人间的特别协定中的责任制度多达 40 余种,显然违背《华沙公约》想要统一国际航空运输相关规则的初衷。于是,制定一个新公约以取代现行华沙体系下所有文件的呼声越来越高,这也为航空法学界共同努力的目标。

(一)1999 年《蒙特利尔公约》承运人强制责任保险内容的确定

1999 年《蒙特利尔公约》在《华沙公约》生效的 70 年之后被确立,这也标志着国际航空运输法的一个新时代已经开始。承运人强

---

[1] See Jennifer Mckay, *The Refinement of the Warsaw System: Why the 1999 Montreal Convention Represents the Best Hope for Uniformity*, Case Western Reserve Journal of International Law, Vol. 34, Issue 1, p. 73(2002).

制责任保险作为1999年《蒙特利尔公约》的一大创新也被确认，根据该公约第50条的规定，承运人应当在该公约责任范围内进行充分保险，各国也有义务要求国际航空承运人提供其在该公约责任范围内充分保险的证据。之所以将1999年《蒙特利尔公约》中承运人强制责任保险界定为人身伤亡、行李损失、货物损失、延误责任保险这四种，可以从条约的解释入手得出结论。

条约作为国际法的主要渊源之一，其解释规则尤为重要，条约作为国家间商议的结果，是国际行为的主要规范，其特征应当具有确定性。条约模糊就会引发条约的解释，所以条约解释也成了条约正常履行的基础，条约解释的目的就是明确条约含义，以使其正确适用。[1] 解释条约的必要性在于明确其含义，由于各国的利益很少是完全相同的，在谈判期间，各国都希望最后的条约符合各自的利益。通常各国对一个词语的不同概念，都需要进行长时间的讨论，这就是文化、语言、背景和利益的差异与最终条约发生冲突的地方。[2] 所以条约解释复杂性背后的问题之一是条约解释的主体众多，条约解释本身就是一种解释，此外，解释人员所得到的结果也不可避免地受到其他解释的影响。条约解释作为法律解释的一种，只有被理解或一般解读，才会有正当性的结果。法治所包含的各个方面永远是相互关联的，每一种解释都为新价值和意义打开了视野，这就需要制定规则，避免任意解释，并揭示解释的真正机制。所谓条约的解释是指对条约的用意、内容和适用条件所作的正确的说明。[3] 条约解释工

---

〔1〕 See Jana Maftei, *Interpretation of Treaties*, Acta Universitatis Danubius, Vol. 8, No. 2, p. 16 (2012).

〔2〕 See Oliver Morse, *Schools of Approach to the Interpretation of Treaties*, Catholic University Law Review, Vol. 9, p. 36 (1960).

〔3〕 参见张文清编著：《国际法总论》，中国人民公安大学出版社1988年版，第113页。

作需要注意三个问题:(1)解释国际条约意味着什么?即条约解释的客体问题;(2)谁有权解释国际条约,由谁对条约作出解释,这种解释有什么权威,有什么法律效力,即条约的解释方式问题;(3)如何解释国际条约,即由关于条约解释的国际法规则组成。

对于解释条约的主体,由于条约是缔约国共同协商的结果,所以缔约国都有对条约作出解释的权限,当两个或两个以上国家的解释不一致时,可以通过外交途径协商解决。[1] 实践中,除了条约缔约国,还可以是国际组织通过专门机构和理论学者来完成解释。通常如果由缔约国作为解释条约的主体,这种解释一般具有法律效力,被认为是真实的解释。这种形式的解释在条约法中具有特殊性,因为一方面,条约的所有缔约国可以在通过该条约时或以后作出集体权威解释;另一方面,在条约每一缔约国主权下,其可以作出自己的解释,表明它们赋予条约词句的含义。而不真实的解释由国际组织的机构执行(如联合国大会解释《联合国宪章》)。司法解释也具有不真实的特征,因为它是在个案适用过程中解释了法治,并不创造法律和秩序。理论解释是由科学论文中的专家进行的,这种解释不具有法律强制性,但可以影响国际法规范的制定和适用过程。

而条约解释的规则,《维也纳条约法公约》第31、32条对此作出规定,其中第31条是条约解释的通则,第32条为补充解释方法。第31条规定条约应依照其用语按其上下文并参照条约的目的及宗旨所具有的通常意义,善意解释之。所谓善意解释必须遵守三点要求:(1)如果条约是明确的,其意义不应以尊重精神为借口而改变;(2)必须赋予条约中使用的术语普通、自然的含义,并应考虑到条约的目标和宗旨进行解释;(3)如果确定某一术语是双方当事人的意

---

[1] 参见李广民、欧斌主编:《国际法》,清华大学出版社2006年版,第115页。

图,则该术语将被赋予特殊含义。如果在该公约第 31 条导致含糊或者明显解释错误的情况下则可适用该公约第 32 条。除了《维也纳条约法公约》,实践中就条约的解释而言,一般有四种解释方法:(1)语法解释,要求对句法、词法、词汇等语法规则进行法律标准的国际解释;(2)系统解释,这涉及通过条约与整个文本、法律制度或国际法其他规定的关系来确立条约的国际法律标准意义;(3)历史和目的解释,包括澄清一项条约条款的意义需要考虑历史、社会、政治条件,在这样的情况下,应考虑起草条约文本的准备工作,参考国际会议讨论条约草案、交流笔记等;(4)逻辑解释,一种通过使用形式逻辑的推理和论证来澄清条约内容的方法。

如果按照《维也纳条约法公约》第 31 条的要求,以及条约解释的四种方法对 1999 年《蒙特利尔公约》第 50 条规定中的"在本公约中的责任"进行解释。在《蒙特利尔公约》的起草过程中缔约国对"在本公约中的责任"并没有作出明确解释,本书作出的解释虽然不具有法律强制性,但是可以清晰该公约的适用。根据《维也纳条约法公约》第 31 条的要求和系统解释,首先,联系 1999 年《蒙特利尔公约》上下文,该公约第 17 ~ 19 条规定了承运人在旅客伤亡、行李损失、货物损失、延误下应负的责任和归责原则,第 21 ~ 22 条规定了旅客伤亡、行李损失、货物损失、延误下承运人的赔偿责任限额,所以我们可以很明确地知道"在本公约中的责任"就是:旅客伤亡、行李损失、货物损失、延误这四种。其次,根据历史解释的方法可知,对地面第三人的责任保险不由 1999 年《蒙特利尔公约》调整,对此有学者持赞同意见。因为 1999 年《蒙特利尔公约》调整的是承运人和消费者之间的关系,第三人责任不属于此范畴,而且 1952 年《罗马公约》对此进行了专门规定,所以在 1999 年《蒙特利尔公约》中承运人责任不包括对地面第三人的责任。综上,“承运人就其在本公约中的责任”指的是,旅客人身伤亡责任、行李毁损责任、货物毁损责任、延误责任这四种。

（二）各国和地区对1999年《蒙特利尔公约》承运人强制责任保险的实践

1. 欧盟立法对保险范围的实践

关于航空承运人责任保险的要求规定在《欧洲议会和理事会关于航空公司和飞机运营商的保险要求》(欧盟第785/2004号条例),它的目的是为旅客、行李、货物和第三方规定了航空承运人和飞机运营人的最低保险要求。该条例第2条第1款说明了它适用于在欧盟国家境内、境外或飞越欧盟上方的所有航空承运人和所有航空器运营人。该条例第4条规定航空承运人和航空器运营人必须获得保险,特别是在以下方面:(1)乘客;(2)行李;(3)货物和第三方;(4)与特定航空责任相关的风险(包括战争,恐怖主义行为,劫机行为,破坏行为,非法扣押飞机和民变)。该条例第5条第1款要求航空承运人、航空器运营人必须通过向有关欧盟国家的主管当局提供保险证明或其他有效保险证明来证明他们遵守了规定。该条例第6条第1款对于保险的具体规定为:旅客、行李和货物责任保险,每位旅客的最低保险额为250,000特别提款权。但是对于小于或等于2700千克的飞机的非商业运营,欧盟国家可以设定较低的最低保险额度,但不得低于每位乘客100,000特别提款权。

在执法与制裁方面,该条例第8条规定,欧盟国家必须确保航空承运人和航空器运营人遵守该条例。任何对侵权的制裁都必须有效,成比例且具有劝阻性。对于欧盟境内的航空承运人,制裁可能包括撤销经营许可证。对于非欧盟境内的航空承运人和使用在欧盟境外注册的飞机的航空器运营人,制裁可能包括拒绝在欧盟国家领土上降落的权利。如果欧盟国家承运人不满足条件,则必须禁止航空器起飞,直到有关的航空承运人或航空器运营人提供足够的保险凭证为止。

通过分析欧盟第785/2004号条例可以看出,该条例规定了有关旅客责任的最低保险要求,以确保航空公司得到充分的保险,并覆盖了1999年《蒙特利尔公约》规定的责任。而且欧盟还通过2020/1118号条例修订了责任限额。关于乘客的责任,欧盟第785/2004号条例的最低保险要求已经大大超过了《蒙特利尔公约》的责任限额,所以2020/1118号条例仅对货物和行李的责任限额作出了调整。2020/1118号条例第1条规定对于行李方面的责任,商业承运人的最低保险额必须为每位乘客1288特别提款权;第2条规定对于货物责任,商业承运人的最低保险额必须为每公斤22特别提款权。

2. 美国立法对责任限额的规定

关于承运人强制责任保险,《美国联邦法规》第14编第205条规定了:(1)本部分包含美国直接航空承运人获得或行使部门授权以从事洲际或外国航空运输的飞行事故责任保险规则,以及外国直接航空承运人在外国的许可或其他权限下经营所需的飞机事故责任保险规则。它还要求向托运人披露有关美国和外国直接航空承运人的货物责任限额和保险范围。(2)美国或外国航空承运人应向美国商务部提交保险证书或完整的自我保险计划。(3)承运人应为飞机乘客的人身伤害或死亡提供飞机事故责任保险,承保范围不得低于最低限额,每位乘客300,000美元。

3. 澳大利亚立法对保险细则的完善

每一承运人为雇佣运输旅客往返澳大利亚,或澳大利亚境内,都必须有旅客责任保险,以确保对因航空事故造成的旅客死亡或人身伤害给予赔偿。澳大利亚民用航空安全局(Civil Aviation Safety Authority,CASA)负责管理和执行联邦和州的强制保险计划。关于该计划的立法载于1959年《民用航空(承运人责任)法》第IVA部分、《民用航空(承运人责任)条例》及补充的国家立法。附加的配套条款载于1988年《民用航空法》和1998年《民用航空安全条例》。立法要求承运人有一个可接受的保险合同,并在合同开始、变更或续订时,定期向民用航空安全局提交该保险的证据。"可接受的保险合同"是指,一份保险单只有在符合1959年《民用航空(承运人责任)法》第41c(2)条规定的条件时,才会构成立法目的上可接受的保险合同。除其他规定外:每名旅客的特别提款权不低于725,000美元(从2013年3月31日起适用于国内承运人)或260,000美元(适用于国际承运人);在承运人未能遵守安全规定或资不抵债的情况下,保险公司不能撤销承运人的保险。如果对承运人保险合同的货币或可接受性存在疑问,民用航空安全局可以要求承运人提供承运人保险安排的进一步细节。

在强制责任保险的立法范围上,从《蒙特利尔公约》2003年生效以来,各缔约方为了同该公约保持一致,对自己的法律都作出了修订,其中欧盟各国、美国、加拿大等都先后频繁地对自己的法律作出了修改,而且一些国家的强制责任保险范围也从旅客人身伤亡保险逐步扩大,各国和地区在符合自身国情的基础上对保险类型和赔偿责任作出了调整。通过分析以上三个国家和地区可以看出对于旅客人身伤亡保险的态度,各国和地区都统一倾向于纳入强制保险范畴。

而货物和行李责任保险因为各国航空业发展水平不一，各方对此的态度目前可能难以达成一致。至于延误责任，由于现实中造成延误的情况复杂，所以大部分国家和地区都对此呈一种谨慎态度。

本章小结

分析承运人责任和强制责任保险的历史演进可以得知，民用航空技术的腾飞大致是从第二次世界大战后开始，相应的航空保险市场也在那时开始兴起，然后逐渐变得专业、完善。而随着保险市场的逐步建立，关于航空保险的法律法规也随之开始制定，通过本书分析可知航空保险没有一个完全统一的定义，但多数学者关于航空保险特征的认知趋于一致：注重再保险和共同承保、保险金额高、发生理赔次数少、主要以强制保险为主。1999 年《蒙特利尔公约》第 50 条建立了强制航空承运人投保充足保险的制度，这是对弱者权益的保护，也能促进航空业的发展。

1999 年《蒙特利尔公约》的宗旨之一就是结束华沙体系的碎片化时代，统一航空承运人运输规则，承运人责任作为其统一的一个方面，同强制责任保险的建立是一个互相驱动的过程。承运人责任制度主要体现在归责方式——由过错推定向无过错责任原则转变；责任限额——虽然 1999 年《蒙特利尔公约》没有取消承运人责任限额，但却在华沙体系责任限额的基础上进行了提高，且引入了“阶段调整条款”；承运人责任期间——将《华沙公约》的法理适用于 1999 年《蒙特利尔公约》，使责任期间的解释更加完整。

承运人强制责任保险的建立并不是一蹴而就的。《华沙公约》的首次会议记录就表明，承运人强制责任保险也曾被提及讨论，虽然在一系列华沙体系的文件中，承运人强制责任保险未得到建立，但也越来越引起各方重视，最终在 1999 年《蒙特利尔公约》中将其写入第 50 条，这也表明了承运人强制责任保险的正式建立。

第二章　1999 年《蒙特利尔公约》旅客人身伤亡责任保险

第一节　旅客人身伤亡的承运人责任

1999 年《蒙特利尔公约》于 2003 年 11 月 4 日生效，当初制定该公约的目标之一就是统一过去 70 年间有关航空承运人的相关责任规则和法律适用。在蒙特利尔大会上国际航空运输协会代表被认定为观察员，他们的任务就是防止起草者们对《华沙公约》、《海牙议定书》和《蒙特利尔第四号附加议定书》中的责任规则作出重大修改。因为这些重大修改的提案一旦通过，那么在今后法院适用 1999 年《蒙特利尔公约》中华沙体系也适用过的关于承运人责任的重要表述将会出现新的不同的解释，保留《华沙公约》的判例，使其法理可以沿用是适用 1999 年《蒙特利尔公约》的基础。因为该公约的主旨是结束碎片化的时代，在此基础上将一些不符合航空业发展的法条进行修改，而不是要突破华沙体系，自成一派，这一主旨也得到了各起草者的认可和接受。所以在今天适用 1999 年《蒙特利尔公约》的案件中，法院承认《华沙公约》及《蒙特利尔第四号附加议定书》的判例和法理，同样适用于 1999 年《蒙特利尔公约》责任规则的解释。

在《华沙公约》的司法实践中,调整旅客运输的承运人责任被规定在第 17 条,关于此法条产生了许多诉讼,该法条所引起的诉讼比其他条款所引起的诉讼总和还要多。其实这也不难理解,因为在航空运输中,旅客人身伤亡通常后果惨烈且损失巨大。为了保持司法的统一性,《华沙公约》第 17 条所形成的法律解释和适用对 1999 年《蒙特利尔公约》下的旅客人身伤亡赔偿同样有效。早期法院就 1999 年《蒙特利尔公约》第 17 条适用问题的判决表明,《华沙公约》第 17 条的判例法理形成了 1999 年《蒙特利尔公约》的判例基础。[1]

一、《华沙公约》第 17 条下旅客伤亡责任的基础和要素

想要适用《华沙公约》第 17 条下的航空承运人责任,应当满足该条所规定的所有要件:(1)存在实际的损害;(2)该损害源于旅客死亡或者受到身体伤害;(3)该损害是由事故造成;(4)该事故发生在航空器上;(5)或者该事故发生在上、下航空器的任何操作过程中。如果缺少任何一个要件,则航空承运人不承担责任。如发生了事故,但是仅造成旅客的精神恐慌、不安,并未造成旅客身体的实际损害,在《华沙公约》下承运人无须承担单纯的精神损害赔偿。又或者,旅客的人身伤亡是发生在航空器上或者上、下航空器的任何操作过程中,但该伤亡并不是事故所引起,那么承运人也无须承担责任。一旦国际航空运输选择适用《华沙公约》,那么该公约就具有排他性,它排

[1] 在美国,1929 年《华沙公约》判例中对该公约规则作出的解释,同样支配与影响 1999 年《蒙特利尔公约》中的类似规则的适用;在欧洲,1929 年《华沙公约》的判例同样对 1999 年《蒙特利尔公约》中的类似规则的适用具有重要影响。因此,笔者在下文论述中列举的许多案例虽为 1929 年《华沙公约》规则的适用实践,其实践效果同样适用于 1999 年《蒙特利尔公约》。

除国内法的适用。[1] 所以,在选择适用《华沙公约》的情况下,该条约第 17 条的要件却未能得到满足,那么航空承运人无须对旅客的人身伤亡赔偿承担责任。美国最高法院在以色列航空有限公司诉徐元曾案(EI AI Israel Airlines, Ltd. *v.* Tsui Yuan Tseng,以下简称徐元曾案)中确认了《华沙公约》排他适用的特性,随后 1999 年《蒙特利尔公约》第 29 条也明确写明此特性。

二、《华沙公约》第 17 条责任条款释义

对于国际航空运输中是否发生了《华沙公约》所规定的事故,或者旅客是否遭受了死亡或身体伤害,事故和伤亡、身体伤害间是否存在因果关系,[2]事故是否发生在航空器上或者在上、下航空器的任何操作过程中,以及是否因此遭受了损失,这些均属于由法院判定的法律问题。

(一)"死亡"的定义

关于 1999 年《蒙特利尔公约》中的"死亡"其实无须进行定义。但是需要引起注意的是,旅客的死亡有时候并不需要一定发生在航空器上或者上、下航空器的过程中,因为该公约的原文只规定了造成旅客死亡的事故是发生在航空器上或者在上、下航空器的任何过程中,也就是说旅客的死亡也有可能是在事故发生后,或者事故发生地之外的某个地方。举个例子,当航空事故发生后,旅客只是受了重伤并未立即死亡,在送往医院抢救的途中,或者在医院旅客因重伤不治而死。在这种情况下,纽约联邦初审法院适用 1999 年《蒙特利尔公

[1] Tory A. Weigand, *Accident, Exclusivity, and Passenger Disturbances Under the Warsaw Convention*, American University International Law Review, Vol. 16, Issue 4, p. 923(2001).

[2] "身体伤害"在本章第三节论述。

约》的布尼斯诉以色列公司案(Bunis *v.* Israir GSA, Inc.)就提供了一个相似实例。原告称他患有严重且明显的残疾,被告知道该残疾的存在,当原告到达机场后,原告希望被告的雇员提供轮椅,等待 20 分钟后,机场终端的灯开始关闭,原告开始自行走向行李提取区,大约用了 25 分钟到达行李提取处,在走动的过程中原告经历了胸痛的发作(原告还患有心脏病),最后原告被送往医院救治。这个案例中,原告的身体伤害虽然仍在航空器到达区域,但已不在登机口,也不属于上、下航空器的过程中,法院经审理认为:"显然,1999 年《蒙特利尔公约》的措辞不是要求所称的伤害在飞机上,登机或登机过程中或之后的任何特定时间出现,相反,只要事故本身发生在飞机上或登机的任何操作过程中,承运人对第 17 条事故造成伤害或死亡的延迟反应是可以采取行动的。"联邦法院在裁定该案管辖权时还讨论了"事故"和"下航空器"的问题。对心脏病是否属于《蒙特利尔公约》第 17 条可获赔的"身体伤害"问题并没有讨论。

(二)"事故"的定义

虽然在《华沙公约》的会议记录中,并未出现关于"事故"含义的讨论情况,[1]但是各国法院在审理国际航空运输旅客伤亡案件中,历来很重视"事故"一词的解释,倘若旅客的伤亡并不是由《华沙公约》所规定的事故造成,那么承运人便无须承担责任。在华沙体系中,除了《危地马拉议定书》中是用"事件"(the event)一词外,其他的公约或议定书用词均为"事故"(the accident)。这两个词不管从内部含义还是外延范围来看,均有不同。从一般的文义来理解,事件的范围明显比事故一词更广,所以根据不同的词语来判断承运人是否应

[1] 参见朱子勤:《国际航空运输关系法律适用问题研究》,中国政法大学 2006 年博士学位论文。

当承担责任结果就会不同。在华沙体系的各条约和议定书中,甚至在 1999 年《蒙特利尔公约》中均未对“事故”一词作出明确官方定义。因此,“事故”一词究竟为何含义还需要各国法院在司法实践中作出解释。

在 1977 年的马瑞尼诉荷兰皇家航空公司(DeMarines *v.* KLM Royal Dutch Airlines)一案中,原告因飞机压力原因,头痛,内心感到身体僵硬,完全麻木。对于《华沙公约》中所指的事故到底发生与否,法院经过审理后判决表示“事故是事件的一种情况,它属于一种物理情况,它是意外发生的,与正常情况不同,如果飞机上发生的是平常的、预期的、通常的事件,则不能将其称为事故。如果要构成事故,那么飞机上发生的必须是异常的、意外的事件。纯粹属于旅客自身健康引起的情况,或者与飞行无关的情况,均非公约所指的‘事故’”[1]。而在 1977 年,沃肖诉环球航空公司案(Warshaw *v.* Trans World Airlines, Inc.),原告因舱压增减导致耳朵受伤失聪,法院裁决表示:“因此,我们得出结论,原告遭受的这种伤害是由于飞机运行中的常规、预期和程序性变化引起的,所有这些操作都是在飞机机组人员的精心控制下进行的。《华沙公约》第 17 条所指的‘事故’一词并未涵盖正常和审慎的飞行控制过程。”法院还表明:“我们强调此决定所依据的是特定事实。如果有证据表明飞机运行异常或故障,那么我们将面临完全不同的情况。相反,我们发现,对原告造成的伤害显然是在正常运行的飞行期间。这不是承运人根据《华沙公约》第 17 条承担责任的‘事故’,因此将作出有利于被告的判决。”在 1985 年赛克斯诉法航案(Valerie Hermien Saks *v.* Air France, Inc.,以下简称赛克斯案)中,法院曾试图扩大解释“事故”一词,将机舱正常压力的变

[1] Paul S. Dempsey, *Aviation Liability Law*, Canada: LexisNexis Canada Inc., 2013, p. 536.

化认定为“事故”,但是美国最高法院还是推翻了此判决,而认为“如此解释已扩大到足以将其他旅客的侵权行为包括在内……旅客对常见、正常并可预料的航空器正常运作下身体内部的反应,[1]不属‘事故’,《华沙公约》第 17 条于此不予适用”。

由上述几个案例可以大致归纳出构成航空器上发生的“事故”必须具备两个要件:(1)事故的发生是不可预见的、意外的,是在航空器正常运作以外发生的情况;(2)事故的发生还必须与航空器的操作具有一定关联性,如果旅客的伤亡是属于其他第三人造成(如劫机),是否属于《华沙公约》或《蒙特利尔公约》所指的“事故”? 若用以上两个要素去检验“事故”一词,第一个要件并无争议,但第二个要件中“与航空器的操作存在关联”却存在争议。

1973 年胡塞尔诉瑞士航空运输公司案(Husserl *v.* Swiss Air Transport Co.)中,原告从瑞士直飞纽约,因为劫机而遭受人身伤害和精神痛苦,原告提出了三个诉由:“(1)她根据《蒙特利尔议定书》修改的《华沙公约》提出诉讼;(2)她声称被告违反了将她安全运送到纽约的合同;(3)她声称她的受伤是被告或其代理人的疏忽造成的。”被告抗辩理由为:“《蒙特利尔议定书》专门管辖从事国际运输的航空承运人责任,该责任仅在有证据证明‘事故’发生时才产生,劫机不是《蒙特利尔议定书》规定的意外情况,原告所谓的伤害不是《华沙公约》和《蒙特利尔议定书》中所定义的‘事故’造成,因此被告不应对原告负责。”最后法院认定:“承运人最具有资格开发防御机制来避免此类事件,因为它可以物理控制和设计飞机。同样,他也是最有能力评估和确保与航空运输有关风险的当事方;最后,他是最有效

[1] 此时的“预料”应指对造成伤亡或者损害的行为或事实的预料,而不是指对伤亡或者损害本身的预料。

率分配前两个步骤成本的一方。尽管劫持问题最初可能是未曾预料到的,但可以断定法律将迅速填补这一逻辑空白。"[1]

前文提到《危地马拉议定书》中使用"事件"一词,是为了扩大承运人责任范围。"事件"与"事故"的差别在于,事件不仅包含不可预见、意外的情况,也包含正常的情况,任何情况都可以被称为事件,其范围非常广。在1999年《蒙特利尔公约》的审议过程中,也有部分发达国家的参会代表提出保留"事件"一词,但遭到了大多数国家的反对,其反对的理由为,1999年《蒙特利尔公约》相比《华沙公约》承运人责任限额已经得到了大幅提升,且在旅客人身伤亡的第二梯度责任下,承运人承担无限责任,所以如果再使用"事件"一词会加重承运人负担,不利于承运人和旅客的利益平衡,所以在1999年《蒙特利尔公约》的最后文本中,使用了"事故"一词。

(三)"上、下航空器的任何操作过程中"的定义

由于上、下航空器属于承运人的责任期间,此期间外所发生的事故承运人并不承担责任,[2]相关定义问题在第一章第二节已作简单论述,在此以美国案例辅述之。前面已经谈到《华沙公约》和1999年《蒙特利尔公约》都未对"上、下航空器的任何操作过程"加以定义,且《华沙公约》的解释规则同样适用于1999年《蒙特利尔公约》,所以此章节所论述的案例未对两个公约进行区分,换言之,他们的解释规则可以通用。1929年华沙会议讨论《华沙公约》草案文本时,曾参考过1924年《海牙规则》的"门至门"标准,[3]即将旅客、行李与货物

---

[1] Alona E. Evans, *Husserl v. Swiss Air Transport Company*. 388 *F. Supp.* 1238, The American Journal of International Law, Vol. 70, No. 1, p. 132 – 135(1976).

[2] 参见唐明毅:《新国际航空旅客运输责任制度及其影响》,载《政治与法律》2003年第2期。

[3] 1924年《海牙规则》第1条第5款规定:"'货物运输'是指自货物装上船时起,至卸下船时止的一段期间。"

运输的承运人责任期间统一规定为“从旅客、货物与行李进入始发地机场时起，直至旅客、货物与行李离开抵达地机场时止”[1]。但因为《海牙规则》责任期间过宽会对航空业造成不利影响，遭到了代表们的反对，[2]所以《华沙公约》的最终文本中，关于承运人的责任期间被规定为“在航空器上或在上下航空器过程中”。

1. “上航空器”的操作

《华沙公约》第17条没有明确界定何为“上航空器”。导致旅客死亡或者身体损伤的事故是不是在上航空器的过程中，应由各国法院予以界定。《华沙公约》中关于“上航空器”的界定，最早的案例是戴诉环球航空公司案(Day *v.* Trans World Airlines, Inc.)。该案中原告希望被告赔偿在机场的过境休息室因恐怖袭击遭受人身伤害而造成的损失。被告的反驳理由是：“毫无疑问，恐怖袭击构成公约所谓的‘事故’，但是在恐怖袭击发生时，原告不是‘在任何登机过程中’。”该案中的法院采取并适用了三重测试方法以判断案件中旅客受伤时是否构成《华沙公约》第17条“上航空器”。该测试方法为：(1)行为——受伤旅客正在从事的活动；(2)控制——旅客当时由谁控制；(3)地点——旅客遭受损害时所处的地点。法院注意到只要旅客的行为是上航空器流程的一部分或者操作的一部分，则《华沙公约》第17条中“在上航空器的任何操作过程中”并没有排除发生在候机楼内的事故。在该案中，首先旅客因为恐怖袭击遭受人身伤害，他们交出客票，通过护照检查，并进入国际航班专用的旅客等候区。他们聚集在登机口，事实上已经准备进入航空器。其次，这些旅客不能

---

[1] Robert C. Horner, *Second International Conference on Private Aeronautical Law minutes*, South Hackensack: Rothman, 1975, p. 251 - 252.

[2] See Robert C. Horner, *Second International Conference on Private Aeronautical Law minutes*, South Hackensack: Rothman, 1975, p. 21 - 72.

按照自己的意志在候机楼自己漫步。他们应环球航空公司工作人员要求排成一排进行武器搜查——这是上航空器的前提条件。根据旅客的行为(作为上航空器的条件),环球航空公司对他们活动的限制,以及上航空器的紧迫性,甚至是临近航站楼门口的位置,法院认定原告处于"上航空器的过程中"。[1] 而且法院还提出,虽然大多数事故发生在乘客在飞机上的时候,但显而易见的是,在乘客真正登机前和离开飞机后,他可能会暴露在某种航空固有的风险中。《华沙公约》第 17 条规定将承运人责任扩大到"在航空器上或上下航空器过程中"发生的事故,是一种合理的结构。[2]

在之后的类似案例,法院关于判断旅客是否处于上航空器过程中,都遵循了戴诉环球航空公司案的三重判断方法。在其他一些和戴诉环球航空公司案相同的因恐怖袭击而提出伤亡赔偿的案件中,法院同意戴诉环球航空公司案的结论,即在机场候机楼,环球航空公司旅客的行为属于《华沙公约》第 17 条下的"上航空器的操作",尽管论述有稍许不同,但伊万杰尼罗斯诉环球航空公司案(Evangelinos *v.* Trans World Airline, Inc.)中法院与戴诉环球航空公司案中法院意见一致。伊万杰尼罗斯诉环球航空公司案中法院的判决主要与以下三个问题的认定相关:(1)事故发生的地点;(2)旅客从事的活动;(3)在事故发生时航空公司在有关地点对受伤旅客的控制。[3] 因为这三个因素的标准最能诠释《华沙公约》第 17 条的深层政策。为了

---

[1] See Brian F. Havel & Gabriel S. Sanchez, *The Principles and Practice of International Aviation Law*, Cambridge: Cambridge University Press, 2014, p. 292 – 293.

[2] See George R. Sullivan, *Codification of Air Carrier Liability by International Convention*, Journal of Air Law and Commerce, Vol. 1, 1936, p. 18 – 22.

[3] See George N. Tompkins & Jr., *Liability Rules Applicable to International Air Transportation as Developed by the Courts in the United States: From Warsaw* 1929 *to Montréal* 1999, Netherlands: Kluwer Law International, 2010, p. 180.

认定旅客的活动是否属于上航空器操作的一部分,伊万杰尼罗斯诉环球航空公司案中的法院调查了在遭到恐怖袭击时旅客从事活动的性质。事实显示,在遭受袭击时,旅客事实上已经完成了上航空器所要求的所有活动,在上航空器口排成一排准备进入航空器。旅客是在环球航空公司的明确要求下,进入环球航空公司使用的摆渡车以便上航空器。更重要的是,在这些操作开始时,881航班已经在进行最后上航空器的广播。因此,环球航空公司该航班的旅客不再与位于广阔区域的其他公司的旅客相混淆。按照要求,他们聚集在环球航空公司指定的881航班的特定区域。环球航空公司通过广播航班,引导旅客聚集在上航空器口旁边,已经控制了旅客并让其聚集在特定的与881航班航空器直接相关的区域。环球航空公司的服务人员当时正站在四号登机口引导旅客,并且环球航空公司的安保人员也在现场。根据这些因素,法院合理地认定环球航空公司已经根据运输合同履行其作为航空承运人的义务。通过航班广播,控制旅客并将其聚集在一起等方式表明其已有义务保护原告。因此,无论从哪个角度来说,“上航空器的操作”已经开始。

戴诉环球航空公司案中的法院与伊万杰尼罗斯诉环球航空公司案中的法院似乎并不那么看重旅客遭受身体伤害时所处的具体位置,这两个法院都更为看重当时旅客活动属于何种性质,以及这些活动是否属于航空公司所实施的旅客登机的前提条件。[1] 从戴诉环球航空公司案到伊万杰尼罗斯诉环球航空公司案,我们至少可以得出结论,《华沙公约》第17条中的“上航空器”的行为最早可能开始于旅客到达候机楼办理值机以及在承运人引导下从事后续一系列登

---

〔1〕 See Georgette Miller, *Liability in International Air Transport*, Netherlands: Kluwer, 1977, p. 135.

机前的必要行为。值得注意的是,"上航空器"的过程也可能中断,旅客如果在办完值机之后,接下来按照自己的意志自由穿梭于航站楼内,不在承运人控制下,那么就不属于"上航空器"的过程,直到旅客重新按照承运人要求开始做出登机前的必要行为,"上航空器"过程才恢复。

2. "下航空器"的操作

对于旅客是否处于"下航空器"的过程中,法院一般遵循"上航空器"的标准来进行判断——地点、行为、控制以及紧迫性。麦克唐纳诉加拿大航空公司案(MacDonald *v.* Air Canada,以下简称麦克唐纳案)是有关《华沙公约》第 17 条"上、下航空器过程"定义的第一个重要案例。该案件涉及一个 74 岁的健康状况良好的原告人傍晚从加拿大抵达波士顿国际机场,并带着她的女儿。她们一起走到了机场的行李运送和清关区,原告没有要求任何协助,也没有表现出任何需要帮助的迹象。她站在一个柱子上,离她女儿所在的行李运送转盘不远。在大约 10 分钟内,原告女儿取到一个行李并把它放到原告身边,然后又回去取另外的行李,女儿转过身来时,原告摔倒了。法院认定,如果将《华沙公约》第 17 条中的下航空器的过程赋予其通常的含义,那么此过程似乎已经在乘客通过使用承运人提供的任何机械手段从飞机降落并到达航站楼内的安全点时终止了,即使他可能在建筑物内仍保持承运人的乘客身份。所以最后,法院在麦克唐纳案中判决表示"其已经完成了下航空器",但没有认定下航空器完成的精确时间点。

随后在马丁内斯·埃尔南德斯诉法航案(Martinez Hernandez *v.* Air France)中,法院认为其在麦克唐纳案的观点并不妨碍适用戴诉环球航空公司或伊万杰尼罗斯诉环球航空公司案中的三重测试方法,即将旅客遭受伤害时,其行为的性质、地点以及在多大程度上承运人对旅客施加了控制作为适用《华沙公约》第 17 条的考虑因素。在马丁内斯·埃尔南德斯诉法航案中,法院采用了戴诉环球航空公司案的三重测试方法认定旅客下航空器后在行李提取区遭到恐怖袭击,不能适用《华沙公约》第 17 条获得赔偿。法院将《华沙公约》第 17 条“上航空器”和“下航空器”的含义看作“必要的进出航空器的活动”。旅客在自由活动时遭受损害,承运人不应承担责任。在此案中,法院认定旅客在机场航站楼的行李区域遭受恐怖袭击时,其并没有处于下航空器的任何操作过程中。法院注意到旅客已经沿着客梯从飞机走到地面,乘坐摆渡车或步行至航站楼,向以色列主管部门出示护照并通过边防。旅客只差提取行李即可离开机场。法院还查明旅客遭受袭击时的位置,距离飞机停靠地大约 1/3 至 1/2 英里,很难适用《华沙公约》第 17 条。法院查明由于旅客并没有处于承运人雇员引导之下,而只是在等待其行李,属于戴诉环球航空公司案判决中的自由旅客,因此,控制因素对于支持承运人一方至关重要。马丁内斯·埃尔南德斯诉法航案中的法院采用戴诉环球航空公司案法院“上航空器”的三重测试方法,来判定《华沙公约》第 17 条中“下航空器”的要素。通过适用该方法(行为、控制、地点)法院判定在遭到恐怖袭击时旅客“下航空器”已经完成,所以《华沙公约》第 17 条并不适用。如果旅客在乘坐摆渡车或者步行从飞机至航站楼时遭受恐怖袭击,则适用《华沙公约》第 17 条,因为旅客处于下航空器过程。在实践中,每个法院所采取的认定过程虽然略有不同,但结果都大同小异。

三、《华沙公约》第 17 条责任条款的性质

(一)《华沙公约》下的责任认定

如果想要承运人承担对旅客人身伤亡的责任,那么就必须满足该节第一部分所论述的各种责任要件。如果要件构成不足、缺失或证据不充分,承运人就无须承担责任。因此,如果旅客想要通过《华沙公约》第 17 条提出赔偿,则要么按照《华沙公约》获得赔偿,要么无法获得任何赔偿。一旦确定案件属于《华沙公约》调整范围,那么下一个问题就是判定承运人是否需要按照该公约负责。首先需要确定是否发生了事故;其次需要确认旅客的人身伤亡是否由该事故引起,也就是说确定事故和伤亡之间是否存在因果关系,如果不存在因果关系,承运人就无须负责。所以想要承运人承担责任,不仅要证明"事故"发生在承运人责任期间,还需要证明因果关系的存在。

如果一旦确定适用《华沙公约》,那么承运人就不受缔约国国内法对旅客人身伤亡的管辖。需要注意的是,该公约优先于国内法的适用效力仅限于该公约的实质适用范围。在该公约得以适用时,其优先于当地法律,但是对于不属于该公约管辖的运输关系,旅客仍然有权根据当地法律提起诉讼。如徐元曾案中所述,如果旅客的索赔受《华沙公约》及其第 17 条管辖,则其要么依照《华沙公约》获得赔偿,要么一无所获。

(二)创设的诉由

《华沙公约》第 17 条到底是否创设了一个独立的诉由,现在的答案同 1978 年之前的答案或许不一致。在 1978 年之前,法院一般认为《华沙公约》第 17 条并未创设一个独立的诉由。该法理是通过诺埃尔诉委内瑞纳莱妮亚航空邮政(Noel *v.* Linea Aeropostal

Venezolana)的上诉案得来,在该案中,上诉法院认为"《华沙公约》第17条并未创设一个独立的诉权"。该法理一直被之后的法院遵守和运用到1978年。慢慢地,法院对此的态度开始转变,起先在伊万杰尼罗斯诉环球公司案中法院认为《华沙公约》第17条只是创设了承运人可辩驳的推定责任,但基础诉由留待当地法予以确立。从1978年开始法院开始认可《华沙公约》第17条确实为旅客的身体伤害和死亡创设了一个独立的诉由。美国上诉法院第二巡回法庭因本杰明诉英国欧洲航空公司案(Benjamins *v.* British European Airways)成为第一个判定《华沙公约》第17条创设了诉由的联邦上诉法院。通过该案,诺埃尔诉委内瑞纳莱妮亚航空邮政案所形成的《华沙公约》第17条并未创设独立诉由的法理被推翻。非常有趣的一点是,这两个案件的判案法官为同一人。此后,在《华沙公约》第17条是否创设了诉由的问题上,所有法院都认可了本杰明诉英国欧洲航空公司案的判决。

虽然1978年开始,法院都认可了《华沙公约》第17条创设了一个独立的诉由,但是1996年以前,美国最高法院一直没有机会对此进行系统且官方的阐述,甚至可以说赋予《华沙公约》第17条独立诉由的路走得并不是太顺利。在赛克斯案中,法院在根据《华沙公约》第17条,判定承运人对旅客在事故中遭受的身体伤害承担责任时,默认了《华沙公约》第17条诉由的存在。[1] 随后,1996年美国最高法院在齐克曼诉大韩航空公司案(Zicherman *v.* Korean Air Lines Co., Ltd.)中判定《华沙公约》第17条为旅客利益赋予了一项诉由,

---

[1] See Laurie S. Truesdell, *Air France v. Saks: The Applicability of the Warsaw Convention to a Passanger Injury Sustained during a Routine International Flight*, North Carolina Journal of International Law and Commercial Regulation, Vol. 19, No. 1, p. 158(1986).

同时《华沙公约》第 17 条和第 24 条将由谁有权提起诉讼以及可获赔偿的范围交由当地法律决定。基于齐克曼诉大韩航空公司案,一些审判法院开始质疑《华沙公约》中诉由的存在及其排他性。但是,齐克曼诉大韩航空公司案的判决并未质疑《华沙公约》第 17 条诉由的有效性。像《华沙公约》一样,它只是认为法院应根据当地法判定:(1)谁有权根据《华沙公约》第 17 条提起索赔;(2)可获赔偿的范围。《华沙公约》起草者有意将这两个问题交由当地法来认定,该意图在 1999 年《蒙特利尔公约》第 17 条和第 29 条得以延续。

直到 1999 年美国最高法院才回应了所有齐克曼诉大韩航空公司案的质疑,在徐元曾案中,美国最高法院在该案判决中明确表示:(1)《华沙公约》第 17 条创设了一个诉由;(2)《华沙公约》第 17 条的诉由排除所有以国家法或州法为基础的诉由。

(三)诉由的排他性

1999 年《蒙特利尔公约》及其前身《华沙公约》第 24 条设置了承运人对造成旅客死亡或身体伤害的排他性的责任基础。在 1999 年《蒙特利尔公约》之前,《华沙公约》的后续文书中,只有 1971 年《危地马拉议定书》第 9 条和《蒙特利尔第四号附加议定书》第 9 条规定了同《华沙公约》第 24 条相似的排他性规定。然后在 1999 年《蒙特利尔公约》第 29 条规定:“有关损害赔偿的诉讼,不论其根据如何,是根据本公约、根据合同、根据侵权,还是根据其他任何理由,只能依照本公约规定的条件和责任限额提起。”所以,法院通过对《华沙公约》第 17 条的解释所确立的排他性原则在 1999 年《蒙特利尔公约》中得以保留。

在 1999 年美国最高法院对徐元曾案判决之前,就《华沙公约》第 17 条是否在州法或联邦法之外创设了排他性诉由,美国各法院意见不一。一些法院认为如果索赔不适用《华沙公约》,则应根据州法或者联邦法提起诉讼,并认为只有《华沙公约》第17~19条规制范围内的索赔才能优先适用该公约。其他法院认为该公约仅规定排他的救济手段,因此可以根据州法提出索赔但应按照该公约规定的条件和限额进行赔偿。然而,在徐元曾案中法院明确表示,“全面的责任规则计划”和统一的目标,使它能够得出这样的结论,即允许航空承运人受“个别签署国的不同的、不统一的责任规则”的约束是对《华沙公约》的一种不合理的解释。法院还考虑到对《华沙公约》规定的责任进行非排他性解释,可能会鼓励原告在当地法律规定的最高责任限额超过《华沙公约》规定的限额时,试图选择不使用《华沙公约》的责任规定。所以美国最高法院就徐元曾案的判决表明:(1)因《华沙公约》第17条事故导致的损害赔偿仅能根据《华沙公约》提起诉讼;(2)如果无法依据《华沙公约》第17条获得赔偿,则无赔偿;(3)一旦适用《华沙公约》规则,则应排除所有州法和联邦法而优先适用。

在徐元曾案之后的时代,毫无疑问,一旦适用《华沙公约》,该公约就规定了排他的诉由,并完全优先适用于基于州法律提出的索赔。因承运人的故意不当行为提出的索赔,应排他地适用《华沙公约》救济而非按照合约处理;故意不当行为,应排他地适用《华沙公约》而非按照合同延误索赔。在吉布斯诉美国航空公司案(Gibbs *v.* American Airlines, Inc.)中,一名旅客因对另一名旅客发表种族歧视性言辞,最终被警察作为不轨旅客带离飞机。受侵害旅客因此提起民事诉讼,该案件应优先适用《华沙公约》。被诉行为属于《华沙公约》第17条的事故,但由于未产生身体伤害,因此法院驳回其诉讼请求。在徐元曾案判决之前,法院就《华沙公约》第17条的诉由是否优先适用于依州法提出的索赔并没有达成一致意见。但自徐元曾案之后,该问题已无争议。

第二节　旅客人身伤亡责任险的保险责任

一、航空旅客责任保险法律关系主体

法经济学分析认为,合同法的规范目标是效率和利益最大化。[1] 在这种观点下,社会允许缔约方使用司法系统来执行他们的合同承诺,因为这样做可以最大化缔约方的共同效用,从而实现社会的普遍效用。因此,合同法允许个人和公司将自己约束在一种权利和责任的分配上,这种分配使双方都受益——或者至少使一方受益而不损害另一方。[2]

我国《保险法》第10条所规定的保险人,是指与投保人订立保险合同,并按照合同约定承担赔偿或者给付保险金责任的保险公司。我国的航空保险市场总的来说起步很晚,于1949年成立了中国人民保险公司,但后来其大部分保险业务被停办,仅保留了少量的国际保险业务,直到改革开放后,1979年才恢复国内保险业务,且一直独占国内保险市场。直到20世纪80年代、90年代相继成立的中国平安保险股份有限公司、中华联合财产保险股份有限公司、中国太平洋保险公司和华泰财产保险股份有限公司,打破中国人民保险公司独家垄断局面。[3] 国外的航空保险多从保险集团(Insurance Pool or

---

[1] 参见樊志军:《合同法与侵权责任法关系的反思与重构——以侵权责任法的扩张为视角》,法律出版社2016年版,第82页。

[2] See T. Baker & Kyle D. Logue, *Mandatory Rules and Default Rules in Insurance Contracts*, Faculty scholarship at Penn Law, Vol. 582, p. 2(2015).

[3] 参见刘潭槐编著:《航空保险》,中国金融出版社2016年版,第147页。

Group)开始，后再转型为专业公司(Specialist Company)，并进而成立航空保险部(Aviation Department)。国际航空保险市场上，当前规模最大的是英国劳合社。

(一)保险合同当事人

1. 保险人

保险人又称为承保人，是收取保险费并在保险事故发生后向被保险人支付约定保险金额的人。[1] 这个名称源于伦敦保险市场的劳合社。保险人愿意承担一定的风险(在历史上一般是指海上航行的风险)，以换取保费，他们会在劳合社以此为目的创建的风险单上写上自己的名字。[2] 在国际和国内航空保险市场上，经营航空保险业务的保险人通常具有雄厚的资金实力和承保能力。

保险人具有以下特点：(1)保险人是集聚、组织保险基金并在事故发生时支付保险金的人。保险的本质在于保险基金的汇聚并在个别保险事故发生时填补损失，保险人向投保人收取保险费，其代价是在事故发生时向被保险人或受益人支付保险金，这符合风险和收益的通常模式，具有合理性。(2)保险人是依法专门从事保险业务的人。依据我国《保险法》第 6 条的规定，保险人的设立和保险业务的经营必须依法进行。保险业务由依法设立的保险公司以及法律、行政法规规定的其他保险组织经营，其他单位和个人不得经营保险业务。而且保险业实行分业经营、分业管理。其原因在于，保险费的收取使保险人掌握大量资金，如果保险人从事其他金融业务，会增加金融风险，这不利于保险行业分散风险、偿付损失的经营目的。(3)保

[1] 参见刘颖、邓瑞平：《国际经济法》，中信出版社 2003 年版，第 212 页。

[2] See Eric Wertheimer, *Underwriting: The Poetics of Insurance in America*, 1722 – 1872, San Francisco: Stanford University Press, 2006, p. 5.

险人之间常常进行业务合作。保险人为进一步分散风险,常与其他保险人共同合作,从而形成特殊的关系结构。常见的是保险人组织或团体,如英国著名的劳合社保险机构。在保险团体中,常常存在首席核保人(lead insurer)与附从核保人(following insurer)的区分。后者又被称为附从市场(following market)。首席核保人通常是在一个或多个保险人存在的场合,能作为其他保险人的代表与投保人或投保人委托的经纪人洽谈,议定保险合同的核心和基础条款的保险人。附从核保人是同意首席核保人商定的核心保险条款的保险人。

2. 投保人

投保人,也称为保单持有人(policy-holder),[1]是指对保险标的具有保险利益,向保险人申请订立保险合同,并负有交付保险费义务的人。[2] 保险法对于投保人的资格,不像保险人般设有限制,所以无论自然人或法人,只要于保险标的上具有保险利益,就可以成为投保人。在投保航空乘客责任保险时,投保人是航空承运人,也是承办航空乘客运输业务的航空公司。

根据法律规定,投保人必须具备一定条件:(1)必须对保险标的有投保利益。这是为了防止道德风险的发生。如果不对此进行要求,就导致赌徒有机可乘,以保险之名行博彩之实对船舶能否完成航程进行押宝,[3]这将对被保险人非常不利。但是对于谁具有保险利益,人身保险和财产保险有不同的规定。人身保险规定,在签订保险合同时,投保人就应当具有保险利益。财产保险规定,在保险事故发

---

〔1〕 主要是英美法系的称呼。参见[美]小罗伯特·H. 杰瑞、[美]道格拉斯·R. 里士满:《美国保险法精解》,李之彦译,北京大学出版社 2009 年版,第 145 页。

〔2〕 参见孙积禄:《保险法》,高等教育出版社 2008 年版,第 40 页。

〔3〕 参见[美]小罗伯特·H. 杰瑞、[美]道格拉斯·R. 里士满:《美国保险法精解》,李之彦译,北京大学出版社 2009 年版,第 101 页。

生时有保险利益即可。可见，人身保险的规定明显严于财产保险。(2)投保人必须同时具有行为能力和权利能力。如果不同时具备这两种能力，将会影响保险合同的效力。行为能力是民事主体以其行为参与民事法律关系，取得民事权利，履行民事义务和承担民事责任的资格。至于限制行为能力人可否在其法定代理人的帮助下成为投保人，应具体问题具体分析。因为法定代理人是否对保险标的具有保险利益的情况尚不明确，如果法定代理人对保险标的不具有保险利益就有可能引发道德风险，所以对法定代理人辅助限制行为能力人签订保险合同应有所限制，如法定代理人也具有保险利益或保险合同有利于限制行为能力人。(3)投保人有缴纳保费的义务。因为合同具有相对性，投保人作为签订合同的当事人，当然有缴纳费用的义务。投保人不能通过保险合同约定将此义务转嫁给任意第三人。

(二)保险合同关系人

1. 被保险人

所谓被保险人是指于保险事故发生时，遭受损害，而享有赔偿请求权的人，投保人也可能为被保险人。被保险人可能是个人、团体或组织。在航空乘客责任保险的情形中，航空旅客承运人既为投保人也是被保险人。

航空承运人将可能发生事故所引起的伤亡赔偿责任的损失，用投保承运人责任险的方式将风险转移给保险人。承运人一旦投保旅客责任险，那么保险人于承运人对旅客的伤亡应负的赔偿责任给予补偿，这种补偿不包括承运人本身、其受雇人和代理人的伤亡，没有持有客票从事职务行为的人，不认为是旅客。保险人的补偿金额以承运人支付旅客的金额为依据，不超过保单上写明的最高补偿额，最高补偿额的规定一般参照国际公约和各国国内法规定的赔偿标准。

被保险人具有以下特点:(1)被保险人享有保险合同中所列明保险标的的保险利益。人身保险中,保险标的是被保险人的身体、生命;财产保险中保险标的为财产因事故产生损毁而有损失的人。(2)被保险人享有保险金的支付请求权。学者在界定被保险人时,也常常肯定其享有保险金请求权。[1] 但实际上,被保险人不一定是保险金请求权人。被保险人是否有请求赔偿或给付权,应以其是否同时为受益人而定,不仅在财产保险如此,即使在人身保险,亦是如此。[2] 可见,被保险人的保险金请求权并非其本质特性,其仅是保险标的的主人。

2. 受益人

受益人又称保险受益人或保险金受领人。从广义上来说,是保险合同中享有保险金请求权的人。但由于我国《保险法》未规定财产保险合同的受益人,所以在保险理论和实践中,人们更多在狭义上使用受益人的概念,指被保险人遇到人身事故时有权根据保险合同约定的金额取得保险金的人。[3]

受益人的特点是:(1)保险合同中的受益人有保险金请求权,在保险事故发生时有权向保险人请求支付保险金。受益人的保险金请求行为完全独立不受任何人干涉。受益人获得的保险金为其合法财产。(2)受益人只要求有权利能力,对其行为能力法律不做要求。原因在于,受益人的权利来自被保险人的指定或特殊情形下法律规定,并不是约定而来,所以行为能力对于受益人来说可以不做要求。(3)受益人一般为被保险人指定。各国法律都赋予了被保险人指定

---

〔1〕 参见孙积禄:《保险法》,高等教育出版社 2008 年版,第 41 页。

〔2〕 参见梁宇贤:《保险法新论》,中国人民大学出版社 2004 年版,第 42 页。

〔3〕 参见徐强胜主编:《金融法律法规政策解读》,河南科学技术出版社 2013 年版,第 204 页。

受益人的权利。我国《保险法》第39条第1款也赋予了投保人指定受益人的权利，但是这种权利受到一定限制，即必须经过被保险人同意。这样规定的目的是防止出现道德风险。如果没有指定受益人或指定无效，那么保险金则为被保险人财产或遗产。(4)受益人的概念只存在于人身保险中。因为在财产保险中，被保险人即为对保险标的有保险利益的人，一旦保险利益受损，那么被保险人就享有保险金请求权，所以财产保险中，被保险人即为受益人，不存在他人受益的情况。但是在人身保险中，保险金请求权人可以为第三人，即受益人。特别是在人寿保险中，一旦保险金请求权行使就意味着被保险人死亡，由于尸体不具有权利能力，所以只能指定受益人享有。

二、航空旅客责任保险的保险利益

保险利益(insurable interest)又称为可保利益。保险利益原则规定，在签订和履行保险合同的过程中，投保人和被保险人对保险标的必须具有法律上承认的利益，否则保险合同无效。[1] 投保人或被保险人因保险标的的存在而获有利益，因保险标的的毁损、灭失而受有损害，对保险标的的存在或毁损、灭失，具有利害关系，即有保险利益，反之，则无保险利益。[2] 在财产保险中，投保人对于保险标的应有能以金钱估计的利益，该利益包括现有利益、期待利益与责任利益；在人身保险中，投保人与被保险人间存有特别身份关系，或有经济上的切身利害关系时，才具有保险利益。

在18世纪末之前，英国法院允许由与他人的生命完全没有保险

---

〔1〕参见粟芳、许谨良编著：《保险学》，清华大学出版社2006年版，第56页。

〔2〕参见于海纯、罗淑秀：《英国保险法中人身保险利益制度改革研究》，载《金融论坛》2020年第7期。

利益的人订立的各种赌博合同存在，为了避免这种情况发生，以及保障被保险人的生命，1774 年英国国会会议通过了一项法案，该法案认为任何人寿保险合同没有可保利益都是无效的。这就是 1774 年《英国人寿保险法》（Life Assurance Act），其中第 1 条规定："禁止无保险利益人身合同的订立。"

之所以保险合同必须有保险利益，是因为保险合同具有射幸性质，在英美法系中没有射幸合同的概念，但与其相对应的有彩票（lottery）、赌博（gaming）、博彩（betting）等概念。按照《法国民法典》第 1964 条规定："射幸契约，为当事人全体或其中的一人或数人因不确定的事件，对财产取得利益或遭受损失的一种相互的协议。"[1] 它包括航海冒险的借贷、赌博等。[2] 保险利益可以让保险合同区别于赌博，不具有保险利益的保险合同无效。人身保险合同要求合同订立时，投保人具有保险利益，财产保险合同要求保险事故发生时，投保人具有保险利益，人身保险是以人的寿命和身体为保险标的的保险。[3] 对保险利益要求的目的在于：（1）防止赌博行为的发生；[4]（2）避免诱发道德危险；（3）决定损害填补的范围。在 1883 年卡斯泰兰诉普雷斯顿案（Castellain *v.* Preston）中，[5] 法官认为：海上保险或火灾保险属于财产保险合同，意味着事故发生时被保险人应当对财产具有保险利益，而且事故发生后他能根据保险合同的规定获得完全补偿，但不会超出他的损失获得更多赔偿。如果有人主张被保

---

〔1〕 杨立新：《民法判解研究与适用》，中国检察出版社 1994 年版，第 91 ~ 92 页。

〔2〕 参见覃有土、王亘编著：《债权法》，光明日报出版社 1989 年版，第 494 页。

〔3〕 参见李洁主编：《保险概论》，清华大学出版社 2005 年版，第 47 页。

〔4〕 参见王长明：《保险本原》，中国商务出版社 2018 年版，第 108 页。

〔5〕 See E. Botes, *Insurable Interest as a Requirement for Insurance Contracts: A Comparative Analysis*, African Journal of International and Comparative Law, Vol. 26, No. 1, p. 130 (2018).

险人无法获得全额补偿，或者可以获得比损失更多的赔偿则是错误的。

责任保险是财产保险中的一种特殊形式，它保险的标的不是具体财产而是法律责任。承运人航空责任保险是航空保险中极为重要的种类。在航空责任保险中，承运人对其可能承担的责任具有保险利益。以承运人旅客责任保险为例，承运人的保险利益属于消极的利益，还要求以承运人同旅客的运输合同存在为依据，如果没有运输合同，就不具有保险利益，而承运人旅客责任保险就无效。

三、航空旅客责任保险的合同内容

在国内保险市场的实践中，保险从业者为了分散风险、加强理赔、增加利润等，一般都将航空承运人责任保险在国际保险市场上进行二次投保，即再保险或共同保险，这里所指的国际市场一般是英国保险市场。劳合社航空保险协会于 1996 年 10 月所颁的伦敦航空保险标准合同，是一份综合性保险合同，涵盖了机体保险与各种责任险，该合同第三节即关于航空乘客责任保险的部分。以下则以该保险单的内容对航空乘客责任保险探讨。

在伦敦航空保险单第三节对旅客的法律责任中，清楚规定："保险人将赔偿被保险人在法律上应支付的所有金额，并支付赔偿损失（包括对被保险人的诉讼费用赔偿）：(a) 旅客在进入、登上飞机或下飞机时因遭受意外造成的身体伤害（致命或其他）；及 (b) 因飞机事故造成旅客行李和个人物品的损失或损坏。"

（一）在法律上应支付的所有金额

伦敦航空保险单中所谓"在法律上应支付的所有金额"，法律上是指依国际法、国内法或承运人与乘客间的运输合同（合同不可同国内法、国际法相抵触)。由于无论是《华沙公约》还是1999年《蒙特利尔公约》都只适用于国际运输,所以航班运输的起止点不同,则适用的规则也会有所不同,相对应的赔偿金额也会有所差异:(1)如果运输为《华沙公约》所认定的国际运输,那么乘客的伤亡以125,000法郎为限。(2)如果符合《华沙公约》但同时也是《海牙议定书》的缔约国,那么旅客的人身伤亡赔偿以250,000法郎为限。(3)如果航班为进出美国的运输,则可按照《蒙特利尔议定书》的规定,旅客的人身伤亡赔偿以58,000美元为限,包含诉讼费为75,000美元。(4)如果为1999年《蒙特利尔公约》的缔约国,旅客人身伤亡赔偿如果在128,821特别提款权的范围内,可获全额赔偿,超过128,821特别提款权部分,若承运人不能证明损害非由其本身或其受雇人或代理人的过失所致,或损害是由第三人的过失所致,旅客也可以获全额赔偿,如承运人能证明,那乘客的赔偿额以128,821特别提款权为限。(5)如果航班为国内航线,则依照该国国内法处理。如果为国际航线,在不适用以上国际公约的情况下,就会涉及两个或两个以上国家的法律适用问题,保险人为了避免实践中这种复杂情况,通常设定每一事故每个人的最高赔偿金额与每一事故的最高赔偿金额。(6)依照承运人与旅客间的运输合同处理。在经济比较落后的地区或一些私人航空俱乐部,他们订立的运输合同赔偿金额通常不高,如果签订的合同符合当地法律要求,那么旅客得到的保障很少。

(二)乘客的定义

乘客是指除负有与飞机飞行或安全相关职责的飞机操作人员外,由承运人运载或将要运载的任何人。伦敦航空保险单未就乘客加以定义,但在劳合社航空保险协会制定的美国标准航空责任保险单中,对乘客的定义为"乘客是指在飞机内、在飞机上或为了乘坐或飞行而登上飞机，或在飞行或试图飞行后从飞机上下来的任何人员"[1]。由于法律的价值取向越发人本化，所以当前国际上对乘客的解释越来越扩大化且保险时效越来越长，乘客甚至可以包括被保险人的雇员（不包括机组人员）、民航局的检测员、飞行考试的官员，等等。保险的时效从旅客办理登记手续（check in）开始，直到提取完行李。如果登机手续的办理不在机场，而是在市区承运人的营业厅，再由大巴或其他交通工具将旅客运输到机场，那么自市区开始就属于乘客范畴，手续办理完如果飞机因为故障或天气原因无法起飞，仍然属于旅客范畴。关于以上，承运人需要与保险人更为规范地对乘客下定义。

（三）但书规定

伦敦航空保险单条款第三节中有两条但书规定：(1)在乘客登机前，被保险人在法律许可的范围内，应采取必要措施，以免除或限制上列(a)与(b)的赔偿责任。(2)假如存在但书(1)的措施，包括客票与行李票的签发，则被保险人应按规定完成签发，并于乘客登机前的合理时间内交付。[2]

伦敦航空保险单中这两条但书是从《华沙公约》第3、4条的规定而来，《华沙公约》此条规定是要求承运人及时签发客票或行李票并交于旅客，如果没有签发客票或行李票，承运人就无法援用该公约中

---

[1] Lloyd's Aircraft Liability Policy, USA, AVN 20, Definitions: "PASSENGER" shall mean any person while in, on or boarding the Aircraft for the purpose of riding or flying therein or alighting from the Aircraft following flight or attempted flight therein.

[2] See Provided Always that (i) before a passenger boards the Aircraft the Insured shall take such measures as are necessary to exclude or limit liability for claims under (a) and (b) above to the extent permitted by law; (ii) if the measures referred to in proviso (i) above include the issue of a passenger ticket/baggage check, the same shall be delivered correctly completed to the passenger a reasonable time before the passenger boards the Aircraft.

的承运人赔偿责任限额条款,而且如果票据没有交付给旅客,保险人也可以拒绝索赔。票据上所记载的运输条款、适用法律或是否适用《华沙公约》等事项,所用文字应能充分引起旅客注意,或者承运人应当提醒旅客注意,以便给旅客合理的机会采取措施保护自己。此类自我保护措施可能包括决定不登上航班,与承运人订立特殊合同或为航班购买其他保险。在默滕斯诉飞虎线公司案(Mertens *v.* Flying Tiger Line, Inc.)与沃伦诉飞虎线公司案(Warren *v.* Flying Tiger Line, Inc.)中,法院认为机票是在乘客登机后才交付的,剥夺了乘客采取必要措施保护自己的机会,所以承运人不得享有《华沙公约》中责任限额的利益。在伊根诉科尔斯曼仪器公司案(Egan *v.* Kollsman Instrument Corp.)中,法院认为检查客票可以明显看出,其中关于规则的字体非常小,几乎让人看不见。因此,虽然承运人确实遵守了《华沙公约》第3条的规定,但问题是,从《华沙公约》的总目标来看,这种遵守是不满足《华沙公约》要求的,不能合理被注意到的陈述不能达到通知的目的和功能,也不能被接受为达到了《华沙公约》的预期或要求。所以法院认为,机票上的记载文字若无法判读,便失其"通知"(notice)功能,乘客将不会积极寻求额外保险自我保护,因而字体过小视为无记载,而无记载等于未交付,所以承运人不得主张责任限制。[1]

(四)违反但书的效果

如果未能遵守伦敦航空保险单条款中但书(1)或(2),则保险人根据该条规定的赔偿限额不得超过在遵守但书的情况下本应存在的

---

[1] See P. Barlow, *Stratis v. Eastern Air Lines: International or Non-International Transportation*, Case Western Reserve Journal of International Law, Vol. 15, No. 3, p. 624 (1983).

法律责任金额。[1]

四、除外不保事项

(一)被保险人的合伙人、董事或受雇人的人身伤亡或财产损失

被保险人的合伙人、董事或受雇人,在机上执行任务时所受身体上的伤害、死亡或财物灭失的损失,航空乘客责任保险不予承保。但被保险人的受雇人,非执行其任务而支付一定的费用以乘客的身份搭机时,仍在承保之列;受雇人为执行被保险人交付的任务而有至机票目的地之外的第三地必要,持被保险人提供的免费机票搭机,仍属乘客,也在承保范围内。

(二)被保险航空器上值勤机员的人身伤亡或财产损失

航空乘客责任保险中第二个除外不保事项是被保险航空器上值勤机员的人身伤亡或财产损失,广义的受雇人包括机组人员在内。不承保机组人员的身体伤亡或财产损失,是为了避免承运人为其购买的劳动保险与机员人身意外保险重叠。因此,在航空乘客责任保险中,保险人对于被保险航空器上值勤机员的人身伤亡或财产损失,不负赔偿责任。

这种除外的基本功能是排除重复补偿,如可以通过工伤保险获得适当补偿,或者其他类型的保险获得补偿,而且航空公司也会为机组人员投保机员意外伤害险,或针对驾驶员投保执照丧失保险。[2]

---

〔1〕 See In the event of failure to comply with proviso (i) or (ii) the limit of indemnity provided by the Insurers under this Section shall not exceed the amount of the legal liability, if any, that would have existed had the proviso been complied with.

〔2〕 See John H. & Ballard, Thomas h. chero, *Analysis of Aviation Liability Coverage Exclusions-A Recent Case Survey*, Journal of Air Law and Commerce, Vol. 45, p. 124(1979).

第三节　以人为本的法律价值取向

一、精神损害赔偿

(一)因旅客死伤而产生的损害

精神损害是指民事主体精神活动的损害,精神损害的最终表现形式,是精神痛苦和精神利益丧失或减损。[1] 在国际航空运输中,对于旅客的人身伤亡赔偿,承运人的赔偿责任是“因旅客死亡或身体伤害而产生的损害”,赔偿重点在于“损害”,而非旅客人身伤亡本身。这句话具有两个含义:(1)承运人对于旅客人身伤亡导致的“损害”负责。这种责任以金钱赔付为标准,赔偿范围则以旅客的丧葬费、医疗费、财产收入等来计算。(2)表明了一种因果关系。旅客的损害必须是因为航空运输导致的身体伤亡所引起的,损害和伤亡之间必须具有因果关系,如果二者不具有因果关系,那么承运人则无须对损害负责。但是这种因果关系到底是直接因果关系还是间接因果关系,1999年《蒙特利尔公约》并未对此进行说明,需要各国根据国内法进行判断。

旅客人身伤亡中,关于“死亡”时间点的认定,传统实践中的认定学说为心跳停止说、脉搏停止跳动说、呼吸停止说、脑死亡说等。[2] 随着医学的不断发展,近年来各国学说越来越倾向于以脑波无反应为标准。1999年《蒙特利尔公约》并未对“死亡”的标准进行定

---

〔1〕 参见杨立新:《侵权法论》,人民法院出版社2005年版,第773页。
〔2〕 参见宋云仙主编:《民法原理与实务》,法律出版社2018年版,第32页。

义。[1] 对于旅客的身体伤害，在《华沙公约》第 17 条中使用的是“身体伤害”（bodily injury）的说法，到 1971 年《危地马拉议定书》第 4 条将“身体伤害”改为“人身伤害”（personal injury）。[2] 从中文含义上来看，这两个词存在一定差别，但是差别不大，在使用中这种差别也一般被忽略。但在英美法系中“身体伤害”与“人身伤害”的含义在是否包括精神伤害的问题上却有所不同。[3] 人身伤害在含义中包含了精神损害，理论上来说它包括：伴随身体伤害的精神伤害，由于身体伤害所导致的精神伤害，甚至扩大解释为没有产生身体伤害，但产生单纯的恐惧、害怕、惊恐等。从各国的航空赔偿案例来看，对于精神伤害的认定一般都局限为与身体伤害相关的精神伤害。但是是否可以请求赔偿，各国的做法不一。1999 年《蒙特利尔公约》在用词上选择了《华沙公约》的“身体伤害”一词，但是并未说明其具体含义，将其具体运用到司法实践中时，仍需要各国以国内法解释。

（二）《华沙公约》下的认定

1. 未伴随身体伤害的精神伤害

对于没有产生身体伤害，单纯的精神伤害可否请求赔偿，一直是学术界争论不休的问题。持肯定意见的学者，除了是以《危地马拉议定书》的概念作为论据外，还认为身体机能与心理机能其实都是《华沙公约》中所提到“身体”（body）的一部分，即使《华沙公约》的制定

---

〔1〕 自然人的权利能力终于死亡，法律概念上“尸体”是权利客体，不再是权利主体。

〔2〕 事实上“personal injury”早在海牙会议时便首次出现，美国代表提议以此取代“bodily injury”。See René H. Mankiewicz, *The Application of Article* 17 *of the Warsaw Convention to mental suffering not related to physical injury*, Annals of Air and Space Law, Vol. 4, p. 189 (1979). 而 1966 年《蒙特利尔协议》在重新诠释《华沙公约》第 17 条时，便已舍弃“bodily injury ”而以“personal injury”代替，在 1975 年 Krystal *v.* British Overseas Airways Corp. 案中，美国法院即依该协定，认为所谓伤害包括心理上的损害。

〔3〕 1999 年《蒙特利尔公约》有英文、阿拉伯文、中文、法文、俄文和西班牙文 6 国语言的正本，且同为该公约正式作准文本，适用本条时应予以注意。

过程中,并没有关于承认精神伤害的文字依据,出于统一实践的目的,也应该对其进行扩大解释。反之,持反对意见的学者则认为《华沙公约》的法语用词为身体损伤(lésion corporelle),它并不包括心理损伤(lésion mentale),而且《华沙公约》第一次会议所定的草案也限定于"身体伤害"。根据条约解释的补充规则,条约的缔结情况可以推断,当时立法者所表达的仅限于生理上的伤害,而且在《华沙公约》的修正过程中曾多次试图将精神伤害纳入其中,通过此也可以发现,《华沙公约》不包括精神伤害。再者,该公约并未对应给予的精神赔偿下定义,那么如果要将其纳入其中,只有通过各国法院根据国内法加以解决,并不能达到统一法条适用的目的。[1]

再从司法实务判例来看,在 1986 年伯勒姆诉泛美世界航空公司案(Borham *v.* Pan American World Airways)中,美国纽约南区地区法院认为,情感或精神伤害的索赔属于《华沙公约》第 17 条。[2] 但是持否定意见者则认为,根据《美国宪法》第 6 条第 2 款的规定,《华沙公约》是美国法律的一部分,应依职权探求该法律名词真意,美国译本用语为身体伤害(body injury),法语仅为辅助解释的方法,并不拘束美国法院。在 1991 年弗洛依德诉东方航空案(Floyd *v.* Eastern Airlines)中,[3]美国最高法院对《华沙公约》第 17 条的解释排除纯粹精神伤害。在弗洛依德诉东方航空案中,一架从迈阿密起飞的国

---

[1] See Caroline Desbiens, *Air Carrier's Liability for Emotional Distress under Article* 17 *of the Warsaw Convention: Can It Still Be Invoked?*, Annals of Air and Space Law, Vol. 17, p. 159 - 173(1992).

[2] See Michael J. Sehr, *Recent Development in Aviation Case Law*, Journal of Air Law and Commerce, Vol. 53, p. 111(1987).

[3] See Jonathan M. Hoffman & Philip S. Horris, *Recent Development in Aviation case law—Injuries within the scope of Convention*, Journal of Air Law and Commerce, Vol. 58, No. 1, p. 59 - 61(1992).

际航班由于飞机的三个引擎故障而迅速下降,在短暂的无动力下降后,机组人员设法重新启动了一个引擎,飞机安全返回迈阿密。一群乘客对东方航空公司提起诉讼,要求仅就该事件造成的精神损害进行赔偿。美国最高法院推翻了上诉法院的决定,并肯定了地区法院,裁定"身体伤害"一词不包括单纯的精神伤害。美国最高法院裁定:(1)"身体伤害"的当代通俗意义不包括非物理损伤;(2)法国的立法历史和法律都没有指出,在起草《华沙公约》时"身体伤害"一词包括非身体伤害;(3)起草委员会会议记录没有提供证据表明起草者设想存在精神伤害而不伴有身体伤害;(4)似乎会扩大"身体伤害"的含义,与协议本身不符;(5)如果将该术语扩展到包括精神伤害,可能会让国际航空公司对纯粹的精神伤害承担严格责任。其后,诸多判决便相继援引该判决。《华沙公约》制定的历史进程似乎表明,"纯粹的"精神损害依据该公约是无法获得赔偿的。各国实践虽然在此问题上不尽一致,在《华沙公约》所处的时代却也倾向于不予赔偿。[1]

2. 伴随身体伤害的精神伤害

对于一些因为身体伤害伴随的精神损害,多数判例都表明其符合《华沙公约》中"身体伤害"的定义,旅客有权对此请求赔偿。但是在1999年阿尔瓦雷诉美国航空公司案(Alvarez *v.* American Airlines, Inc.)中,法院认为:"大多数法院只允许在所谓的身体伤害和所谓的心理伤害之间存在因果关系(causal link)的情况下进行赔偿。"法院的结论是:"在《华沙公约》第17条所管辖的案件中,原告只有在这些心理和情感伤害是由他或她的身体伤害直接造成的情况下,才能获得心理和情感伤害的赔偿。仅仅伴随身体伤害的心理和

〔1〕 参见何祥菊:《国际航空法中的旅客精神损害赔偿问题探讨》,载《华东政法学院学报》2004年第5期。

情感伤害是不赔偿的。”[1]态度似更严格，颇值得注意。

所以，综上所述，根据《华沙公约》第17条请求赔偿身体伤害所伴随的精神伤害，多被法院接受。相反，因为心理伤害所导致的身体伤害可否在《华沙公约》第17条下请求赔偿，实践中相关案例较少，少有的几则案例为：1999年的赫尔诺曼诉联合航空公司案（Hermano *v.* United Airlines）。[2] 该案中，原告主张其因精神痛苦造成的生理症状构成弗洛依德诉东方航空案中得到求偿的“损伤的物理损害”（physical manifestation of injury），但法院则认为原告头痛、反胃、恐惧、发抖、心悸等情况完全是因为精神痛苦；徐元曾案中，安全警察错误怀疑原告携带枪支而将其拦下检查，属于非身体伤害的情况，不符合《华沙公约》中可以请求赔偿的身体伤害；1999年韦佛诉达美航空案（Weaver *v.* Delta Airlines），法院认为原告的精神伤害外伤后压力失调（post-traumatic stress disorder），造成其脑细胞组织受伤，与先前一系列纯粹的精神伤害在《华沙公约》下不得救济的案例有别，应准许请求赔偿。法院解释道：“单独只是惊恐不得获赔，但因惊恐而导致的脑部损害则可以获赔。”

由以上判例总结可知，司法实践中法院大都倾向于认为，想要在《华沙公约》下提出精神损害赔偿，必须是以某种身体上可辨认的客观伤害为依据，纯粹的精神损害赔偿，法院一般不会判决获赔。再者，由《华沙公约》的用词以及它倾向于保护行业发展和承运人利益的宗旨可知，缩小解释“身体伤害”一词或许更与其制定背景相符。但是随着时代改变和行业发展，各国对此的态度逐渐转变且开始有

---

〔1〕 Sheila A. Sundvall & Michael C. Andolina, *The Status of Pending Air Carrier Litigation*, Journal of Air Law and Commerce, Vol. 66, p. 195 – 196 (2000).

〔2〕 See Sheila A. Sundvall & Michael C. Andolina, *The Status of Pending Air Carrier Litigation*, Journal of Air Law and Commerce, Vol. 66, p. 196 – 197 (2000).

差异。由于各国的经济发展水平不一导致对消费者保护的程度也不同,不确定法律概念留给各国立法机关和司法机关的解释空间,不断挑战着《华沙公约》制定的目的——统一航空承运人运输责任立法。

对于《华沙公约》和国内法之间的关系,美国法院在徐元曾案便表明了态度,法院认为如果旅客的请求不符合《华沙公约》第17条的规定而无法获得赔偿时,也不能转而引用国内法进行求偿。因为当原告无法证明自身的伤害属于《华沙公约》第17条所称的"事故"或"身体伤害"时,如果允许其诉诸国内法,那么将阻碍《华沙公约》实现规范国际航空运输责任规则统一的基本目的,[1]同时也将损害《华沙公约》调和旅客和承运人间利益的补充目的。一旦允许旅客依照国内法提起在《华沙公约》第17条下的赔偿请求,将打破国际社会一直维持的平衡。当然,旅客并非完全不能诉诸国内法,这只有在旅客不处于《华沙公约》第17条提到的在航空器上或者上、下航空器的任何过程中受伤时,才可以主张适用国内法。[2]

(三)《蒙特利尔公约》体制下的认定

在1999年《蒙特利尔公约》的外交大会上,有部分代表提出了一个美国的案例——1991年弗洛依德诉东方航空案,以此案例来论证身体伤害不包括单纯的精神伤害,[3]在该案中,美国最高法院认为:"该法院的建议更好地符合《华沙公约》规定的实现国际航空运输索

---

[1] See Mac Chester, *The Aftermath of the Airplane Accident: Recovery of Damages for Psychological Injuries Accompanied by Physical Injuries Under the Warsaw Convention*, Marquette Law Review, Vol. 84, Issue 1, p. 233(2000).

[2] See Brett C. Rowan, *Caution, Your Civil Liberties May Have Shifted During the Flight: Judicial Interpretations of the Warsaw Convention*, Washington University Global Studies Law Review, Vol. 7, p. 162(2008).

[3] See Thomas J. Whalen, *The New Warsaw Convention: The Montreal Convention*, Air and Space Law, Vol. 25, No. 1, p. 17(2000).

赔规则统一的宗旨，因为像《危地马拉议定书》和《蒙特利尔协议》一样，使国际航空承运人承担纯粹的精神伤害的严格责任将在大多数签署国中引起争议。”

在1999年《蒙特利尔公约》草案的起草和讨论过程中，有代表提出尽管目前的司法实践中，法院更倾向于将人身伤害中所包含的精神伤害局限在与身体伤害相关联的精神伤害，但是1999年《蒙特利尔公约》的宗旨是保护旅客权益，《蒙特利尔公约》中使用的“人身伤害”一词具有模糊性和宽泛性，所以在《蒙特利尔公约》的宗旨引导下很可能被任意地扩大解释，因此参会代表提出应当放弃使用“人身伤害”一词，改为更加明确的概念。

在1997年国际民用航空组织法律委员会第30次会议通过的《蒙特利尔公约》草案文本中，使用了“身体或精神伤害”(bodily or mental injury) 一词。[1] 该词不仅明确地包含了与身体伤害相关联的精神伤害，而且该词有将赔偿扩大到单纯精神伤害的意图，该草案文本的用语受到了广大发展中国家的强烈反对。在1998年的华沙体系现代化特别工作组会议上，最终拒绝采取精神伤害(mental injury)的概念，而仅保留身体伤害(bodily injury)。

在外交大会上，不少发达国家又重新提起了该问题，强烈要求增加单独的精神伤害赔偿，因此在会议上引发了发达国家与发展中国家的激烈争论。该大会为了缓解矛盾决定将此问题与《蒙特利尔公约》第21条(旅客死亡或者伤害的赔偿)以及第33条第2款(第五管辖权)综合起来考虑，以寻求“一揽子”解决方案(consensus package)。在参会代表的讨论过程中，大会主席提交的“一揽子”解决方案，建议将精神伤害限定为“与身体伤害相关联的精神伤害，或

---

[1] 该草案仅有5种语言版本：英文、阿拉伯文、法文、俄文、西班牙文，并无中文版本。

者对旅客的日常生活能力产生持久而明显不良影响的精神伤害”。后者的意思就是指单纯的精神伤害，但又对其作出了一定的限制，即必须有持久而明显的不良影响，单纯的精神不安则不包括在内。但这种“一揽子”的解决方案并未获得大多数国家代表的支持。在会议即将结束时，美国代表为了能在其他几个更为重要的问题上取得话语权，最后放弃了对单纯精神伤害的赔偿。所以该大会最后删除了精神伤害。[1] 一些欧洲国家则认为，“身体伤害”仍有可能被一些法院解释为包含精神伤害，所以，最后看来，1999年《蒙特利尔公约》并未对单纯精神伤害赔偿是否包含在该公约之内明确表态，与《华沙公约》一样，这个问题的争论还将持续。[2]

1999年《蒙特利尔公约》制定的宗旨，以及该公约在序言中提到的国际运输某些规则的一致化和法典化的理想，对于单纯精神伤害是否包含在内很难说明，使得各国在对待此问题上的态度并不一致，以至于损害赔偿的计算各国也迥然各异。这种做法造成了1999年《蒙特利尔公约》适用上的混乱，与该公约的理想和宗旨相背离。其实包不包含单纯精神伤害赔偿从现实上来看都有各自的道理，如果包含单纯精神伤害赔偿，1999年《蒙特利尔公约》对承运人的责任已经加重，再在该问题上继续加重承运人责任，或许不利于行业的发展；反之，同一事故中，身体受到伤害的受害人获得赔偿，单纯精神受到伤害的受害人不能获得赔偿，某些时候，精神伤害更难恢复和治愈，这种做法有违1999年《蒙特利尔公约》公平赔偿的原则。发展中

---

〔1〕 参见朱子勤：《国际航空运输关系法律适用问题研究》，中国政法大学2006年博士学位论文。

〔2〕 See George N. Tompkins & Jr., *Liability Rules Applicable to International Air Transportation as Developed by the Courts in the United States: From Warsaw1929 to Montréal 1999*, Netherlands: Kluwer Law International, 2010, p. 153.

国家和发达国家从各自国情和行业发展出发,对法律政策有不同的要求这很正常,这种僵持的局面或许还会持续下去。虽然在1999年《蒙特利尔公约》签订时,各方都对此问题作出了妥协甚至说是回避,但从争论的过程中我们不难看出,日后各国适用1999年《蒙特利尔公约》时解释上可能会出现的差异轨迹。这也成为诉讼策略中索赔人"挑选法院"的重要考虑因素。[1]

此外,《华沙公约》第17条中的用语为"如果",而《危地马拉议定书》第4条则将"如果"一词改为"只要"。前者仅仅表明了条件,而后者表明了"造成死亡或者伤害的事故是在航空器上或者在上、下航空器的任何操作过程中发生",则承运人即应负责。换言之,"造成死亡或者伤害的事故是在航空器上或者在上、下航空器的任何操作过程中发生"在《华沙公约》中是必要条件,但在《危地马拉议定书》中则是充分条件、唯一条件,所以,只要满足其中一项条件,承运人不管有无过失即应负责。1999年《蒙特利尔公约》第17条采用《危地马拉议定书》的用语,目的在于更加偏重旅客利益的保护。"只要"一词表明了事故发生在航空器上或者在上、下航空器过程中是承运人必须负责的唯一条件,而无须伴随其他条件(包括不需要追究承运人是否有过失),由此明显可见此项偏重旅客一方的利益保护,与无过失责任制的采用相呼应。

二、先行付款

(一)制度由来

1999年《蒙特利尔公约》第28条为关于承运人在事故发生后,

---

[1] See John F. Easton eds., *A Continuum of Bodily Injury Under The Warsaw Convention*, Journal of Air Law and Commerce, Vol. 68, p. 665 (2003).

责任认定前,先行向损害赔偿请求权人付款的规定。此制度源于《关于发生事故时航空承运人的责任条例》[EC Council Regulation (EC) 2027/97 on Air Carrier Liability in the event of accidents]第5条。[1] 该规则第5条第1项和第2项规定:"在确定有权获得赔偿的自然人身份后15天内,应'按所受困难程度'支付预付款,以满足眼前的经济需要,并在死亡时给予不少于15,000特别提款权的预付款";第3项规定:"预付款不应确认责任,并可从随后根据共同体航空公司责任支付的款项中抵消,但下列情况除外:(1)第3条第3款规定的过失情况;(2)收到预付款或因疏忽造成损害的人;(3)如证明收款人并非有权获得补偿的人。"此规定旨在保障航空器事故受害人及其家属,在事故发生后能迅速获得一定数额的金钱给付,以满足其迫切的经济需求。

现实中,航空事故的认定责任划分取决于对事故原因的调查报告,尤其是在1999年《蒙特利尔公约》规定的对人身伤亡赔偿的双梯度责任下。由于在此梯度下承运人承担无限制的赔偿责任,所以必须依赖调查报告来认定承运人对事故有无过失。但是在实践操作中,由于航空器本身技术复杂,导致其发生事故的原因众多,特别是当事故发生在海上时,更是给调查增加了难度,所以完成一份航空事故的调查报告往往需要很长时间。而航空事故一旦发生,受害人一般都会遭受非常大的伤害,出于对人道主义的考量和法律人本化趋势的发展,1999年《蒙特利尔公约》规定了先行付款的制度。

但需要说明的是,1999年《蒙特利尔公约》第28条仅适用于旅客死亡或者受到伤害,至于行李、货物运输的损害及旅客延误方面,

---

[1] See Tim Unmack, *Civil Aviation: Standards and Liabilities*, London: Informa law from Routledge, 1999, p. 304.

则均不适用此规则。因为增设本条规定的目的是人道方面的考量，而行李、货物运输和延迟均无此方面考量的问题。

(二)相关范围界定

1. 航空器事故范围

1999 年《蒙特利尔公约》第 28 条中使用“航空器事故”(aircraft accident)一词，与该公约第 17 条相比较，缺乏定义且其范围不清楚，从而衍生了“当旅客在登机，或因行李从高处的置物柜落下，或因旅客自己的过失而遭受损害时，是否均可以请求先行付款?”的问题。

该公约第 17 条中的“事故”，包括在航空器上和旅客上、下航空器过程中发生的事故。而在航空器上发生的事故种类繁多，可能是航空器本身发生的事故(如航空器坠毁、爆炸、碰撞、紧急迫降等)，也可能是在航空器上发生的意外事件(例如，旅客被掉落的行李砸伤，或被航空器上的设备弄伤等)。从文义解释看，《蒙特利尔公约》第 28 条仅适用于“航空器事故”，而非所有造成旅客伤亡的事故，所以该条的“事故”，仅指前述中航空器本身发生的事故，如空难事故。而且从立法者本意来看，航空器上的意外事件一般不会造成旅客死亡或重伤，也就不存在后续的“迫切经济需要”一说。但是由于法条并未就此给出明确答复，各国的国内法也可以就该条“事故”的范围作出定义。

2. 索赔主体范围

先行付款的索赔权利人包括旅客本人，旅客家属、继承人，以及旅客的代理人。1999 年《蒙特利尔公约》并未对有权索赔的主体进行明确规定，因此，准确判断谁是真正有权索赔人，需要视具体案例适用法律(准据法)的规定来确定。此外，先行付款的索赔人只能是自然人、法人。还有一点也值得注意，应当排除保险公司先行付款的请求,因为在旅客自己投保的情况下,保险公司可能因为先行付款制度对其进行提前赔偿,然后保险公司基于代位求偿权取得了对承运人求偿的权利,但是先行付款制度的设计是基于人道主义考虑,对一些有经济迫切需要的人进行法律上的照顾,保险公司一般来说并不会存在"迫切经济需要"的情况,所以应当排除对其适用。

(三)需国内法加以明确的范围

1.何为"不延迟"

分析《蒙特利尔公约》第28条条文可知,承运人应当毫不延迟地先行付款。实践中的"毫不延迟"指的是,在航空事故发生后,对有先行付款需求的权利人,一旦其提出该要求,无论事故结果认定是否已经确定或者调查是否已经完成,承运人应毫不延迟地进行付款。但是"不延迟"具体是在什么时间范围之内,法条并未作出规定,所以具体期限的确定还需要依赖各国国内法加以规定。

2.承运人无责任之后的处理

由于毫不延迟地付款是在责任认定之前,所以承运人先行付款并不表示对事故责任的承认,简单来说,先行付款只是出于人道主义对弱者保护的考量,与责任认定无关,先行付款的承运人并不一定对事故的发生负有责任。在承运人应当负责的情况下,先行付款的数额可以从赔偿金中扣除,至于承运人无须负责时,先行付款是否应该退还给承运人、如何退、在什么期限内退,1999年《蒙特利尔公约》并未作出规定,这也许要各国国内法加以规范。

3.赔付范围

先行付款的范围为损害赔偿请求权人"迫切经济需要"的费用,"迫切经济需要"应该是指受害人或其家属、继承人为处理与事故有关的医疗、丧葬、照顾未成年人等的费用。概括而言,此经济需要必须是迫切的。然而“迫切经济需要”的具体标准,需要承运人本国的国内法加以规定。

（四）并非强制性规定

依照 1999 年《蒙特利尔公约》第 28 条的规定,承运人只有在其国内法要求先行付款时,才有此义务。由此可见,该条并非强制规定,而仅有“训示”的意义。此条文中所谓“其国内法”,是指承运人本国的国内法,也就是承运人国籍国的国内法。至于承运人的国籍国,依国际私法相关规定,通常是指承运人的注册地或主要营业地所在国。[1] 由该条中“在其国内法有如此要求”可以得知,承运人应在其国内法强制规定其在航空器事故发生后,应毫不迟延地先行给付损害赔偿请求权人款项,以应其迫切经济需要时,承运人才有义务为之;反之,倘若承运人的国内法无此规定,或其规定与 1999 年《蒙特利尔公约》第 28 条的规定不同时,则承运人无先行付款的义务。由此可知,此时“国内法”应是指承运人本国法的强制规定,而非任意规定。

综上可知,1999 年《蒙特利尔公约》第 28 条的制度设计并不是强制赋予承运人先行付款的义务,也因为没有强制性所以该条存在的目的遭到了质疑。既然该条的种种具体规则都需要各国国内法加以规定,甚至于该条的实施也需要各国国内法加以驱动,那么它存在的理由全然不明。唯一合理的解释是,当年的起草者担心有些国家国内法制定了先行付款制度,如果 1999 年《蒙特利尔公约》不设置先行付款,那么国内法与该公约不符将无法执行,旅客的权益就无法得到保护,所以特别增设此规定。

---

[1] 参见何志鹏:《全球化经济的法律调控》,清华大学出版社 2006 年版,第 113 页。

由于该条并非强制性规定，所以它的基本作用只是敦促承运人，并且鼓励各国在国内法中设立先行付款制度。这一点在1999年《蒙特利尔公约》通过时，外交大会同时通过的最后文件中所附的第二号决议（Resolution No. 2 in the Final Act）中得到证实："认识到航空器事故造成的悲剧后果；注意到此种事故遇难者的家庭或幸存者的困境；考虑到此种家庭或幸存者立即的经济需要，会议：(1)敦促承运人根据事故遇难者或事故幸存者迫切的经济需要，及时地支付预付款；(2)鼓励1999年5月28日在蒙特利尔通过的《统一国际航空运输某些规则的公约》的当事国根据国家法律采取适当措施，促使承运人采此行动。"但是现在在实际索赔活动中，先行给付和快速处理无争议部分索赔已经成为一些航空承运人责任处理的惯例。[1]

三、合同条款无效

1999年《蒙特利尔公约》第26条是关于承运人在航空运输合同中约定免除其责任，或降低该公约规定的责任限额的条款无效，以及此种条款的无效并不影响整个航空运输合同的效力，而且合同仍受到该公约的约束。此规定与该公约第25条的规定，可谓一体的两面，目的均为保护旅客或托运人的利益。《华沙公约》第23条也有类似1999年《蒙特利尔公约》第26条的规定。

航空运输合同的条款内容一般都固定化，属于格式合同，签订合同时旅客或托运人并不会就合同内容同承运人进行大范围协商，只会对某些条款进行小范围修改。由于承运人一般为合同提供人，所以在合同签订的过程中，旅客或托运人通常为弱势一方。1999年

---

〔1〕 参见赵威主编：《国际经济法论文专集》，中国政法大学出版社2000年版，第23页。

《蒙特利尔公约》为了保护弱者利益,体现公约宗旨,在第25、26条规定,承运人仅可以与旅客或托运人约定高于该公约所规定的责任限额,而不得约定低于该公约所规定的责任限额。此外,在明确规定承运人的免责事由的同时,禁止承运人在合同条款中增加免责事由。可知,1999年《蒙特利尔公约》关于承运人免责的规定,及承运人责任限额的规定,均为强制性规定。

实践中,承运人通常不会直接、明显地免除责任或者降低责任限额,而是通过"隐性条款"来达到此目的,这当然也是无效的。还有种情况就是,承运人略微改变用词,使合同内容和公约含义不一致,导致承运人免责条件扩大,旅客求偿难度增加,这也应当是无效的。如果承运人违反1999年《蒙特利尔公约》第26条的规定,导致了免除其责任或降低责任限额的后果,那么该条款无效,该条款无效并不导致运输合同全部无效,合同当事人仍应当受该合同其他条款约束。

通过分析可知,1999年《蒙特利尔公约》该条强制性规定,除了有统一航空承运人责任的意图外,还有一个意图就是防止强势一方的承运人同弱小一方的旅客,达成不平等协议,从而伤害旅客权益,致使不公。该公约的这种规定无疑是法律人本化的体现,具有很强的人文关怀因素。除此之外,《蒙特利尔公约》第26条也可以防止受害人为了获得更高的赔偿而违背《蒙特利尔公约》第33条规定的五种管辖法院转而向另一个与合同没有任何关联的法院起诉,从而产生"挑选法院"(forum shopping)或"规避法律"(evasion of law)的不良现象。[1]

---

〔1〕 寻求规避的一方不希望适用法律。See J. J. Fawcett, *Evasion of Law and Mandatory Rules in Private International Law*, The Cambridge Law Journal, Vol. 49, No. 1, p. 44 (1990).

四、责任限额的调整

1999 年《蒙特利尔公约》第 24 条是关于赔偿责任限额调整和修订的规定,是相比《华沙公约》新增加的规定,本条的规定被称为责任限额的“阶段调整条款”(escalator clause)。该条产生是因为通货膨胀以及社会经济生活的发展,赔偿限额也应当相应作出调整,让法律适应社会生活。华沙体系中并不存在这个机制,这也是导致华沙体系不断修改陷入碎片化的原因之一。为了弥补这个缺陷,1999 年《蒙特利尔公约》创新性地引入这个机制,规定由国际民用航空组织对该公约中的赔偿责任限额进行调整,并通知缔约国。

(一)责任限额调整的期间

1999 年《蒙特利尔公约》的责任限额是以定期调整为主,不定期调整为辅。责任限额 5 年调整一次,第一次责任限额的调整应在该公约生效后的第 5 年年终进行,如果该公约在开放签署之日起 5 年内都未生效,那么第一次调整则在该公约生效的第 1 年内进行。[1]这样特殊规定的原因在于,如果该公约 5 年都未生效,如依然按照规定在生效后第 5 年的年终进行,那么第一次调整离该公约开放签署就有 10 年之久,未免过长。

除了定期调整,还有不定期调整,需要同时满足两个要件:(1)有 1/3 的当事国希望进行调整;(2)自上一次修订,或者未经过修订(这种情况就是公约生效之日起),通货膨胀因素超过 30%。简单来说就是,就算未满 5 年,如果通货膨胀因素超过 30% 和 1/3 的当事国要求,责任期限的调整就不受定期调整的时间限制。这个规定也适用

---

〔1〕“在公约生效的第一年”,指自公约生效日后起算的 365 天内。并没有规定“年终”进行,所以,在此一年之内进行调整均可。

于该公约的第一次调整。至于不定期之后的调整,则适用定期调整的规定,在不定期调整之后的第5年年终进行。

(二)责任限额调整的参照标准

设立这种机制,是出于让法律规则紧跟社会经济发展的考虑,既然赔偿责任限额的修改是因为通货膨胀,那么通货膨胀因素理应成为责任限额调整的参照标准。这个标准为上一次修订以来累积的通货膨胀率相应的通货膨胀因素,如果是第一次调整,那么就是与《蒙特利尔公约》生效之日以来所累积的通货膨胀率相应的通货膨胀因素。所谓通货膨胀就是指该国货币代表的价值减少,物价相应上涨,即货币对内贬值,而该国货币的购买率也因为物价的上涨而下降,于是该国货币汇率下跌,即货币对外贬值。[1] 所谓通货膨胀率,是指构成国际货币基金组织特别提款权货币的发行国消费品价格指数年涨跌比率的加权平均数,特别提款权的发行国的经济状况对全球经济影响大,所以其消费品价格指数原则上可以反映世界通货的变化。

(三)责任限额的修订及生效程序

责任限额的调整由国际民用航空组织进行,当国际民用航空组织发现通货膨胀因素已超过10%时,则应对赔偿责任限额进行修订,并将此修订通知《蒙特利尔公约》的缔约国。至于其修订的标准则为第一项所确定的通货膨胀因素,如通货膨胀因素为8%,那么责任限额便应提高8%。

《蒙特利尔公约》中的通货膨胀因素,应包括通货紧缩(deflation)。与通货膨胀相反,通货紧缩是指货币流通数量减少,也指整体物价水平持续下跌的经济现象。[2] 所以通货紧缩与通货膨胀造成的现象

---

〔1〕 参见侯高岚主编:《国际金融》,清华大学出版社2005年版,第18页。

〔2〕 参见盖锐主编:《金融学概论》,清华大学出版社2005年版,第112页。

是相反的，但也存在两种例外：(1)并非所有随通货膨胀而上涨的价格均会因通货紧缩而下降(如工资水准)；(2)通货膨胀对于产出水准及就业的影响或有或无，但显著的通货紧缩则必会对此二者产生负面影响。[1]

对于责任限额修订的生效程序，原则上是国际民用航空组织通知《蒙特利尔公约》的缔约国，3 个月内如果没有多数当事国反对，则责任限额的修订在通知缔约国 6 个月后生效；[2] 如果 3 个月内出现多数缔约国反对，则修订不生效，并应召开当事国会议讨论。[3] 由此可知，责任限额修订的生效程序十分简易，修订责任限额无须专门召开会议，也无须践行条约缔结与批准的程序，其生效并非经过各当事国的批准或加入，而是在一定期间经过后自动对所有缔约国生效，所以此项制度是为应对通货膨胀因素的影响，而设置的机动调整制度。

本章小结

本章从旅客人身伤亡承运人责任入手，首先明确《华沙公约》的法理适用于 1999 年《蒙特利尔公约》；其次，承运人对于旅客人身伤亡的责任承担应当满足《华沙公约》第 17 条的所有要件，而不是满足其一即可；再次，通过对 1999 年《蒙特利尔公约》第 17 条责任条款的解析，可知该公约的适用还存在模糊之处，这需要在之后的审理中逐

[1] 国际航空运输的自由化也为通货紧缩的原因之一。

[2] 修订生效后，国际民用航空组织应立即通知各当事国，以使其知悉限额的改变，以便采取对应措施。

[3] 缔约国指公约的当事国，并非国际民用航空组织的成员方。

步予以明确;最后,《华沙公约》第 17 条创设了一个独立的诉由,所以 1999 年《蒙特利尔公约》第 17 条也创设了一个独立的诉由,并且该诉由具有排他性。

旅客人身伤亡责任保险的合同当事人和合同关系人同一般保险类似,且旅客人身伤亡责任保险也要求投保人对保险标的具有保险利益,如不具有保险利益则保险合同无效,旅客人身伤亡责任保险的保险合同一般都为标准格式合同,其承保范围、除外不保事项都为事先拟定好的条款。

国际公约越发人本化的趋势除了表现在设立了旅客人身伤亡责任保险以外,还表现为精神损害赔偿——各国都倾向于承认伴随身体伤害的精神损害赔偿,对于未伴随身体伤害的精神损失赔偿各国目前还未形成统一态度,这种态度的差异主要是各国经济发展水平不同而导致,属于正常现象且可以理解;先行付款制度——该制度虽不具有强制性,且很多概念还需要各国国内法加以解释,但 1999 年《蒙特利尔公约》设立此制度为各国国内法设立先行付款制度给出了依据和支撑;合同无效条款——因为航空运输条款内容一般都为固定条款,为了保护消费者利益,对于约定低于《蒙特利尔公约》责任限额的条款认定为无效;责任限额的调整——为了防止通货膨胀和使法律紧跟社会经济发展,对于责任限额的调整引入了“阶段调整条款”。

第三章　1999年《蒙特利尔公约》行李责任保险

第一节　行李灭损的承运人责任

一、托运行李与非托运行李

《华沙公约》第18条并未对行李属性进行区分，所以相比1929年《华沙公约》，1999年《蒙特利尔公约》关于行李的规定，最大亮点就在于区分了“托运行李”（checked baggage）和“非托运行李”（unchecked baggage），而且其第17条第2款对托运行李和非托运行李的承运人归责也适用不同的原则。

（一）托运行李运输的责任

通过分析1999年《蒙特利尔公约》第17条第2款可知，关于托运行李的归责原则显然是一种无过错责任，这种原则同《危地马拉议定书》所规定的原则基本一样。所以，对于托运行李，承运人的免责事由只有托运行李的“自身缺陷”，除此之外只要托运行李发生了损害，承运人都应当承担责任，对于承运人的过错在所不问，所以承运人所负责任为无过错责任，在英美法系中称为严格责任（strict liability）。无过错责任对承运人要求虽然比较严格，但并不是完全排除承运人免责事由存在的可能性。

所谓免责事由,是指法律规定的或者当事人约定的免除当事人承担违约责任的情况。[1] 1999 年《蒙特利尔公约》第 17 条第 2 款规定,托运行李的损失是由于行李的固有缺陷、质量或者瑕疵造成的,在此范围内承运人不承担责任,此为承运人的免责事由。而所谓毁灭、遗失或者损坏是指,旅客在提取行李时行李的状态,这三种状态对旅客造成的经济损失不同,所以承运人的赔偿数额也会不同。“毁灭”是指行李毁坏直至消灭,完全失去使用价值,但是也包含虽然行李物质形态依然存在,但不再具有使用价值的情况,比如托运的动物死亡、托运的鲜活易腐食品变质等;“遗失”是指托运行李丢失,在航空托运中通常是贵重物品被偷盗、冒领;“损坏”是指各种原因造成的物件残破使之失去部分使用价值,[2] 实践中行李箱部分破损就是此种情况,如划痕、凹痕等。毁灭和损坏都是物品的使用价值遭到破坏,但是所表示的程度不一样,毁灭的行李不能通过修复恢复原样,而损坏的行李一般可以通过修复恢复原样。

而承运人的责任期间,《蒙特利尔公约》规定为“承运人掌管之下的任何期间”。“掌管”在实践中一般是指负责管理,在航空托运行李中,并不要求承运人直接对行李进行管理或者控制,而且也不一定要求承运人在物理上完全占有托运行李。该公约所指的“掌管”一般只要求托运行李处于承运人的控制范围之内,以方便承运人运输行李以期完成顺利交付的义务。在航空实践中,此期间一般开始于乘客办理完托运手续,承运人接受托运行李并出具行李识别标签时,终止于乘客在行李提取处拿到行李,在这期间内发生的行李损毁灭失无论行李是否处于航空器上,均属于承运人责任期间。但是否一

---

〔1〕 参见屈茂辉:《中国合同法学》,湖南大学出版社 2003 年版,第 165 页。

〔2〕 参见胡康生、李福成主编:《中华人民共和国刑法释义》,法律出版社 1997 年版,第 390 页。

直延伸至有关行李物件在目的地机场完成清关手续，美国司法实践中并未给出一致意见，但支持承运人责任期间应一直延续至行李清关的判例数目不多。[1]

对于托运行李承运人的免责事由，1999 年《蒙特利尔公约》规定为行李的"固有缺陷、质量或者瑕疵"；《危地马拉议定书》规定为"完全由于行李本身的自然属性、性质或缺陷造成"。相比之下，1999 年《蒙特利尔公约》删掉了"完全"一词，所以在 1999 年《蒙特利尔公约》下，如果损害产生的部分原因是行李的"固有缺陷、质量或者瑕疵"，那么对于该部分的损害，承运人可以免除责任，这也是该公约第 17 条第 2 款中"在此范围内承运人不承担责任"的解释。托运行李本身的缺陷或瑕疵造成的缺陷，与航空运输无关，也与承运人无关，是承运人无法控制的情况。而且行李本身存在缺陷，即使不经过航空运输，也会发生损害，如果承运人需要对此种情况负责，实属不公。至于此免责事由的举证责任则在承运人一方，因为"主张利己者，负举证之责"为一般举证原则，[2] 根据这种原则，证明损害是行李固有缺陷或瑕疵等造成的责任应该由承运人负担。简单来说，承运人证明了免责事由就可以免除赔偿责任，让旅客来证明损害不是行李固有的缺陷或瑕疵造成的，在实践中非常困难，责任分配会显得不公平。

---

〔1〕 See George N. Tompkins & Jr., *Liability Rules Applicable to International Air Transportation as Developed by the Courts in the United States: From Warsaw* 1929 *to Montréal* 1999, Netherlands: Kluwer Law International, 2010, p. 198.

〔2〕 See James B. Thayer, *The Burden of Proof*, Harvard Law Review, Vol. 4, No. 2, p. 45 – 46 (1890).

（二）非托运行李运输的责任

由于机舱内空间有限，所以非托运行李的携带一般也受到限制。[1] 1999 年《蒙特利尔公约》对此进行了区分并且适用不同的责任制度，无疑是该公约的一大亮点和创新。在 1999 年《蒙特利尔公约》的起草过程中，当时有许多代表提出，承运人对于托运行李和非托运行李的掌管程度明显不同，托运行李处于承运人掌管之下，而非托运行李一般为旅客的随身行李，处于旅客的掌管之下，所以二者适用的责任制度应该进行区别。对于非托运行李，承运人无须对因旅客自己或第三人造成的行李损害负责，只需对因承运人的过失造成的损害负责。所以，1999 年《蒙特利尔公约》对非托运行李采取过错责任。简单来说，承运人只有在自己或者其受雇人、代理人对损害的发生有过错时，才负有赔偿责任，这种过错包含故意和过失两种情况。至于举证责任的分配，1999 年《蒙特利尔公约》却未作出明确规定，但是根据"谁主张，谁举证"原则，[2] 应由旅客证明承运人或其受雇人、代理人有过错，如旅客无法证明，承运人则无须负责。此外，"事件""航空器上""上、下航空器的任何操作过程中""承运人掌管之下的任何期间""固有缺陷、质量或者瑕疵"的概念均不适用于非托运行李。确认承运人是否负有赔偿责任，只需要确定其是否有过错，这是一般过错原则。

在航空运输的实践中，旅客与承运人签订的运输合同一般是依据运输约定条款缔结，依据运输条款，行李运输是承运人的一项义务。简单来说，承运人的行李运输义务在运输合同签订时产生，也是

---

[1] 参见郑铮：《浅议国际航空行李运输中关于行李的法律界定》，载《知识经济》2010 年第 8 期。

[2] See James Cargile, *On the Burden of Proof*, Philosophy, Vol. 72, No. 279, p. 60 (1997).

旅客运输合同的一大特征。一般的运输合同是将行李分为已登记行李(registered baggage)、携入行李,及随身携带行李(hand baggage)等,当乘客搭乘航班时,行李的运输合同即成立。由于《华沙公约》并未对托运行李和非托运行李进行区分,所以关于非托运行李的承运人责任期间也未作出明示,但是因为非托运行李一般属于旅客自己照管,所以不难推定其责任期间同旅客运输责任期间一致。我国航空法学者也持同样观点。[1]

1999 年《蒙特利尔公约》使用“非托运行李”一词,比“旅客随身携带物品”和国际航空运输协会使用的“自理行李”更清晰。就“旅客随身携带物品”而言,何为“随身”? 如果旅客将物品放于远离自己座位的地方,或者将行李交给空乘人员保管,这种情况能否算是“随身”? 这在实践中存有疑惑。此外,“自理行李”的一般解释为旅客在机舱内随身携带并保管的行李,[2]那如果旅客的物品既不由自己照管,也非由承运人掌管时,是否为“自理行李”,也同样存在疑惑。但是按照 1999 年《蒙特利尔公约》的定义,但凡没有办理托运手续的行李均属于“非托运行李”(包含个人物件)。1999 年《蒙特利尔公约》第 17 条第 2 项规定个人物件也属于非托运行李,但从司法解释和实践看,个人物件其实不属于行李,它一般是指旅客的随身用品,如首饰、眼镜等。[3]

1999 年《蒙特利尔公约》第 17 条第 2 款后半段规定:“关于非托

---

[1] 鉴于非托运行李与旅客人身的附随关系,就此问题《蒙特利尔公约》对承运人采纳了与旅客人身伤亡损害相一致的责任期间,即“始于登机、止于离机”。参见黄力华:《国际航空运输法律制度研究》,法律出版社 2007 年版,第 174 页。

[2] 参见张长青、郑翔:《运输合同法》,清华大学出版社、北京交通大学出版社 2005 年版,第 117 页。

[3] See Brian F. Havel & Gabriel S. Sanchez, *The Principles and Practice of International Aviation Law*, London: Cambridge University Press, 2014, p. 269.

运行李,包括个人物件,承运人对因其过错或者其受雇人或者代理人的过错造成的损失承担责任。”此处的“受雇人”和“代理人”在该公约中多次出现,如第16、17、18、19、21、22、30、41、43、44条,所以在此对二者的含义进行解释和区分。“受雇人”一般也指雇员,在雇佣关系中,为他人服务,提供劳务并接受报酬的人;[1]而“代理人”是指以被代理人名义进行活动的人,[2]可以是自然人或法人。二者的区别在于他们与承运人之间的关系不同,受雇人与承运人之间为雇佣关系,其在雇佣合同约定的期限内,根据合同约定提供劳务,取得工资或薪水,合同期限内其必须听从承运人指挥,受承运人控制,地位并非独立,其和承运人的关系以雇佣合同的成立而确立,一般主体为自然人;代理人和承运人之间则为代理关系,其在代理合同的约定范围内进行独立活动,不受代理人指挥或控制,其报酬形式一般为代理费或佣金,而且代理人的一般主体可以是自然人,也可以是法人或其他组织,实践中常见的承运人代理人有客票销售代理人、旅行社、航空货运代理人等。关于旅行社和客票销售代理人,如果其出售的机票上载明航空公司的名称或者代号,则其即为1999年《蒙特利尔公约》所称的代理人。关于航空货运代理人,一般是以承运人的代理人身份揽货。但是,若航空货运单上填写的“托运人”或“收货人”为该航空货运代理人时,则该航空货运代理人便不再是承运人的代理人。旅行社、客票销售代理人、航空货运代理人在某些情况下,也可能成为承运人。

---

〔1〕 参见王泽鉴:《民法学说与判例研究》(第1辑),中国政法大学出版社2003年版,第24页。

〔2〕 参见徐海燕:《英美代理法研究》,法律出版社2000年版,第79页。

二、航空承运人的有限责任

航空承运人的有限责任或限制责任,是指如果航空运输中发生了国际公约中规定的损害,承运人需要承担赔偿责任时,可以国际公约规定的财产范围将赔偿金额限定在一定范围内的制度。航空承运人的有限责任一直是各国航空运输的国内法和国际航空条约所广泛采取的制度。以下就《华沙公约》和1999年《蒙特利尔公约》中有关行李的承运人有限责任进行分析。

(一)《华沙公约》

《华沙公约》中关于已登记行李的有限责任规定在第22条第2款中,以每公斤250法郎为限。《海牙议定书》中并未变动此责任限额。根据上述责任限额,250法郎为承运人的法定赔偿额。《华沙公约》第23条规定:"企图免除承运人的责任,或定出一个低于本公约所规定责任限额的任何条款,都不生效力。"但合同订立方可以依据特别约定增加承运人的赔偿限额,通过分析《华沙公约》第22条第2款但书规定可知,在特别利益声明的情况下,承运人不能证明托运人声明的金额超过该物交付时的实际利益,即应在该声明的金额内支付。

对于旅客自己保管的物件,《华沙公约》第22条第3款规定:"承运人对每个旅客所负的责任,以5000法郎为限。"该条规定表明,承运人对于旅客自己保管的物件不以数量或重量为标准限定承运人责任,因为对于旅客自己保管的物件,一般不计数量和重量。《海牙议定书》对此责任限额也未加以变更。对于旅客自己保管物件的责任限额,同已登记行李的规定一样,可以特别约定予以增加,但是不能免除或减少承运人责任。

（二）1999 年《蒙特利尔公约》

1999 年《蒙特利尔公约》第 22 条第 2 款规定了行李运输的承运人赔偿责任限额，该限额以 1288 特别提款权为限。通过分析可知，该条并未区分托运行李和非托运行李，赔偿责任限额也以“每名旅客”为单位。也就是说无论是托运行李还是非托运行李在航空运输中受到了损坏，承运人以每名旅客为单位进行赔偿，每名旅客最多得到 1288 特别提款权的赔偿，除非旅客在托运行李时做了特别声明，这种情况下，承运人在旅客声明的金额范围内进行赔偿。这种规定与《华沙公约》有很大不同，《华沙公约》虽然未对托运行李和非托运行李进行区分，但针对两种行李规定了不同的赔偿责任限额。

每名旅客 1288 特别提款权的责任限额，为《蒙特利尔公约》第 22 条规定的法定赔偿责任限额，不可依特别约定予以减低，但该公约第 25 条规定了可以依特别约定予以增加或规定为无责任限额。所谓特别声明予以增加，是指托运人在向承运人交付运输货物时，进行特别声明，表明货物的金额高于在目的地交付时托运人的实际利益，且必要时交付一定的附加费用，则不受赔偿责任限额的限制。《蒙特利尔公约》第 22 条第 2 款规定经过特别利益声明的货物，除承运人证明旅客声明的金额，高于在目的地点交付时旅客的实际利益外，承运人在声明金额范围内承担责任。

三、航空承运人的免责事由

（一）提起诉讼的一般时效

1999 年《蒙特利尔公约》关于提起诉讼一般时效的认定为 2 年，规定在该公约第 35 条，它要求有权提起诉讼之人必须在 2 年内提起诉讼，如果在此期间内未提起诉讼，则丧失对损害请求赔偿的权利。

2 年的计算方式是自航空器到达目的地点之日、应到达目的地点之日或者运输终止之日。航空器到达目的地很好理解；应到达目的地点之日则是指在航空器未到达目的地的情况下，应到之日的确定以运输合同上约定的时间为准，如未约定，则以一般合理时间为准；运输终止之日是指在航空器失事或者联合运输的情况下。《蒙特利尔公约》第 35 条第 2 款又规定了，2 年的计算方法，按照案件受理法院的法律确定，也就是说法院有权根据自己的法律确定 2 年从何时开始计算，以及 2 年的具体计算方法。

（二）特别减免事由

运输行业要求承运人在约定时间内将货物或者托运行李分别安全送到不同提货人手中，特别是航空运输，对时效性要求尤为高，所以承运人在证据的保全上存在一定困难。因此，运输法规定有权提取托运行李或者货物之人，在提取托运行李或者货物之后发现行李或者货物有损害的，应当迅速地将对损害的主张通知承运人，使其有保全证据的时间；另外还规定，如果有权提取货物或托运行李之人，在规定期间内未将损害主张告知承运人，则视为放弃对损害的赔偿主张，这样规定的目的是让承运人不至于长期处在一个不安的状态下。

1999 年《蒙特利尔公约》第 31 条源于《华沙公约》第 26 条，除了前文提到的丧失赔偿请求的一般时效，还针对航空托运行李和货物运输规定了特别的异议提出期间。[1] “有权提取托运行李或者货物的人”，在托运行李的提取中是指持票旅客，在货物运输中，则是指航空货运单上写明的收货人或者托运人，[2] 或前述收货人或托运人的

〔1〕 1999 年《蒙特利尔公约》第 31 条，即关于行李或货物交付时，有权提取等人提出异议的规定。本条第 1 项、第 3 款和第 4 款以《华沙公约》第 26 条为基础而制定，第 2 项则源于《海牙议定书》第 15 条的规定。

〔2〕 例如，货物被运回原地时，或收货人拒收货物时的托运人。

代理人。对于没有记载在航空货运单上的人，如货运发送人、购货人、中间人等，则没有货物提取的资格，也就不存在异议期间的遵守。而根据《蒙特利尔公约》第 31 条第 4 款可知，“有权提取托运行李或者货物的人”也是具有起诉权的人。所谓“异议”，就是向承运人发出货物或者托运行李损失的通知，该公约第 31 条第 3 款规定了该“异议”只能通过书面形式提出或者发出，[1] 因此口头异议无效力。[2] “异议”的提出只是告知承运人，使其知晓行李或货物损失的事实，不需要同时提出索赔请求。

第二节　航空行李责任险的保险责任

一、航空行李责任险的承保范围

目前国际上通用的行李责任保险单一般只针对托运行李，因为托运行李从空间上来看是和旅客分开的，非托运行李一般都为旅客随身携带，其毁损大多同旅客人身伤亡一起发生，所以保险形式一般都和旅客人身伤亡保险存在于一个保单中。对于托运行李一般有两种投保方式，一种为单独投保，另一种为和旅客人身伤亡险一起投保。本小节所讨论的保险内容主要为托运行李责任保险的承保。

对于航空行李责任保险，它应当也同 1999 年《蒙特利尔公约》要求的其他责任保险一样，符合充分保险的要求，而且也应符合一般责任保险的核心内容和关键事项。在行李责任保险的除外事项中除了

---

〔1〕 异议的提出可写在客票上或者航空货运单上，也可另行提交一份书面异议通知承运人，电报、传真、电子邮件等能在纸介质上固化下来的电子形式应认为属书面形式。

〔2〕 See Peter B. Keenan, *Anthony Lester*, *Peter Martin*, *Shawcross and Beaumont on Air Law Third Edition*, London: Butterworths, 1966, p. 455.

道德风险、重复投保、非意外损失等一般条件外，1999 年《蒙特利尔公约》还规定了：行李固有缺陷、性质或瑕疵造成的损失承运人不承担责任，相应地保险承保人也可以不承担责任。在行李保险中，还有种情况也是除外不保的：价值不明的行李。在航空行李责任保险单中，通常会将一些价值不明、难以估价的行李排除在外，比如珠宝、油画、古董、玉器、动植物、证券、文书资料等，因为上述这些物品很可能出现鉴定估价过高的情况，导致承保人承担的风险难以预计，为了在现实中规避这种风险，这些物品一般不予承保。但是为了符合 1999 年《蒙特利尔公约》充分保险的要求，保险人一般以正面清单的形式，对不保的物品进行罗列。当然以上这些物品也不是绝对不保，保险合同本来就是意思自治的结果，合同双方可以通过协商、加价的方式为以上物品投保。本部分所列举的除外事项是目前在航空行李责任险市场中的一种通行做法，随着民航业的进一步发展，行李责任险的承保范围可能也会进一步扩大。

二、航空行李责任险的投保

本小节论述的航空行李责任险的规则，可以适用于各种航空责任险，如旅客人身伤亡、延误等，不仅适用于行李。

（一）航空责任保险核保时的考虑事项

保险公司根据被保险人过去的经验（如果有的话）制定保险费率，但这只是一个粗略的指南，因为各种风险的因素都会随时间地点发生变化。在大范围内，其主要考虑的因素如下：（1）航空器航线，当航空器飞越某些危险地区时（如天气恶劣的地区），保险费率或许会根据实际情况上调；（2）航空器的类型和价值，航空器载客量或运货量越大，在事故发生时的损失就越大，另外航空器的机龄也为重要考量之一,机龄越大,零组件的损坏率必定越高,而事故发生率也随之增加;(3)飞行员和机组人员的经验,因为飞行事故的造成原因除了航空产品缺陷以外,还有就是人为操作的失误,飞行员的经验与失误率一般来说成反比;(4)航空公司的经营,经营良好的航空公司对飞机的保养、飞行员的培养、各类制度的健全有着重要影响,这也是制定航空保险费率时要考量的一个因素。

(二)要保书或暂保单的记载

保险承包人在承接保险业务之前,都要进行一项核保(underwriting)工作,这决定了承保人是否接受投保申请——这就是所谓的风险评估。确定风险是一个复杂的过程,这项工作依赖于明智的判断和对细节的关注,进而对承保事项的危险等级作出评估,经过风险评估之后,承保商必须确保准确的报价对客户是有吸引力的,对公司也是有利润的。这项工作包括但不限于:检查保险方案;收集背景信息和风险评估;使用专门的计算机程序分析统计数据;撰写报价并与经纪人和客户谈判条款;确定保费;决定政策的措辞;准备保险条款和条件;与保险经纪人和客户保持联系等。为使核保工作得以顺利进行,应当尽量搜取保险标的相关信息,然后填写各种资料,其中又以要保书或暂保单为主。

1. 要保书(proposal):是保险人出具保险单的依据和前提。[1]它是被保险人与保险公司签订保险合同前的重要文件,包括被保险人的一些基本资料,在航空保险中,要保书一般都有标准的格式,但是除了自用飞机和小型航空公司外,实务上均用经纪人的暂保单(也

[1] 参见陈岩、邵杰主编:《人身保险》,西南财经大学出版社2018年版,第32页。

称承保条)代替。[1]

2. 暂保单(slip):也称临时保单,是指在正式出具保险单或保险凭证之前,保险人或保险代理人向投保人签发的临时保险凭证。[2]暂保单的作用是证明保险公司已经同意承保,[3]暂保单是包含所有有关风险和保险条款相关信息的文件。暂保单一般应具备下列各项目:(1)保险种类(type):如航空机体保险(Aviation Hull Insurance)、航空旅客责任保险(Aviation Passenger Legal Liability Insurance)、航空货物责任保险(Aviation Cargo Legal Liability Insurance)等;[4](2)保险单种类(form):用以显示本保单是采用何种标准保单格式(如AVN 1A)、何种要保书格式,或仅简单注明保单格式需获首席核保人的同意即可。[5]

(三)保险经纪人的意见

保险经纪人被视为承运人和保险公司的中间人,因为在如今的保险领域可能存在大量的复杂术语和复杂的程序,而承运人所面临的赔偿责任又特别巨大,为了更好地保护自身利益,大型航空公司的保险一般都交由保险经纪人安排。

劳合社是最大的航空保险市场,保险经纪人与核保人存在联系,所以劳合社的核保人不直接受理外界的要保。因为保险经纪人提供的信息和建议是公正和无偏见的,所以核保人相当重视保险经纪人

---

〔1〕 保险法所称的保险经纪人,是指基于被保险人的利益,代被保险人与保险人洽谈签订保险合同,而向承保的保险业收取佣金的人。

〔2〕 参见郝演苏编著:《保险学教程》,清华大学出版社 2004 年版,第 74 页。

〔3〕 参见李育良、池娟编著:《国际货物运输与保险》,清华大学出版社、北京交通大学出版社 2005 年版,第 128 页。

〔4〕 参见黎建飞:《保险法的理论与实践》,中国法制出版社 2005 年版,第 159 页。

〔5〕 首席核保人(Leading Underwriter; Market Lead)是保险市场公认的某种保险的专家,且为承保金额巨大的核保人。

所提供的资料或签注的意见。

(四)实地调查报告

保险人为获得更精确的核保资料,有必要亲自实地或委托专业的征信调查公司(inspection company)至被保险人的营业处考察,尤其是考察保险人决定承保与否必须事先加以探知与考虑的事实,包括:(1)被保险航空器本身的物理构造、机龄、结构与其对被使用用途适应程度;(2)航空器机库的建筑、管理、有关场所设备及气候的条件;(3)驾驶员的经验与其就该被保险航空器类型的适应飞行能力;(4)航空器上服务人员的素质养成及其专业的训练;(5)被保险人就航空器的保养、修理与维护所具有的地面设施及其资源。

三、航空行李责任险的索赔

本部分所研究的对象是被保险人向保险人提起索赔及保险人进行索赔理算的相关问题。在航空行李责任保险中,索赔的相关内容与人身伤亡赔偿和延误索赔是相似的,在之后章节中将不再赘述。被保险人通过保险将风险转嫁给保险人承担,在发生保险事故受有损害时,可以向保险人请求支付保险金,也就是为一般人所理解的索赔。在被保险人提出索赔要求后,保险人根据保险合同有关条款的规定,对保险事故进行一系列调查核实并予以赔付的行为,称为理赔。[1]

(一)被保险人在保险事故发生后应做的处理

保险事故发生后,被保险人固然享有保险金支付请求权,然而为便利保险人对理赔处理,被保险人也同时负有若干义务。由于每次

---

〔1〕 参见宁雪娟主编:《财产保险》,清华大学出版社2006年版,第41页。

飞行事件或事故都是唯一的,因此重要的是要熟悉保险单的规定以及让保险公司及时参与事故处理,以保护承运人的利益。现以发生航空事故导致被保险飞机损坏的索赔流程为例,承运人责任保险的索赔也可以参照这个流程:

1. 在事件或事故发生后,首先要为受伤的人员寻求医疗护理。在合理的可能范围内,尽快与保险经纪人或保险提供商联系,以将损失告知他们并协调后续步骤。保护飞机免受进一步损坏。

2. 收集飞行员信息。采取措施保护飞行员执照和飞行日志、医疗证明,以及所有其他飞机文件的副本。美国的航空承运人除了与美国联邦航空管理局或美国国家运输安全委员会(National Transportation Safety Board,NTSB)等调查机构合作之外,还可能被保险提供商要求填写一份事故报告以描述相关细节。

3. 在机体险中,承运人和保险提供商应先确定飞机是否可进行维修。此时必须获得维修建议,以确定损坏是否可以维修或飞机是否全损。许多因素包括飞机的保险价值、维修的复杂性和特殊的政策规定等,都会对结果起到影响。如果飞机是可维修的,则授权对飞机进行维修。

4. 确定了最终的维修费用后,保险提供商将计算应向承运人支付的金额。承运人可以使用该付款,再加上自己的自付额或未支付的费用来支付维修费用。

5. 如果损坏使飞机全损,保险公司将支付保险价值减去可扣除的任何款项。一旦支付了全部损失,保险提供商有权享受飞机剩余价值的利益。在实际的经济限制下,承运人对飞机处置的偏好可能会作为商定现金清算的一部分予以考虑。承运人应该期望与其保险提供商合作,以通过当地航空管理局飞机销售单和用于记录交易的损失证明的保险文件来完成交易。

机体险的索赔其实和承运人责任险的索赔程序大同小异,它们都要求承运人及时通知保险提供商事故的发生;对事故现场进行保全;防止损害扩大;备齐相关材料等。但是一般的航空保险赔偿程序都比较复杂冗长,为了可以迅速解决索赔,承运人还可做一些简化流程的行为:(1)定期查看航空保险信息,以确保对保单所提供的保险利益有大致的了解;(2)及时报告事件,从事故发生到启动索赔之间经过的时间越长,保险提供商进行研究并就应付的金额做出适当的决定就越可能更加困难和耗时;(3)同保险提供商合作,保险提供商的目标是根据保险单的条款和条件,提供迅速、公正的索赔处理和索赔解决,承运人的合作将使索赔流程更加高效;(4)确保允许操作飞机的飞行员都经过适当的培训并获得认证,并且他们符合保险政策对飞行员的要求。

(二)保险人在保险事故发生后应做的处理

与传统的财产和意外伤害保险不同,航空保险更加专业化。保险人依其承保责任而负有支付保险金的义务,也就是具有理赔的责任。航空责任保险的保险人在保险事故发生后的责任有:

1. 事故报告及调查

首席保险人由航空公司或保险经纪人通知事故发生。然后首席保险公司派出测量员和律师对事故情况进行调查。而责任保险的索赔通常需要法律代表。

2. 覆盖率分析

旅客责任保险为航空公司承担对旅客的法律责任。如果法律要求航空公司赔偿受害者,保险公司将赔偿乘客。举例来说,保险公司会检查:(1)事故是否发生在合同期内;(2)损坏的飞机是否在合同上投保了;(3)航空公司是否遵守合同义务;(4)除外责任。保险公司将根据对事故的调查得出结论,如果是由保险合同中列明的除外条款导致的承运人责任,保险公司将不予理赔。

3. 赔偿的过程

在飞机损坏的情况下,保险公司必须向航空公司支付飞机的修理费用。如果飞机发生全损(飞机因损坏而无法进行修理),保险公司将按照保险合同中规定的金额支付赔偿金,飞机的保险金额因飞机类型、年龄和技术设备的不同而有很大的差异,但飞机的价值是在保险合同中明确规定的,是事先得到保险公司和航空公司同意的。例如,根据空中客车 1(Airbus 1)的数据,2016 年新 A320 的平均售价约为 9800 万美元。对于较老的型号,保险价值可能相对较低。

承运人责任和对旅客的赔偿程序,赔偿机制受下列法律文书规制,这些法律文书概述了对受害者或其家属的公平补偿:(1)国际公约;(2)区域法规(欧盟);(3)各个国家的国内法律。

4. 旅客的赔偿程序(中期赔偿)

在确有困难的情况下,保险公司通常向受害者的家庭提供首笔赔偿,作为财政救济的第一笔预付款。这不是最后的付款,在任何情况下都不需要偿还。根据具体规定,可以向受害人的配偶或父母支付临时补偿金。一旦中期付款完成,支付最终赔偿的过程就开始了。

5. 旅客的赔偿程序(最终赔偿)

对旅客责任保险的赔偿可能需要比机体赔偿更长的时间,遇难者近亲属可能根本不想讨论赔偿问题,因为他们仍处于悲痛之中。遇难者近亲属应通过律师向航空公司提出索赔或要求。律师必须确保他们已经收集了所有相关信息,以提出完整的索赔。在进行正式飞机调查的同时还可能进行刑事程序,这可能导致家属推迟讨论解决办法。

国际公约并没有就旅客损害赔偿的计算提供规则,这将是法院需要审理的法律问题。法院通常会考虑以下因素:损害类型(如经济损害和非经济损害)。赔偿的计算还需要考虑到受害人的薪金、年龄、预期寿命等因素,所有这些因素都因受害人不同而不同,这些因素的适用也因国内法有差异而不同。

关于诉讼的时效性,无论是《华沙公约》还是1999年《蒙特利尔公约》都规定,遇难者家属自航空器到达目的地点之日、应当到达目的地点之日或者运输终止之日起2年内有权向航空公司索赔。在2年内不提起诉讼的,不得对航空公司或保险公司提起责任诉讼。

6. 索赔结束

作为保险人,当船体和旅客赔偿阶段结束时,该案件将被认为已经结束。物理损坏索赔的解决可以很快,因为它们是基于飞机的保险价值。人身伤害索赔的评估和赔偿是在不同的基础上进行的,因此可能需要更长时间。

(三)理赔金额的计算

实践中,关于国际航空的理赔金额,一般按照被保险人对于受害人应负赔偿责任的金额计算,其计算的依据,应分情形而论,应当考虑被保险人(承运人)是否与乘客或托运人订立运输合同、其订立的运输合同是否有国际公约的适用或仅为国内航线的运输。

1. 运输合同约定适用国际公约

《华沙公约》明文规定,承运人应于客票、行李票与航空货运单上表示适用《华沙公约》有关责任规定。[1]《华沙公约》或《海牙议定

---

[1] 《华沙公约》第3条第1款第5项、第4条第3款第8项、第8条第17项,承运人不出具予客票、行李票、航空货运单或这些票据未进行此项记载,承运人不得援用该公约有关免除或限制承运人责任的规定(第3条第2项、第4条第4项、第9条)。

书》所规定的承运人责任限额过低；《瓜达拉加尔公约》仅将承运人区分为实际承运人与缔约承运人，未对赔偿责任限额进行修正；《蒙特利尔协议》又限制仅运输合同中的出发地、目的地或中途停留地有一处于美国，承运人与乘客才能以特约的方式提高责任限额；《危地马拉议定书》因生效条件严苛而未生效；蒙特利尔第一号至第三号议定书旨在将《华沙公约》《海牙议定书》《危地马拉议定书》关于责任限额的货币单位由法郎改为特别提款权，而《蒙特利尔第四号附加议定书》虽是针对货物运输责任的规范，但是对于责任限额也未作出新规定。1999 年《蒙特利尔公约》最终提高了承运人对于乘客死伤或延误，行李或货物毁灭、遗失、损坏或者延误的赔偿责任限额，且在该公约第 50 条规定了承运人强制责任保险的购买。所以，关于承运人责任的国际公约，以 1999 年《蒙特利尔公约》为主。

至于承运人赔偿责任限额是否合适，这和每个国家的经济发展水平相关，在同一起国际航空事故中，可能会有发达国家的旅客也会有发展中国家的旅客，不管是旅客人身伤亡还是行李灭失，如果他们得到相同的赔偿金额，那么会出现发展中国家的旅客可能已经足够，而对发达国家的旅客来说，此赔偿数额或许与其生活水平并不相当，此时就只有诉诸法院寻求解决。但由于诉讼过程冗长，耗费时间和金钱以及劳力，加上空难发生后人机全毁的情形普遍而致使证据的收集不易，所以实务中承运人与受害人多采用和解的方式决定赔偿金额。

2. 不受国际公约拘束的运输合同

非属国际公约拘束的运输合同，基本上为国内航线的运输或非国际公约签署国的航空运输，因各国法律规定的不同，而有不同的适用依据。在国内航班的情况下，我国对于承运人的赔偿责任限额，于

《国内航空运输承运人赔偿责任限额规定》(以下简称《赔偿责任限额规定》)有所规定:(1)对每名旅客的赔偿责任限额为40万元人民币;(2)对每名旅客随身携带物品的赔偿责任限额为3000元人民币;(3)对旅客托运的行李和对运输的货物的赔偿责任限额为每公斤100元人民币。

3. 当事人间未订立运输合同

被保险人(承运人)未与旅客或托运人订立运输合同,而发生旅客死亡、伤害或延误,行李或货物毁灭、遗失、损坏或延误的情形时,应适用侵权行为的法理确定损害赔偿。在国外,由于被保险人投保的责任保险金额通常不高,且私人飞行器所有权人的经济条件一般不如大型航空公司雄厚,所以此种情形下所生的损害,较难获高额的实质赔偿,但是无论如何,若原告能证明该起空难事件是承运人的重大过失导致的,此时承运人应负无限额的损害赔偿责任。

(四)给付保险金

保险事故发生后,经调查损失属实并估定损失,保险人即应履行保险合同上的最后义务,即给付保险金。

航空旅客责任保险中,保险人补偿给被保险人的金额,是以被保险人对受害乘客支付的赔偿金额为依据,但不超过保险单上所载明的最高补偿金额的给付,通常限定为机上每一旅客及每一意外事件的最高赔偿金额。也就是说保险金的给付,每一乘客得到的不得超过所定限额,所有给付旅客的保险金不得超过每一意外事故的总限额。伦敦航空保险单中第三项规定,保险人对本项的补偿金额,以不超过保险单上所载明的保险金额为原则。但保险人应补偿被保险人经保险人书面同意而抗辩本项保险承保范围内的赔偿请求所生的诉讼费用。

第三节 行李运输相关责任界定

一、关于托运行李遗失的认定

现实中时常发生旅客托运的行李遗失。对于界定行李毁失、遗失、损坏或者延误并不困难，但是关于遗失认定的标准在实践中存在问题。因为对于行李的遗失和延误的认定标准都与时间有关，旅客未能提取行李到底是遗失还是延误，现实判断中常存在混淆。此种混淆不仅存在于行李运输中，货物运输中也有同样问题。《蒙特利尔第四号附加议定书》第13条第3款关于推定货物遗失规定，在承运人未承认货物遗失的情况下，货物遗失和延误的时间分界线为7天，7天后收货人就可行使自己的合同权利。这条规定被1999年《蒙特利尔公约》继承，但该公约将《蒙特利尔第四号附加议定书》的规定范围扩大到了行李运输，《蒙特利尔公约》第17条第3款规定，推定托运行李遗失时，旅客可于21天后行使自己的合同权利；第13条第3款规定，推定货物遗失时，收货人可于7天后行使自己的合同权利。这种时间上的差异在《蒙特利尔公约》制定过程中也曾引起关注，之所以会产生这种差异，其实并不难理解，这是因为货物运输凭证相较于行李运输凭证来说，记载更详细，所以对遗失货物的寻找和对遗失的确认比行李更为容易，而且货物运输关系社会的经济活动，迅速地索赔流程也是对社会经济生活正常运行的保障。

（一）关于“21天”法定期限的妥当性

托运行李的遗失，包括事实上遗失（承运人承认已经遗失）与推定遗失（应当到达之日起21天后仍未到达），前者的情况，旅客需要依据托运行李遗失的规定而对承运人有权提出赔偿请求;后者的情形,《蒙特利尔公约》制定的代表,认为乘客具有选择权,有权选择就请求遗失或延误提出赔偿请求。

在 1999 年《蒙特利尔公约》的制定过程中,关于“21 天”的确定,参会代表也曾有过诸多讨论。现如今的社会中,在旅客未收到行李的情况下,如果是延误情形,多数航空公司都有能力在 14 天内找回行李,如 14 天不能找回,则可以证明遗失,所以建议将 21 天缩短至 14 天。但是,也有代表提出担心,如贸然缩短该期限对旅客未必有利,因为旅客在未收到行李时,首先担心的是行李能否找回,21 天并不是承运人找到行李的时间,还应包括承运人将行李送还给旅客的时间,最终多数代表表示 21 天更为妥当。

(二)旅客可以行使的权利

依照 1999 年《蒙特利尔公约》第 17 条第 3 款可知,行李遗失存在事实遗失和推定遗失两种情况。在这两种情况下,旅客均可以行使运输合同所赋予的权利。所谓“合同所赋予的权利”,是指旅客有权对承运人提起赔偿请求,其方式则依前述适用于托运行李遗失的规定处理。但需要明白的是,承运人承认行李已经遗失为事实遗失,这时旅客所行使的权利只能是依照托运行李遗失的规定而提出赔偿请求。在推定遗失的情况下,参与 1999 年《蒙特利尔公约》制定的代表,大多数认为旅客具有选择权,即此时旅客可以选择依“遗失”或“延误”请求赔偿。

二、有限责任援用的禁止

(一)双方当事人意定

承运人责任限制制度,是指在航空运输中发生损害时,应当依照法律规定,将作为责任人的航空承运人的赔偿责任限制于一定范围内进行赔偿的法律制度。1999年《蒙特利尔公约》中关于承运人对延误、行李和货物损害的责任限制制度,是根据民法中一般民事损害赔偿原则,即按照实际损害赔偿的原则,所制定的特殊规定。其目的在于保护承运人免于过度的赔偿责任,促进航空运输业和航空保险业的发展,维护航空运输合同各方当事人的公平权益。根据此制度,若航空运输过程中发生的延误损失、行李和货物灭失的损害数额,未超出《蒙特利尔公约》规定的责任限额时,则承运人应按实际损害赔偿;倘若实际损害数额超过《蒙特利尔公约》规定的责任限额时,承运人则仅在《蒙特利尔公约》规定的责任限额范围内负赔偿责任,对限额以外的损害数额则无须赔偿。因此,赔偿责任限制制度,是借由《蒙特利尔公约》规定承运人的最高赔偿责任限额,将承运人的责任限制在一定范围内,以达到保护承运人利益,使承运人不至于因过度赔偿而破产的目的。不过,赔偿责任限制制度,不仅要考虑对承运人的利益保护,也应考虑对合同相对人利益的保护。对合同相对人利益保护的原则,一般体现为允许合同当事人另行约定高于《蒙特利尔公约》规定的赔偿责任限额,或者实行无责任限额赔偿。就该合同而言,赔偿责任限额一经约定,即取代《蒙特利尔公约》中的责任限额,一旦发生损害且损害数额巨大时,承运人应当在双方约定的赔偿责任限额的范围内负责。

(二)国际公约的规定

除了合同双方意定外,国际公约对航空承运人如有特别不符合国际公约的法定事由时,应禁止其援用此种特权。

1.《华沙公约》的规定

《华沙公约》第4条第4款规定承运人不出具行李票的不发行或

行李票上应记载事项的欠缺，即承运人未交付行李票而接受行李，或行李票上未有：(1)客票的号码；(2)行李件数和重量；(3)声明运输应受该公约所规定责任制度的约束的记载，则不得援用该公约限制或免除承运人责任的规定。但是《海牙议定书》在第4条第2款中将上述规定修改为：承运人未交付行李票而收受行李，除非行李票与客票合为一体，否则承运人不得援用第22条的有限责任。

承运人或其受雇人或代理人的故意或重大过失。《华沙公约》第25条规定："如果损害的发生是由于承运人的故意，或依诉讼法院所在地所属国的法律，被认为相当于故意的过失行为，承运人不得援用本公约免除或限制承运人责任的规定。承运人的受雇人执行其职务，而与前项同样的情形下造成损害时，承运人也无前述权利。"由于《华沙公约》第25条所谓"相当于故意的过失"是指何意，存在非常大的疑问，因而在对航空承运人的损害赔偿诉讼上，就此经常发生争端，所以就此项"相当于故意的过失"的用语，有必要加以修改。《海牙议定书》第13条就《华沙公约》第25条规定修正为：若证明承运人、其受雇人或代理人是以使其发生损害的意图，或认识可能招致损害而轻率的作为或不作为，引起损害时，则该公约第22条所规定的责任限额不适用。但受雇人或代理人的作为或不作为，应当证明其是在执行其受雇职务范围内行事。

2. 1999年《蒙特利尔公约》的规定

依1999年《蒙特利尔公约》第3条第3、4款规定，航空承运人应就每一件托运行李向旅客出具行李识别标签，且应对旅客出具书面通知，说明在适用该公约的情形下，依该公约调整并可能限制行李毁灭、遗失、损坏或延误所负担的责任。但是依1999年《蒙特利尔公约》第3条第5款规定，航空承运人违反上述规定，对于航空运输合同的存在及效力无任何影响,[1]且该运输合同仍适用该公约关于限制责任的规定,行李识别标签的不发行或应记载事项的欠缺,并非禁止援用有限责任的事由。此项规定,与前述《华沙公约》第 4 条第 4 款但书及《海牙议定书》第 4 条第 2 款规定,有所不同。

另外,依据 1999 年《蒙特利尔公约》第 22 条第 5 款规定,经证明,损失是由于承运人、其受雇人或者代理人的故意或者明知可能造成损失而轻率地作为或者不作为造成的,不适用该条第 1 款和第 2 款的规定;对于受雇人、代理人的此种作为或者不作为,还应当证明该受雇人、代理人是在受雇、代理范围内行事。此一禁止援用有限责任的规定,是源于《海牙议定书》第 13 条。

三、承运人免责事由相关概念梳理

(一)除斥期间

在华沙体系中,关于这种期间的性质,及其是否可以中止或中断的问题一向存有争议。[2] 1999 年《蒙特利尔公约》第 35 条与《华沙公约》第 29 条规定相同,并未就此作出明确的规定,所以争议仍然存在。1999 年《蒙特利尔公约》对各条加上标题,第 35 条的标题英文文本为"Limitation of Actions",法文文本为"Delai de recours",中文文本则为"诉讼时效"。美国法在程序法中有所谓"法定限制"(statues of limitation)和"诉讼时效"(limitation of actions)的概念,此

---

[1] See Paul S. Dempsey, *Aviation Liability Law*, 2nd ed., Canada: LexisNexis Canada Inc., 2013, p.304.

[2] 所谓中止(suspension),是指因不可抗力或其他障碍事由而不能行使请求权,诉讼时效中止,自中止时效的原因消除之日起,诉讼时效期间继续起算。所谓中断(interruption),是指诉讼时效因提起诉讼、当事人一方提出请求或同意履行义务而中断,从中断之时起诉讼时效重新起算。

二者可以中止或中断。从中文文本与英文文本可以看出,这种期间的性质同诉讼时效相似。

如果未在1999年《蒙特利尔公约》第31条所规定的期限内提出异议,其所丧失的为程序利益;而该公约第35条所称"丧失对损害赔偿的权利"英文文本为"The right to damages shall be extinguished",从文义解释出发,所丧失的似乎为实体利益,如果结果如此,其性质上应为除斥期间,而无所谓中止或中断的问题。再者,《蒙特利尔公约》第35条的规定与《华沙公约》第29条相同,而从《华沙公约》第29条的立法沿革观察,该规定应解释为除斥期间,也可作为1999年《蒙特利尔公约》第35条的期间是除斥期间的依据。因此本书认为1999年《蒙特利尔公约》第35条的期间,立法者意图设为除斥期间。只是依该条第2款的规定,法院有权根据自己的法律,决定2年期间自何时开始起算,以及2年期间的具体计算方法,似乎允许法院根据其国内法,对可否中止或中断作出解释。在此情形下,1999年《蒙特利尔公约》统一立法的目的,将可能再次遭受打击。

(二)特别减免事由

1.适用范围

1999年《蒙特利尔公约》第31条只适用于行李或者货物交付给有权提取的人的情况,倘若行李或者货物未交付或不可能交付(例如,行李或货物已毁灭或遗失),则不适用本条。此时无须提出异议。在道尔顿诉达美航空案(Dalton *v.* Delta Airlines)中,[1]首先,双方同意由于投诉的疏忽发生在国际航空运输上,因此该索赔受《华沙公约》管辖。其次,《华沙公约》第29条规定了2年的诉讼时效,如果旅

---

〔1〕 See Diederiks-Verschoor, *An Introduction to Air Law*, Netherlands: Kluwer Law International, 1997, p. 80.

客未在 2 年内提出诉讼，那么将丧失索赔权利。但是被告提出，灰狗的死亡属于《华沙公约》第 26 条第 2 款规定的货物损坏，原告应该在收货后 7 天内发出书面通知，由于原告没有发出书面通知，所以被告没有赔偿责任。最后，法院认同被告的说法，免除其赔偿责任。但是上诉法院认为灰狗的死亡属于毁灭的情况，并非损坏和延误，所以被告无法援引《华沙公约》第 26 条第 3 款，关于要求托运人在损坏或延误时，必须以书面提出异议的规定。[1]

1999 年《蒙特利尔公约》第 31 条第 2 款中，英文文本采用“damage”一词，中文文本为“损失”，所以该公约第 31 条异议提出的适用范围仅适用于有权提取行李或货物之人可以收受的情况，而不适用于行李或货物未收受或不可能收受的情况。简单来说，行李货物如果遗失或者毁灭则不适用于该条规定的异议期，只有在行李损失的情况下，才存在异议期适用的问题；但是也有人主张，行李毁灭也可适用该异议期，因为行李或货物都有外包装，如果外包装完好，而里面的物品毁灭，收货人往往不能及时发现，所以可以适用该公约规定的异议期；至于行李遗失可否适用该条规定，因为该公约适用了“收受”托运行李一词，而托运行李遗失则无收受可能，所以《蒙特利尔公约》第 31 条规定的异议期不适用于托运行李遗失的情况；还有一种从文义上进行分析的主张，认为 1999 年《蒙特利尔公约》第 22 条区分了毁灭（destruction）、遗失（loss）、损坏（damage）三种类型，而该公约第 31 条只规定了损坏（damage）须在 7 天内提出，所以毁灭（destruction）、遗失（loss）不适用异议期。

---

[1] 在类似案情的 Rotterdam Zoological Gardens *v.* Air France 案中，法院认为在提出异议之前，必须有提领货物及发现损害等情况，而货物全部灭失时不可能有提领货物及发现损害的情况，所以无该条规定的适用，即原告无须依该规定提出异议。

2. 未提出异议的初步证据效果

依照1999年《蒙特利尔公约》第31条第1款规定,有权提取行李或者货物的人,在收受托运行李或者货物未在该公约规定的异议期内提出异议,便会产生"在良好状态下"和"与运输凭证或电子记录相符的状态下交付"的初步证据。所谓初步证据,是指不要求申请人能够证明被申请人已经侵权,只要具备证明被申请人存在侵权的较大可能或者合理可能即可。换句话说,如果托运人确实有证据证明收到的行李或者货物未处于良好状态或者与运输凭证或电子记录不符,可以向承运人提出异议,而推翻前述推定,[1]所以有权提取行李或货物之人提出相反证据被法院采信,承运人仍须负责,但相反证据的提出仍受《蒙特利尔公约》第31条第2款异议期的期限限制,也就是说需要在第2款的期限内提出相反证据以推翻第1款的初步证据。

3. 提出异议的期限

1999年《蒙特利尔公约》第31条第2款规定,如果托运行李或货物发生损失,有权收受之人需要"立即"向承运人提出异议,这里所指的"立即"就是该条所规定的异议期,即根据标的不同分别为7天、14天、21天。[2]

所谓《蒙特利尔公约》中提到的"损坏"的含义。前文已经说到,

---

〔1〕 参见张丽英:《海商法:原理·规则·案例》,清华大学出版社2006年版,第33页。

〔2〕 依1999年《蒙特利尔公约》第52条规定,1999年《蒙特利尔公约》所称的"日",为日历日,而非工作日。此规定源于《华沙公约》第35条。日历日是指日历上的每一日,包括星期六和星期天等非工作日。至于工作日,则是指法定工作日,不包括法定工作日以外的天数。日的定义对计算公约中的期限、期间具有重要意义。以《蒙特利尔公约》第31条关于异议期限的规定为例,倘若旅客于收到托运行李后的第九日的星期一提出异议,在采用工作日定义的情况下,则因星期和星期日为非工作日而不计人,视星期一为第7日,故该项异议符合异议期限的规定;反之,若采用日历日的定义,则以星期六为第7日,故该项异议未于异议期限内提出,旅客提起诉讼的权利丧失。

只有在收受行李或者货物的情况下才有"损坏"一说,如果行李或货物已经毁灭或者遗失,则无"收受"的可能,也就不存在收到行李或货物在异议期提出异议一说。值得注意的是,在行李或者货物"遗失"的情况下,可能是部分遗失也可能是全部遗失,全部遗失不存在异议,无"收受"的可能,但在部分遗失的情况下,有权提取货物之人仍能收到货物或行李,那么在这种情况下,有权提取货物或行李之人是否需要在异议期内及时提出异议,在实践中存疑,这关系他们诉讼权利的丧失与否。如果法院认为"损失"包括部分遗失,那么《蒙特利尔公约》规定的异议期就适用,有权提取货物或行李之人的诉讼权利也会受此影响;如果法院认定"损失"不包括部分遗失,那《蒙特利尔公约》规定的异议期就不适用。1999年《蒙特利尔公约》不同的语言文本中,英文文本使用"damage",该词语有"损坏""损害"的含义,也就是说包括毁灭、遗失和损坏;中文文本使用"损坏"一词,从文义上看,也包括了毁灭、遗失和损坏的含义;法文文本中使用"avarie"一词,仅有"损坏"的含义,不包括遗失。1999年《蒙特利尔公约》有6种文本同等作准,不同于华沙体系只有法文文本,存在分歧时只以法文为准的情况,所以该疑问或许需要日后在司法实务中寻求答案。目前的实践中,对于此问题的处理一般是通过合同约定来解决。例如,国际航空运输协会在《航空货运单的合同条件》(1979年10月1日600-B决议)第10条(a)中,[1]就规定:"凡遗失,除自签署航空货运单之日起120日内提出外,不得提起诉讼。"但是该合同内容是否有效还存在争议。起诉时效为2年,如果临近2年才提起诉讼,则货物寻回的可能性几乎没有。简单来说,原告在货物遗失的情况下,

[1] See IATA Conditions of Contract Relating to Air Waybills (IATA Resolution 600 - B)。See Shawcross & Beaumont, *Air Law*, London: Butterworths, 1981, p. 21.

告知承运人越晚,则货物寻回的可能性就越小,由此看来,该合同内容似乎合理,但是,反过来看,该条的规定同1999年《蒙特利尔公约》第35条的要求相抵触,且存在违反该公约第47条之嫌。

对于1999年《蒙特利尔公约》第31条第2款中提到的几个异议期何时生效的问题,有意思表示主义、到达主义、发信主义、了解主义四种观点。而该公约中的异议期到底是何时生效?通过分析该公约第31条第3款"任何异议均必须在前款规定的期间内以书面形式提出或者发出"可知,以发出异议的日期为异议生效期或许更为符合该公约制定时制定者的意图。例如,旅客在收到托运行李后第7天提出异议,而承运人则在第9天才收到该异议,此时仍应认为异议是在收到托运行李之日起7天内提出。

对于未在异议期内提出异议的后果,1999年《蒙特利尔公约》第31条第4款规定,除非承运人存在欺诈情形,否则有权收受行李或者货物之人在前款规定的期间内未提出异议的,不得向承运人提起诉讼。[1] 所谓"欺诈"就是以使人发生错误认识为目的的故意行为,导致损失产生,损失和故意行为之间存在因果关系。[2] 所以承运人的欺诈表现为承运人为了某种非法目的,隐匿或掩饰行李或货物损坏或延误真相的陈述或行为;还需要注意的是,如果是以承运人不作为的方式隐瞒真相,也属于欺诈;但是承运人的过失行为,则不构成欺诈。各国国内法在认定欺诈时存在一定差异,法国法院依其国内法认为,此处的欺诈应包括"一切故意而不正当的行为"(any intentional

---

〔1〕"承运人一方",不仅限于承运人本人,也包括承运人的受雇人、代理人。所以,承运人的受雇人、代理人若有欺诈的情况,有权提取行李或货物的人提起诉讼的权利也不丧失。

〔2〕参见高志宏:《惩罚性赔偿责任的二元体系与规范再造》,载《比较法研究》2020年第6期。

wrongful act)。[1]

有权提取行李或者货物的人,如果未在1999年《蒙特利尔公约》第31条第2款规定的时间之内提出异议,就丧失了对承运人提起诉讼的权利。这种期间同诉讼时效相似,与该公约第35条规定的除斥期间不同。有权提取行李或者货物的人丧失的仅仅是一种程序权利,而不是实体权利,所以其仍然可以向承运人提出索赔请求,只是该请求不能通过诉讼方式提出。承运人赔偿之后,也不能根据异议期已过而要求有权提取货物之人返还所得赔偿。那么在这个异议期内,承运人是否有义务提醒有权提取行李或者货物之人,在现实中存疑,《蒙特利尔公约》也并未对此作出规定。

在帕克、戴维斯及其公司诉英国海外航空公司案(Parke, Davis and company *v.* British Overseas Airways Corp. et al.,以下简称帕克案)中,纽约市法院认为,原告没有按照《华沙公约》第26条第2款的要求在7天的期限内向承运人提出申诉,所以不得对被告提出诉讼。在该案中法院简要审查了《华沙公约》第26条第2款的通知要求,并得出结论,认为该条款对当事方具有约束力,即使规定的时限比国际航空运输协会成员的承运人通常所允许的时限短得多;虽然帕克提供了对3天时限的解释的最接近的类比,但是在索弗林斯基诉荷兰皇家航空公司案(Sofrinski *v.* KLM Royal Dutch Airlines)中,法院却并没有提到帕克案的决定。在解释《华沙公约》第26条第2款案例很少的情况下,借助美国法院所适用的普通法合同理论来分析和应用该条款是有帮助的。在美国普通法合同案例中,如果合同不合理,或者合同中包含隐藏或不明确的条款,那么合同的全部或部分就会

---

[1] See Chia-Jui Cheng, *Studies in Internatinal Air Law: Selected Works of Bin Cheng*, Netherlands: BRILL, 2017, p.582-584.

被宣布无效。这种分析被应用在索弗林斯基诉荷兰皇家航空公司案中,而且法院依靠杰赛尔诉洛克伍德纺织公司案(Jessel *v.* Lockwood Textile Corp.)来支持其立场,即《华沙公约》第 26 条第 2 款的 10 天限制太短,不适用于这种特殊情况。杰赛尔诉洛克伍德纺织公司案中的法院指出:“虽然当事人可以根据其合同条款设定禁止索赔的期限,但这一限制的效力必须通过对合同的合理解释和适用来确定。这一理论基础类似于普通法合同案例中的推理,涉及不平等谈判力量的当事人之间订立的标准化合同。”因此,法院在面对隐藏的、不明确的或意外的限制条款时,采用了合理性标准。但是此判决被评为“司法造约”(judicial tready-making),有碍法律统一。各国法院对国际公约的解释应采严格文义的态度,若此造成不合理的结果,各国应通过修约解决,而不应依各自偏好自由地对国际公约加以诠释。[1]

本章小结

1999 年《蒙特利尔公约》对《华沙公约》最大的改变就是区分了托运行李和非托运行李,且分别适用不同的归责原则,托运行李适用严格责任,非托运行李采用过错责任。而行李责任保险中,国际上通用的行李责任保险单一般只针对托运行李,因为非托运行李一般为旅客随身携带,所以对于托运行李有两种投保方式——单独投保、同旅客人身伤亡责任险一起投保。行李责任保险的投保与索赔程序,同其他航空保险程序一样。

---

〔1〕 See EO Coultas, *Interpretation of the three Days Notice Requirement of Article* 26(2) *of the Warsaw Convention*, Journal Air Law and Commerce, Vol. 39, p. 261 - 265 (1973).

关于行李运输相关责任界定,21 天的规定对旅客有利,不应贸然缩短为 14 天,而旅客如果在行李“推定遗失”的情况下可以选择依照“遗失”或“延误”对承运人提出索赔。对于有限责任援用的禁止可以由合同双方当事人意定,也可以由国际公约规定。在承运人免责事由中,1999 年《蒙特利尔公约》第 35 条规定的期间实质为除斥期间。对于特别减免事由,1999 年《蒙特利尔公约》第 31 条只适用于行李或者货物交付给有权提取的人的情况,如有权提取之人未提出异议则会产生初步证据,所谓初步证据,是指不要求申请人能够证明被申请人已经侵权,只要具备证明被申请人存在侵权的较大可能或者合理可能即可。《蒙特利尔公约》第 31 条第 2 款规定的“立即”根据标的不同分为 7 天、14 天、21 天。

第四章　1999 年《蒙特利尔公约》货物责任保险

第一节　货物灭失损坏的承运人责任

航空货物运输和航空旅客运输差不多是在同一时期开始的，国际货物运输不仅具有将货物从一个国家或地区运输到另一个国家或地区的物理功能，在国际贸易中还具有重要的法律功能，而国际承运人是各国或地区买方和卖方之间有形的法律联系。[1] 国际航空承运人在货物运输方面，应就货物的毁灭、遗失、损坏及延误负责。其中，延误责任规定于 1999 年《蒙特利尔公约》第 19 条，于本书第五章第一节论述，以下仅就货物毁灭、遗失及损坏部分进行讨论。

一、承运人对货物毁灭、遗失及损坏应承担的责任

1999 年《蒙特利尔公约》第 18 条规定了承运人对货物的责任、免责事由、责任期间、联合运输情况下承运人责任四项内容。通过比较分析，这四项内容基本上源自《蒙特利尔第四号附加议定书》第 4

〔1〕 See Hercules booysen, *The liability of the international carrier of goods in international law*, The Comparative and International Law Journal of Southern Africa, Vol. 25, No. 3, p. 293 (1992).

条的规定,其结构和内容大致相同,只存在细微差异。

(一)因货物毁灭、遗失或损坏而产生的损害

对于因货物毁灭、遗失或损坏而产生的损害,只要造成损害的事件是在航空运输期间发生,承运人即应负责。所谓"毁灭",不仅是物品物理上的损毁灭失,它也指物品化学上的一种改变,如物品腐烂变质丧失原有用途,艺术品的粉碎,动物死亡等。"遗失"则是指物品丢失,如被盗、被抢或错误交付等原因,导致原本的收货人没有收到货物。[1] 关于货物遗失的认定,1999 年《蒙特利尔公约》在第 13 条第 3 款设有事实遗失和推定遗失,这两种情况下都可以认定为"遗失"。[2] "损坏"则包括物质上的毁坏和变质,使货物价值减少或者外部结构发生变化。[3] 损坏和毁灭在程度上存在差异,损害对货物的破坏要比毁灭轻,指经过修缮或处理后还能恢复和使用;而毁灭则表示一种不可修复的程度,或者修复的费用高于货物原本的价值,使修复失去意义,这种情况也可推定为毁灭。之所以需要对此进行区分,是因为在毁灭、遗失或损坏这三种情况下,承运人的赔偿数额不同。毁灭、遗失的情况下,承运人应当全额赔偿,但是在损坏的情况下,承运人只需对损坏的货物进行赔偿。如果货物运输延误,在还未确认是否遗失的情况下,承运人按照延误的规定进行赔偿。此外,1999 年《蒙特利尔公约》第 18 条所称"事件",除包括意外、不可预料的偶发情况外,也包括可预料、非偶然、非意外的情况,如承运人或其

---

[1] See Elmar Giemulla eds., *Montreal Covention*, Netherlands: Kluwer Law International, 2006, p. 7.

[2] See Paul B. Larsen eds., *Aviation Law: Cases, Laws and Related Sources*, London: Transnational Publishers, 2006, p. 556.

[3] See Elmar Giemulla eds., *Montreal Covention*, Netherlands: Kluwer Law International, 2006, p. 8.

受雇人、代理人的不当行为。

（二）免责事由

如果承运人可以证明货物毁灭、遗失、损坏是《蒙特利尔公约》第18条第2款所列的原因导致，承运人就无须负责。1999年《蒙特利尔公约》第18条第2款将《蒙特利尔第四号附加议定书》第4条中"仅仅"(solely)一词删除，并加上"在此范围内"。这种词语的更改调整表明了，1999年《蒙特利尔公约》对货物损害不要求完全是《蒙特利尔公约》第18条第2款所列四种情况所致，也就是说货物的损失部分为承运人自己过失所致，部分为《蒙特利尔公约》所举的四项免责事由所致，对于免责事由所致的损失，承运人可以免责。这就是1999年《蒙特利尔公约》中承运人对于货物损失的免责条款，有且仅有所列的这四种。这种修改相较于《蒙特利尔第四号附加议定书》来说，实际上是扩大了承运人的免责范围。[1] 在1999年《蒙特利尔公约》的起草过程中，也曾有代表提出增加第5种免责事由："托运人或收货人遵守国内或国际法的规定。"针对此观点有代表指出，这种情况已经被《蒙特利尔公约》第20条免责条款所包含，没必要再额外作出规定，这一观点得到了大多数代表的支持。这种责任原则，与无过错责任（或严格责任）比较相似。但这并不是完全的无过错责任，因为该公约所列举的四种免责事由均为承运人无过错的情况，所以它又有点类似于过错推定原则，但由于对免责事由的表示为列举而非概括，而且完全排除了不可抗力、劫机、意外事故等作为承运人的免责理由，由此来看它又比推定过错责任更为严格，这是为了使航空运

---

[1] See Paul Stephen Dempsey, *Aviation Liability Law*, 2nd ed., New York: LexisNexis, 2013, p. 699.

输公约与其他水(地)面运输公约保持一致。[1] 因此,准确来说承运人关于货物运输的归责原则,是介于无过错责任和推定过错责任间的责任。

通过分析1999年《蒙特利尔公约》第18条第2款所列的四种承运人免责事由不难发现,这四种事由所发生的货物的毁灭、遗失或者损坏皆和承运人无关。从这四种事由看来,它将导致货物损失的责任分为两种:第一种是由托运人、第三人引起的货物毁灭、遗失或者损坏,这种情况下同航空运输的正常运行无关,以货物固有缺陷为例,无论该批货物是否进行运输,它的瑕疵都是客观存在的;第二种是国家或政府行为引起的货物毁灭、遗失或者损坏,这种情况下,承运人及其受雇人、代理人无法预见,即使预见了也无法避免,所以理应免除其责任。以出入境管理为例,一般的出入境管理行为都是一个国家的海关按照该国法律实施,承运人没有权利对其进行干涉,所以造成的货物损灭承运人无须负责。

1. 货物固有缺陷、性质或瑕疵

货物的"固有缺陷"是指货物中隐藏的缺陷,[2]通常的、合理的注意或检查所不能发现的缺陷,且承运人从其外表上不可能发现此缺陷。[3] 例如,承运人对运输过程中的动物因为自发疾病造成的死亡、货物在运输途中自然蒸发渗漏、水果内部的腐烂、运输木料时木料内部发霉等。"性质"则是指货物的自然或正常品质。如一批空运货物,其中一包为陶瓷类的易碎品,发货人在托运单上正确地描述了包裹中货物的性质,但是在其负责填写的航空运单中,未注明该包裹

---

[1] See Paul Stephen Dempsey, *Aviation Liability Law*, 2nd ed., New York: LexisNexis, 2013, p. 696、698.

[2] 参见韩传华:《国际海事法》,鹭江出版社1987年版,第57页。

[3] 参见向明华主编:《海商法学》,厦门大学出版社2012年版,第73页。

中为易碎货物,在目的地,卸货操作人员不知晓该包裹中的货物性质,至交货时发现该批货物受损。[1] “瑕疵”则是指货物不能达到同类产品的一半标准,它并非指货物已经存在的缺陷,固有缺陷引发的货损是必然的,而瑕疵引发的货损存在偶然性,[2]如设备在正常运输中发生爆炸。

2. 承运人或其受雇人、代理人以外的人包装货物,货物包装不良

货物“包装”,是指对需加包装的货物进行包装。包装按包装材料及包装方法的不同,可分为箱装、捆包、桶装、袋装、瓶罐装、篓装、笼装、柜装、无容器包装。[3] “货物包装不良”是指包装货物的方式、强度或者状态不能承受货物装卸和运输过程中的正常风险。[4]《蒙特利尔公约》中所称的“包装”(packing),应是指货物的外包装,即运输货物时,将一件或者数件货物装入容器内,或以特定方式包扎的二次包装,如将箱装货物打包到木箱,将袋装货物进行捆绑装入纸箱等。这项工作一般由承运人完成,其目的是方便运输,对货物进行保护,如果由第三人完成包装工作,那么承运人可以免除责任。还应明确的是,承运人的“包装”不涉及货物的内部包装,内部包装一般由托运人完成,如果因为内部包装问题导致货物毁灭、遗失或者损坏,应视为货物的固有缺陷、质量或瑕疵所造成的损害。

3. 战争行为或武装冲突

这里的“战争行为”是指国家、国家集团、统治者、同一国的公民间运用武装部队或其他强力推行其国家政策造成的武装冲突和法律

---

〔1〕 参见牛鱼龙主编:《国际货代实务案例》,清华大学出版社 2008 年版,第 336 页。

〔2〕 参见吴旻:《论海上保险中的货物固有瑕疵》,载《商情》2009 年第 1 期。

〔3〕 参见姚会平主编:《物流法规与实务》,西南财经大学出版社 2017 年版,第 174 页。

〔4〕 参见向明华主编:《海商法学》,厦门大学出版社 2012 年版,第 73 页。

状态。[1] 国际法上严格意义的战争行为主体为国家、国家集团，不包含一国内部的武装冲突。而武装冲突可以有战争状态，也可以没有战争状态，没有战争状态的武装冲突主要是指武装敌对行为的事实。战争行为与武装冲突的区别在于，前者主体是国家，而后者主体不仅包括国家；战争是一种法律状态，武装冲突是一种事实状态。[2]

4. 公共当局实施的与货物出入境或过境的有关行为

一国的政府部门，所实施与货物入境、出境或者过境有关的行为。[3] 如海关的开箱检查行为、卫生检疫部门的卫生检查、商品检验部门对货物数量质量的检查等。

（三）关于解决争议的仲裁条款

关于损害赔偿的程序，1999 年《蒙特利尔公约》除了沿袭并修正《华沙公约》外，也有创设新的规定。损害赔偿请求权人除了可以提起诉讼外，对于货物运输，还可以利用仲裁规则来解决纠纷。所谓仲裁，就是将争议提交给中立的第三人裁决，从而排除对争议有管辖权的法院。国际商务的仲裁一般均交由专门仲裁机构进行，[4] 将争议提交仲裁的前提是双方有仲裁约定，仲裁机构所作出的裁决，除法律规定的情形外，有和法院判决相同的效力，具有强制执行力。

1999 年《蒙特利尔公约》第 34 条对仲裁的范围、仲裁协议的订立形式、仲裁程序的选择、仲裁对公约的适用、仲裁约定效力作出了规定，其中关于仲裁的适用范围、管辖、公约在仲裁中的强制适用性

---

〔1〕 参见李金荣主编：《国际法》，四川人民出版社 1989 年版，第 267 页。

〔2〕 参见李广民、欧斌主编：《国际法》，清华大学出版社 2006 年版，第 171 页。

〔3〕 See Elmar Giemulla ed., *Montreal Convention*, Netherlands: Kluwer Law International, 2006, p. 32 – 33.

〔4〕 也就是"机构仲裁"或"常设仲裁"（institutional arbitration）。

和仲裁约定效力为新增的规定。[1]

1. 仲裁的适用范围

1999年《蒙特利尔公约》第34条所规定的仲裁，只针对货物运输中承运人责任所引发的争议，其中包括货物毁灭、遗失、损坏或延误。关于旅客人身伤亡、延误、行李毁灭、遗失、损坏或延误所引发的争议不能适用该公约第34条。这是因为在一般的仲裁规定中，可以仲裁的范围仅限于关于财产的争议，和人身、身份有关的争议，不能由非国家机关的仲裁机构裁决。[2] 但是在实践中，某些国家允许仲裁的范围却很广，所以在1999年《蒙特利尔公约》起草时，便有代表主张关于承运人责任的所有争议，均可提交仲裁，但是此提议却遭到很多国家反对。因为在仲裁中，双方经济实力如果相差过大，将会对仲裁结果产生不利影响。旅客作为航空运输中的弱势群体，其经济实力、法律知识远不及承运人，如果允许将旅客人身伤亡提交仲裁机构，将会消耗大量的财力劳力，对旅客实属不公。但是在货物运输中，托运人往往是熟悉航空运输法规与商务仲裁流程的企业，其经济实力与法律知识能与承运人对等。

另外，想要将争议提交仲裁，应当以当事人之间达成仲裁约定或存在仲裁条款为前提，仲裁约定是指当事人关于仲裁所作的约定，它可以在争议发生前签订，也可以在争议发生后、仲裁前达成。[3] 而

---

〔1〕 其实《华沙公约》已有关于仲裁的规定，但仅于第32条后段规定："货物运输可以有仲裁条款，如果这种仲裁在第28条(1)款所规定的法院管辖地区进行。"

〔2〕 仲裁制度是基于私法自治原则而产生的私法纷争自主解决的制度，国家对于商务仲裁制度的角色，仅止于促进其健全发展，予以必要的司法协助(judicial assistance)与监督(supervision or control)或干涉(intervention)。参见林俊益：《法院在商务仲裁之角色》，台北，永然文化出版公司1996年版，第16~18页。

〔3〕 仲裁约定有两类，其一为解决现存争议，通常称为"提付仲裁"(submission to arbitration)；其二为对将来争议的约定，即当事人在其有关合同中加入一条款，规定如发生争议时，由仲裁解决，即称为"仲裁条款"(arbitration clause)，后者乃较常见的仲裁来源。

仲裁条款则是当事人签订的其他约定中所包含的有关仲裁的条款。[1] 仲裁约定和仲裁条款两者并无太大差异,它们都必须以书面形式订立,口头约定的仲裁无效。[2] 一般而言,仲裁约定和仲裁条款应载明请求仲裁的意思表示及仲裁事项,并选定仲裁机构。仲裁约定或仲裁条款就仲裁事项或仲裁机构未约定或约定不明的,当事人可以补充约定,如果未能补充,其仲裁约定或仲裁条款无效。

2. 仲裁管辖区

按照 1999 年《蒙特利尔公约》第 34 条第 2 款的规定,关于货物运输承运人责任仲裁的争议,只能在该公约第 33 条规定的管辖区内进行。也就是说应当由原告选择,在承运人的住所地、主要营业地、订立合同的营业地、目的地点的仲裁机构进行。这项规定是对仲裁管辖地点的限制,因此,仲裁约定或仲裁条款也只能选择在这四个地区的仲裁机构进行,且选择权在损害赔偿请求权人手中。

3.《蒙特利尔公约》在仲裁中的强制适用

根据 1999 年《蒙特利尔公约》第 34 条第 3 款可知,仲裁庭和仲裁员不能排除对公约的适用,也就表明了《蒙特利尔公约》具有强制性。此外仲裁员和仲裁庭也不能以不是 1999 年《蒙特利尔公约》缔约国为由,排除对该公约的适用。接着该条第 4 款表明,《蒙特利尔公约》第 34 条第 2 ~ 3 款应当成为仲裁条款或协议的一部分,也就表明了无论当事人的仲裁协议中是否包含该公约第 34 条第 2 ~ 3 款的内容,该内容均适用于仲裁,而且如果当事人仲裁协议或仲裁条款中的某些约定违反该公约第 34 条第 2 ~ 3 款,应视约定条款无效。例

[1] 参见赵相林主编:《中国国际私法立法问题研究》,中国政法大学出版社 2002 年版,第 454 页。

[2] 参见谭兵主编:《中国仲裁制度研究》,法律出版社 1995 年版,第 187 页。

如,当事人或仲裁庭根据仲裁协议选择其他准据法而排除《蒙特利尔公约》适用的条款应无效。

值得注意的是,根据一般仲裁规则,当事人就仲裁庭进行仲裁所应依据的程序法律适用达成协议,也就是说,只要当事人不违反法律的强行规定,可以自行协议选择仲裁程序的准据法,[1]可见,仲裁程序的双方当事人都有选择程序准据法的权利。而《蒙特利尔公约》第34条第2款规定"仲裁程序应当按照索赔人的选择",这里也就排除了承运人选择的权利,显而易见,这种倾向是对弱者利益的保护,在法律的价值上作出了选择。

二、货物运输承运人责任期间

1999年《蒙特利尔公约》第18条第3款将货物运输承运人责任期间定义为"货物处于承运人掌管之下的期间"。《华沙公约》第18条第2款、《危地马拉议定书》第5条第2款与《蒙特利尔第四号附加议定书》第4条第4款关于此的规定则为航空运输期间,托运行李或货物处于承运人掌管下的全部期间,无论是在机场内、航空器上或机场外降落的任何地点。通过对比分析发现,1999年《蒙特利尔公约》删掉了"机场内、航空器上或机场外降落的任何地点"这一判断要素,形成单要素的判断标准。《华沙公约》下的承运人责任期间需要同时具备两个要素标准,而1999年《蒙特利尔公约》只规定一个标准,这无疑是扩大了承运人责任期间的范围,更好地保护了托运人的利益。[2]

---

〔1〕 参见李旺:《国际民事诉讼法》,清华大学出版社2003年版,第258页。

〔2〕 参见肖永平、孙玉超:《论国际航空货物运输承运人责任期间》,载《现代法学》2008年第4期。

（一）货物处于承运人掌管之下

通过以上分析可以发现，《华沙公约》中的“掌管”是一种事实状态，它主要是考虑承运人对货物是否进行了实际控制。在删掉一个要素之后，1999 年《蒙特利尔公约》第 18 条第 3 款中规定的“掌管”是一个法律状态，只有承运人完成了交货的法律行为后，责任期间才算结束。[1]

1. 航空运输期间的起算点

承运人掌管货物的期间，一般是自承运人收受货物时起，至其将货物交付收货人时止的全部期间。一般而言，承运人在航空货运单上签字、盖章并将该份航空货运单交予托运人时，即为承运人收受货物的时间点，而自此时起航空运输期间即开始起算。如承运人在其机场外的货场内接受货物，办妥航空货运单相关手续，航空运输期间即起算。1999 年三井海上火灾保险诉日本航空公司案（Mitsui Marine & Fire Insurance *v.* Japan Airlines）中，原告主张由波士顿运至东京的电脑装备的损害，是发生在运输至纽约的甘乃迪机场的陆运期间，并非发生于航空运输期间。法院则认为货物在甘乃迪机场时已交付，且签字的货运单上也载明“良好状态”（good order and condition），于是驳回原告的主张。[2] 但是若出具航空货运单时，承运人或其代理人并未实际掌管货物，则航空运输期间应从实际掌管货物之时起算。

2. 航空运输期间的终止点

一般而言，货物交付收货人时，承运人航空运输合同的义务即已

---

〔1〕 参见肖永平、孙玉超：《论国际航空货物运输承运人责任期间》，载《现代法学》2008 年第 4 期。

〔2〕 See Blanca I. Rodriguez, R*ecent Development in Aviation Liability Law*, Journal of Air Law and Commerce, Vol. 66, p. 73 (2001).

履行完毕,航空运输期间自此终止。然而,“交付”的判断并不简单,在前文提到的爱马仕航空公司诉泛美航空公司案中,货物存储于私人保存仓库内,承运人无法自由拆封开启,所以并不是在承运人的掌管下。[1] 但是法国法院认为“如果所谓的交货是一种法律行为,且据此将风险与货物的掌管由承运人转移至收货人,则必伴以具体行为,也就是说需由收货人具体占有货物”。据此,承运人将货物存放于仓库,尚不构成所谓的交付,航空运输期间也未终止。美国法院在1973年所有运输公司诉西伯德世界航空公司案(Alltransport Inc. *v.* Seabord World Airlines)中,[2] 也主张掌管是“真实的掌管及控制”(actual custody and control),所采取的是“真实的掌管及交付”(physical custody and actual delivery)的概念,因此,仅将货物移交海关,尚不构成所谓的实质交付,货物仍在承运人掌管之下,不得以此推卸责任。

(二)联合运输的场合

如果将1999年《蒙特利尔公约》第18条第3款与第4款第一句结合,那么航空运输的期间就限制为承运人在实际航空运输期间和机场范围内对货物负责的期间。然而当代机场,特别是枢纽机场,可能是巨大的,因此机场内有越来越多的移动道路,在这种道路上的运输,可以适用1999年《蒙特利尔公约》关于承运人责任的运输制度。1999年《蒙特利尔公约》第18条第4款第一句话称,航空运输的周期不扩展到任何陆路运输、海运或内河运输过程。同样,在这一限制之后,《蒙特利尔公约》第18条第4款也包含这一规则的两个例外情

---

[1] See Diederiks-verschoor, *An Introduction to Air Law*, Netherlands: Kluwer Law International, 1997, p.76.

[2] See Tim Unmack, *Civil Aviation: Standards and Liabilities*, London: Informa Law, 1999, p.280.

况,在某些情况下,航空运输期间有可能超出实际航空运输和超出机场边界的例外情况。第一种例外情况由《蒙特利尔公约》第18条第4款的第二句话表明,这句话中"推定"的目的是使遭受损害或损失的一方免于承担证明损害是由发生在航空运输期间的事件造成的,而不是由发生在航空运输之前或之后的事件造成的,承运人在这种"推定"下可举反证推翻。[1] 本书认为,《蒙特利尔公约》规则适用范围的扩大受到三方面的限制:(1)运输应发生在履行航空运输合同时;(2)只有涉及机场以外的装载、交付和转运的运输才符合条件;(3)如果证明损害发生在其他地方,推定不生效。第二个例外情况规定于1999年《蒙特利尔公约》第18条第4款第三句话,为航空运输规则适用于"对合同不利的航空运输替代"提供了明确的基础,这就延长了航空运输的期限,从而扩大了该公约的适用范围。根据这句话,所有运输方式都被认为是通过航空来履行的。例如,航空货运单上约定该批货物全程由飞机运输,但因为某种原因,飞机运到一个地点未到达目的地之前,承运人未经托运人同意,用其他交通工具代替运输,在其他交通工具代替运输这段路程中,货物发生损坏,就可运用此规定。

三、货物运输承运人有限责任

承运人对货物的毁灭、遗失、损坏或延误的有限责任规定于《蒙特利尔公约》第22条第3款,为每公斤22特别提款权,[2]哪怕是承

---

[1] 《华沙公约》第18条第3款即已有相同规定,相关判决如Read-Rite Corp. *v.* Burlington Air Express, Ltd.案中,法院指出除非承运人能举出具体反证,证明损害确实发生于机场外的陆运期间,否则就应当负责。

[2] 2019年12月13日,国际民用航空组织根据《蒙特利尔公约》第24条进行复审,把责任限额提高到每公斤货物22特别提款权,2019年12月28日生效。

运人故意或过失，该有限责任也不能被突破。但是托运人可以通过特别声明利益并支付一定费用的方式，来突破此限额，这种情况下，承运人在托运人声明的限额内负责。而货物重量的计算方法，规定于该公约第22条第4款。

（一）货物毁灭、遗失、损坏或延误的责任限额

华沙体系下，各国对于承运人赔偿责任限额的设定一直持有不同意见，但是关于货物赔偿责任限额却从未修改。该限额最初源自《华沙公约》第22条，之后的修改中，除了将计算单位由法郎改为特别提款权外，其余从未发生改变。[1] 主要有两点原因：(1)货物运输合同双方一般为航空公司和公司法人，这两者从经济实力、专业知识上看，一般差距不大，这就和旅客运输不同，而且货运合同托运人可以通过特别声明的方式，另付费用，以此突破最高责任限额；(2)货物遗失和人的生命健康相比，后者明显更重要，所以学术界对于货物运输相关规则的关注度不高，不像旅客伤亡、航空保安、航权交换、航空环境等问题那样备受关注。与托运行李相同，关于货物运输也有关于特别声明利益的规定，且二者的内容大致一致。以下就几个特殊的问题予以阐述。

特别声明利益作为托运行李和货物运输中的商业惯例，几乎被所有承运人纳入其政策。特别声明利益提出的最晚时间是在办理登机手续前，且应到机场的承运人服务台申报，承运人可以检查特别声明利益的行李或者货物内容。在乔杜里诉新加坡航空案（Chowdhury

---

〔1〕《华沙公约》下的航空旅客运输规则在1999年《蒙特利尔公约》中获得极大的发展，但涉及航班延误、行李运输和货物运输的责任规则却未被触动。相比于旅客运输，《蒙特利尔公约》除了对其他类型的运输规则少量修订外，几乎与《华沙公约》没有太大区别。See Elmar Giemulla ed., *Montreal Convention*, Netherlands: Kluwer Law International, 2006, p. 22.

v. Singapore Airlines)中,美国地方法院裁定,托运人必须证明其已提出有效的特殊利益声明。承运人有责任为等于申报金额价值的货物(或托运行李)支付赔偿,即使这超过了正常责任限额,除非他能证明上述金额大于托运人在目的地交货的实际利益。特别声明利益的目的是突破托运行李和货物运输中承运人的责任限额,要件有二:(1)必须是以变更责任限额为目的。虽然1999年《蒙特利尔公约》第22条第2款或第3款并未规定特别声明利益的含义,但可以通过使用"特别声明"一词来确定声明的性质。该声明在维持托运人与承运人之间的利益平衡方面发挥着重要作用,因此,从运单中可以看出,其目的是提高承运人的赔偿责任限额。美国地方法院在尤尼登诉联邦快递案(Uniden *v.* Federal Express)中判决,特别利益声明仅在运单提供的指定空间内输入才有效,而在其他地方出现则无效。尽管根据特别利益声明而获得的信息通常被用于编制公共记录,但仅出于海关目的而作的价值声明并非提出特别利益声明。(2)特别声明的利益必须表现在航空货运单上,承运人知悉货物的实际价值,并不构成特别声明利益,需要在航空货运单上注明此声明利益才有效。1999年《蒙特利尔公约》第22条第2款和第3款表明了特别声明利益应为书面形式。因为《华沙公约》第36条规定该公约唯一作准文本是法文,其目的是实现"有关国际航空运输某些规则的统一"。形容词"特殊"的使用意味着声明必须以书面形式进行,因为如果可以通过口头声明,它就不是特别的。此外,《华沙公约》第3~5条规定的客票、行李票和航空货运单也必须为书面形式。《华沙公约》第26条第3款明确要求异议的提出为书面形式。显然声明应为书面形式,因为其目的是提高承运人的责任限额,它代表了一种额外的风险,承运人可能需要为此购买额外的保险。因此,为了法律上的确定

性,声明必须采用书面形式。虽然以上关于声明应为书面形式的意见是关于《华沙公约》的,但同样的考虑也适用于1999年《蒙特利尔公约》。

(二)关于确定承运人赔偿责任的货物重量的计算办法

关于确定承运人赔偿责任限额的货物重量的计算办法,规定于《蒙特利尔公约》第22条第4款。它规定在确定承运人的赔偿责任时,仅考虑有关包裹的总重量,除非在同一运输单据下运输的其他包裹的价值受到不利影响,此种情况下在计算应付赔偿金时也要考虑它们的总重量。1999年《蒙特利尔公约》第22条第4款在实践中很重要,因为现实中集装箱货物运输很普遍。然而,在计算损耗时,很难确定所涉及的物品是单件还是整件。考虑到1999年《蒙特利尔公约》第18条和第22条是为了补偿财产的实际损害而作出的规定,因此必须考虑以下因素:如果航空承运人必须赔偿整个货物的价值,则他可能必须支付购买货物包装的费用。但是此种情况下,如果包装并未发生损坏,而仅仅是内部物品部分损坏,承运人似乎没有理由为货物的总重量付费;而且在现实的货物运输中,货物通常不会失去其全部价值,损坏的部分可以通过更换或修理在合理的时间内恢复其完整性,这时候关键的考虑因素是货物是否保留其商业价值。

对于全部货物和部分货物的区分已由《海牙议定书》第11条提出,并随后由1999年《蒙特利尔公约》第22条第4款规定。根据美国判例法,计算货物损害赔偿时,不是计算集装箱的重量,而是计算单独运单发出的单个包裹的重量。因此,如果是托运的计算机硬件未损坏,承运人只对单个部件的损坏负责。

第二节　航空货物责任险的保险责任

实践中就算货主已经投保了货运保险，但很多情况下还需要向承运人追偿。而且保险公司在对货主支付了赔偿金之后还是要对承运人提出追偿的请求的。因此，承运人需要投保承运人责任保险。航空承运人承接国际货物运输时，可以通过伦敦保险市场购买国际航空货运保险而转移其风险。它涵盖了航空承运人在运输过程中的财产损失，该保险为货物从始发地到目的地的运输提供保障。在伦敦保险市场有两种形式的货物保险：货物责任保险、货物全险。航空货物责任保险（Aviation Cargo Liability Insurance），是指保险人应对被保险货物在运输途中的毁损、灭失或延误所造成的全部或者部分损失承担赔偿责任。这种保险一般没有标准保险单，伦敦保险市场是使用航空承运人货物责任及全险保险单，承保货物责任险与货物全险。[1] 货物责任保险的承保范围一般为一切险，以货物的损失价值为限，如经保险人同意，也可包括申诉减免的诉讼费用。至于延误责任如经保险人同意也可加费承保。[2]

承运人对国际货物运输的赔偿责任以 1999 年《蒙特利尔公约》为主要准则。该公约规定承运人对发生在航空运输期间的货物毁灭、遗失或损坏而产生的损失负有责任，赔偿的责任限额以每公斤 22 特别提款权为限，如果托运人特别声明货物价值，可以在声明范围内

---

〔1〕 See Rod D. Margo, *Recent development in aviation case law*, Journal of Air Law and Commerce, Vol. 52, No. 1, p. 14 – 21 (1986).

〔2〕 参见陈云中：《保险学》，台北，五南图书出版公司 1985 年版，第 155 页。

进行赔偿。

《华沙公约》变得碎片化的原因之一就是责任限额,虽然对于货物的责任限额并未作出修改,但在实践中托运人因为责任限额而无法求得全额赔偿的事件也引起了诸多争执。为了缓解这种矛盾,承运人在向保险公司购买货物责任险的同时,还可以通过签订预约保险单的方式投保航空货物保险。[1] 承运人货物责任险和航空货物保险的保险利益虽然不同,购买的主体也不一定相同,但是两种保险之间,仍然存在重复保险的问题。货物保险是财产保险的一种,根据其获得的赔偿不能超过财产价值。所以实践中,如果发生货损,原则上应由航空货物责任保险先赔,如有不足部分方由航空货物保险补足。

一、航空货物责任险合同内容

货物运输量大的航空公司,适用航空承运人责任险及全险保单;货运量小的航空公司,适用航空标准责任险保单,在该保单中增加货物责任险部分。目前保险市场上并没有统一的货物责任保险单,一般都由保险经纪人撰写然后附加在保险单上。

(一)承保范围

1. 接受运输

根据1999年《蒙特利尔公约》可知,旅客和托运行李自办理登机时,航空公司的责任期间就开始,保险责任也从此时开始;货物运输中,承运人责任期间从签发航空货运单时开始,保险责任同理。航空公司承担货运时一般不和托运人直接接触,实践中是由货运代理人

---

〔1〕 预约保险单(Open Cover or Open Policy)是以预约方式一次承保未来多批货物的保险单。参见罗伟、傅宁:《国际贸易法》,鹭江出版社1987年版,第223页。

来处理相关的货运事项。货运代理人可以代理承运人,也可以代理托运人,有的也兼营两方的业务,他是作为托运人和承运人的中间人身份存在。如果货运代理人代理的是托运人业务,那么他会代理托运人与航空承运人签署货物运输合同;如果货运代理人代理的是航空公司业务,那么他会代表航空公司签发航空货运单,并且告知托运人航空公司的责任限额,如托运人在发生货损时想超过责任限额获赔,则可以提出特别声明利益或购买货物全险。

2. 实质损失

实务中,“实质损失”一词,包括非实质的装卸费用在内。航空公司对于托运货物及行李,通常利用运输合同条款来约定不赔偿延误的损失,但如果适用 1999 年《蒙特利尔公约》,就需要对延误进行赔偿。对于邮件运输,承运人仅在邮件毁损或灭失的情况下负赔偿责任,至于延误的损失则不在赔偿的范围,邮局对寄件人并不负递送延误所致损失的责任。

3. 报值货物及行李

所谓报值货物及行李,就是《华沙公约》和 1999 年《蒙特利尔公约》中的特别声明利益。航空货运单上会有一栏为“报值托运”,如果记载的为“没有申报任何价值”(no value is declared),那么承运人的赔偿责任就以《华沙公约》或 1999 年《蒙特利尔公约》规定的金额为限。如果进行了报值,那么“报值托运”一栏就会记载“申报的关税价值”(declared value for cariage),[1] 承运人责任就以报值为限。实践中对于托运行李很少有旅客会进行报值,但是对于航空货物运输,报值则是常态。

---

[1] 参见张秘主编:《国际贸易 · 金融大辞典》,济南出版社 1990 年版,第 235 页。

(二)除外不保事项

所谓除外不保事项,一个典型的假定责任排除条款是:“本政策不适用……在保险A(责任)项下,对任何被保险人在任何合同或协议下承担的责任……”该免责条款的基本目的是将保险人的责任限制在保险合同基础风险范围外。货物责任保险没有专门的不保危险,只有各险共同适用的不保危险,以下将航空保险一般不保事项进行罗列:

1. 噪声、污染和其他危险除外条款

伦敦保险市场的保险标准合同(AVN 46B)中规定了除外条款,本保险不承保因以下原因直接或间接引起的索赔:(1)噪声(无论人耳是否听得见)、振动、音爆及与之相关的任何现象;(2)污染,包括任何种类的污染;(3)电子和电磁干扰;(4)对飞机使用的干扰,除非上述噪声、污染或干扰是由坠毁、火灾、爆炸、碰撞或记录在案的导致飞机非正常运行的飞行紧急情况引起或导致的。

2. 损失是因非计划表上的驾驶员驾驶被保险航空器所致

飞机保险的所有保单限制责任范围包括,飞行中的飞机是由不符合保险合同中规定的飞行员操作。飞行员资格要求是为满足被保险人的需要而量身定制的。一般来说,被允许驾驶飞机的飞行员人数越多,保险公司面临的损失风险就越大。被批准的飞行员的飞行经验越低,损失的可能就越大,保费必须进行相应调整。一般的保险条款对飞行员的要求是:(1)持有有效的飞行员资格证和医疗证明;(2)通过两年一次的飞行审查;(3)运载乘客,在前90天内在与被保险飞机相同的飞机上至少完成了三次起飞和降落。与其他条款一样,该免责条款的目的是允许保险人在保单订立时评估其风险,并收取适当的保费。只允许一名指定人员驾驶飞机的保单,可以让保险公司根据这名飞行员的资格和经验确定其风险。另外,如果被保险人希望获得开放飞行员保险,允许任何具有指定最低飞行小时数的人驾驶飞机,所应付出保险费必须反映增加的损失可能。

例如,在本顿套管服务公司诉阿文科保险公司案(Benton Casing Service, Inc. *v.* Avemco Insurance Co.)中,本顿为一架塞斯纳185水上飞机投保,并任命他们的员工山姆·惠特利为唯一的飞行员。比利·柯克帕特里克后来也作为一名飞行员被加入保险单。事故发生在飞机起飞时,当时飞机由哈里·罗斯(Harry Roth)操作,他的名字不在保单的飞行员名单中。上诉法院推翻了下级法院的判决,支持保险人:“我们很清楚,路易斯安那州的一般规则是,保险单是被保险人和保险人之间的合同,因此,就像所有合同一样,它是当事人之间的法律。如果政策清晰明了,没有歧义,就必须按书面规定执行。”

3. 航空战争、劫持和其他风险除外条款

在伦敦保险市场的保险标准合同(AVN 48B)中规定了该除外条款,本保险不负责由下列原因引起的索赔:(1)战争、入侵、外敌入侵、敌对行动(无论宣战与否)、内战、叛乱、革命、起义、戒严法、军事政权或篡权企图;(2)任何战争中使用原子或核裂变和/或聚变或其他类似反应或放射性力量或物质,恶意引爆任何战争武器;(3)罢工、暴动、内乱或劳工骚乱;(4)一人或多人,无论是否为主权国家的代理人,为政治或恐怖主义目的所作的任何行为,无论由此造成的损失或损害是意外还是故意;(5)任何恶意行为或破坏行为;(6)由任何政府、公共当局或地方当局根据其命令没收、国有化、扣押、限制、拘留、挪用、征用所有权或使用;(7)未经被保险人同意,飞机上的任何人员劫持或非法扣押或对飞行中的飞机或机组人员的任何不当控制(包括任何扣押或控制的企图)。此外,本保险单不承保因上述任何一种危险而导致被保险人无法控制飞机时所发生的索赔。

4. 核风险除外条款

航空保险的标准合同(AVN 38B)规定了核风险的除外条款，该条款规定了核风险下一系列的除外情况：(1)任何爆炸性核装置或其核部件的放射性、毒性、爆炸性或其他危害特性；(2)在作为货物运输的过程中，包括储存或处理附带的任何其他放射性物质的放射性特性，或其放射性特性与有毒、爆炸或其他危险特性的组合；(3)任何其他放射源的电离辐射或放射性污染，或任何其他放射源的有毒、爆炸性或其他危险性质。

二、航空货物责任险的投保方式

在航空货运的实践中，承运人通过缴纳一定保费向保险公司投保航空货物责任险。因为没有标准的航空货物责任保险单，所以投保方式一般是在标准航空保险单上批单，或者依前文所述的投保"航空货物承运人责任及货物一切险保险单"，把货物责任险和一切险混合起来投保，当发生货损时，原则上货物责任险先行理赔，不足部分再由一切险补足。

(一)标准航空保险单加保货物责任险的方式

劳合社的航空标准保险单 AVN 1C 中并不单独承保航空货物责任险，所以在伦敦劳合社的保险市场上，没有标准的货物责任险保单，一般都是由保险经纪人通过批单的形式，将货物责任险的相关条款，加在 AVN 1C 保单中。在正式保单中，将承保人承保的货物责任险条款列为保单内容之一。承保条款一般表述为："被保险人接受运输的货物或邮件，包括法律限额的保值货物及行李在内，因实质损失或延误依法应负赔偿责任，需要赔偿损失(包括对被保险人裁定的诉讼费用在内),本保险人对被保险人负赔偿之责。”通过分析承保条款可知,航空货物责任险的保险期间为:自航空承运人或其航空货物承揽人完成空运提单签发开始至送达为止。而航空货物责任险的费率计算方式通常有两种:(1)按照运输货物运费的百分比收费。具体操作方式为先按照预计运费收入计算预付保险费,等到保险期满后,再按照实际运费收入来进行调整。(2)按照预计运费收入计算一个固定的保险费,等到保险期满后,保费不再进行调整。实践中,货运量大的航空公司多采用第一种方式,而货运量小的航空公司多采用第二种方式。

目前,国际上各家航空公司大多都投保混合单一保险金额(Combined Single Limit, CSL),所谓混合单一保险金额是指保险单的一项规定,将索赔的所有部分的保险范围限制在单一的金额。一个混合单一保险政策有一个最大的金额,涵盖任何伤害或财产损害的事件组合。一个合并的单一限额也可以用于在一个事件中覆盖一人以上的索赔。例如,保单可能声明,保险公司将为一次索赔支付最多“x”金额;无论索赔的所有组成部分是否与一个人的伤害有关,或者索赔是否代表第三个受害方,无论哪种方式,合并的单一限额都是按规定的金额数计算出来的,也就是说这一限额覆盖了所有涉及事故或索赔的人,这意味着最大保险金额将在涉及的人之间分摊。

混合单一保险政策有几个明显的优势,特别是对航空承运人这种拥有大量资产的人。例如,在资产面临风险的情况下,人们通常会额外投保责任保险。然而,混合单一保险政策实际上消除了额外保险的需要,因为只有一个“责任”用于事故索赔,保险承运人能够根据需要分割整个限额。[1] 例如,如果事故造成的财产损失数额很高,但人身伤害很少,大部分索赔将专门用于财产损失索赔支付。

(二)航空货物承运人责任及货物一切险的方式

航空货物承运人责任及货物一切险保险单(Airline Freight Legal Liability and All Risk Policy, LPO359A)的内容包括货物责任险、货物一切险、一般事项和保费 4 个组成部分。

航空货物承运人责任险部分包括保险范围、保险期间、金法郎的定义、航空保险的标准合同(AVN 44)、相互修订条款(航空责任)、诉讼费用可一并承保、自负额、除外条款。

一切险是对货物承保范围最广泛、最全面的一种保险,它可以自动承保合同中未明确排除的任何风险的保险。根据保单条款、条件和除外责任,一切险为普通商品投保由任何外部原因造成的有形损失或损坏的风险承保。[2] 货物按其价值投保,不考虑重量或件数。因为一切险是最全面的承保范围,保护被保险人免受更多的可能的损失,它的定价比其他类型的保险高。因此,这类保险的费用应根据索赔的可能性来衡量。一切险保单承保的条件是财产的实际损失或损坏。[3] 在举证责任转移到保险人之前,被保险人必须证明实际损害或损失已经发生,保险人则必须证明除外责任不适用于承保范围。例如,一个小企业经历了停电可能会提交索赔的损失。保险公司可能拒绝索赔,声称公司仅仅因财产使用损失而遭受收入损失,这与财

〔1〕 See Cars Direct, *Advantages and Disadvantages of Single Limit Liability*, CarDirect(Mar. 11, 2020), https://www. carsdirect. com/car-insurance/advantages-and-disadvantages-of-single-limit-liability。

〔2〕 参见林俐、鲁丹萍等编著:《国际贸易实务》,清华大学出版社 2006 年版,第 61 页。

〔3〕 参见逯宇铎、黄飞雪等编著:《国际贸易》,清华大学出版社、北京交通大学出版社 2006 年版,第 280 页。

产的实际损失不是一回事。

在同一份保险单中可以有责任险和一切险。例如，一个被保险承运人可能有一份财产保险单，其中包括货物运输全险和其他个人财产的指定风险。值得注意的是，保险单被称为一切险并不意味着它涵盖一切险，因为排除条款缩小了保险范围。

三、航空货物责任险的索赔

（一）索赔的程序

当货物在航空运输期间发生毁灭、遗失、损坏或延误时，航空货物承运人应负赔偿责任，有赔偿请求权的人可以直接向承运人索赔，倘若该损失属于保险人承保的事故范围，保险人应补偿被保险人因货物毁灭、遗失、损坏或延误依法应负的赔偿责任。实践中若发生货物毁灭、遗失、损坏或延误的情况时，托运人或收货人在向承运人行使损害赔偿权之前，需要采取一些措施自保：

1. 损失通知。当被保险人获悉或发现保险货物遭损，应马上通知保险人，以便保险人检验损失，提出施救意见，确定保险责任，核查发货人或承运人责任。延迟通知会耽误保险人进行有关工作，引起异议，影响索赔。

2. 提出初步索赔。必须根据适用的法律在运输合同规定的时间内书面提出索赔，即使还没有损失或损害的确切价值或证明文件，在这种情况下，可以先提交一份初步索赔，以避免超过索赔时效。

3. 采取合理措施施救。保险货物受损后，被保险人应该对受损货物采取措施，防止损失扩大。特别是对受损货物，被保险人仍须协助保险人进行转售、修理或改变用途等工作。因为相对于保险人而言，被保险人对于货物的性能、用途更加熟悉，因此，原则上残货应由被保险人处理。

4. 备全必要的索赔单证。包括保单或保险凭证正本、运输合同、运单和邮单、发票、装箱单、向承运人或有责任方请求赔偿的书面文件、检验报告、海事报告摘录、货损货差证明、索赔清单等。

5. 应当在异议期限内对承运人发出书面的异议通知。《华沙公约》和 1999 年《蒙特利尔公约》对货物运输的毁损都规定了相关异议期,在异议期限内应该通过书面形式发出通知,保险人在承保的危险事故发生时,依其承保的责任范围,对被保险人负有赔偿义务。

(二) 应准备的文件

货物部分毁损或整件灭失时,索赔人在交还航空货运单前,应向承运人取得"航空货损报告"(damage report),以便向承运人求偿。该文件须经承运人盖章签字才有效。[1] 索赔人通常于索赔时应备全下列文件。

1. 保险证明

保险证明是索赔时不可或缺的文件,保险人在签发保险单时,一般签发一式三份,即正本、副本、第三份(Original, Duplicate and Triplicate)三张正本。但保险人会要求被保险人在索赔时提供第一正本,倘若第一正本遗失,而使用第二正本或第三正本索赔时,则保险人为避免被保险人重复索赔而要求其签署切结书。

2. 航空货运单

航空货运单的填写责任人是托运人,[2] 承运人以此确认收到待装运的货物。它还规定了运输条件、标志、装运货物的数量和质量。

---

[1] 参见刘振铎、易伦主编:《国际贸易实务》,中国财政经济出版社 2014 年版,第 225 页。

[2] 参见仲岩主编:《国际物流与货运代理》,河南科学技术出版社 2015 年版,第 161 页。

如果货物损坏或包装不足,在运输前,货运单会注明缺陷。

3. 商业发票

这份文件包含了出售货物的详细描述,并作为价值证据。它使理算员能够识别实际托运货物与保险货物。商业发票还提供了计算部分损失索赔所需的数量和价格。

4. 装箱单

装箱单提供了每件包装或纸箱的准确内容,并显示重量和信息,这对索赔人向保险公司索赔和代位求偿是有用的。

5. 公证报告

所有货物保险单载有当发生损失时在何处申请公证的说明,通常申请公证是向卸货港的劳合社代理人或直接向保险公司申请,由保险公司指定检验人员处理损失。当运输的货物价值较高时,通常由收货人、保险人和承运人的代理人共同进行公证。

公证所收取的费用将由通知公证的一方承担。鉴定人不可能是所有商品的专家,可能需要为某些情况指定一名专家,他还可能需要考虑有关损失发生区域的特殊问题,以确保不发生延误和进一步恶化。他们还协助打捞或修复工程,并在必要时销售受损的货物。

为了使货物检验员的报告有用,它必须不损害或偏袒任何一方的利益,并且必须包含说服力和必要的信息,以帮助货物损失理算员得出公平的结果。此外,该报告应能查明和确定损失实际发生的地区或地点,以便保险人知道他应如何追求其代位求偿权。

第三节　多式联运下的航空货物责任保险

一、多式联运经营人责任认定形式

现在人们普遍认为,多式联运在国际贸易和商业中发挥着关键作用,但它的责任制度是不确定和不可预测的。健全的赔偿责任制度对于确保和促进这种运输方式的发展至关重要。在国际贸易中,货物的运输方式多种多样:水路、陆路、空运,但这些并不是运输货物的唯一方式,越来越多的货物通过两种或两种以上运输方式来运输,这就是人们所熟知的多式联运。[1]

我国法律关于承运人运输责任的规定,见诸民法、公路法、铁路法、海商法及民用航空法,其中民法是普通法,公路法、铁路法、海商法及民用航空法就运输方式而言为特别法,特别法应该优先于普通法适用。

(一)我国法律关于承运人责任的规定

《中华人民共和国民法典》(以下简称《民法典》)已由中华人民共和国第十三届全国人民代表大会第三次会议于 2020 年 5 月 28 日通过,自 2021 年 1 月 1 日起实施。其中关于运输合同规定于《民法典》"合同编"第十九章,其中运输过程中货物毁损、灭失的责任承担规定于第 832 条。但是,承运人证明货物的损毁、灭失是因不可抗力、货物本身的自然性质或者合理损耗以及托运人、收货人的过错造成的,不承担赔偿责任。从该法条可知,我国《民法典》关于承运人责

---

[1] 参见逯宇铎、黄飞雪等编著:《国际贸易》(修订版),清华大学出版社、北京交通大学出版社 2006 年版,第 250 页。

任，采用无过错责任原则。换言之，承运人对于货物的损毁、灭失应负责任，但如果存在法条中但书规定的三种情况，就可免除承运人责任，对于但书规定的三种情况的举证责任在承运人一方。

1. 公路运输

《中华人民共和国汽车货物运输规则》（以下简称《汽车货规》）2016年被交通运输部废止后，我国关于公路运输的承运人责任由《中华人民共和国合同法》调整，《民法典》开始实施后，由《民法典》第832条调整。之前《汽车货规》关于承运人货物运输的责任规定于第68条，该条规定承运人对货物运输期间造成的货物毁损或灭失承担赔偿责任，责任期间除了在途以外，还包括站、场的存放期间，免责事由有7条。所以从该法条规定可知，我国汽车货物运输的承运人承担无过错责任，但是如果存在但书规定的7种情况，经承运人举证后，则可免除责任。根据前文分析，《民法典》中调整公路运输承运人责任的第832条属于运输合同中的一般调整规则，也为无过错责任。

2. 铁路运输

关于铁路货物运输的承运人责任，规定于《中华人民共和国铁路法》（以下简称《铁路法》）第17条，该条规定了铁路货物运输承运人的归责原则、责任期间、承担赔偿的责任限额；《铁路法》第18条规定了铁路货物运输承运人的免责事由，有三项：不可抗力、货物自然属性或合理损耗、托运人或收货人过错。通过分析以上法条可知，我国铁路货物运输承运人责任采用的无过错责任。

3. 海运

海运承运人的归责原则规定于《中华人民共和国海商法》第51条。通过对该条文的分析可知，海运承运人的归责原则为过错推定原则，即法律先认定承运人有过错，承运人可以通过举证方式证明海运货物发生损毁的原因是由该法条规定的12种事由造成的，但是如果是因为火灾，则承运人不负举证责任。

4. 空运

我国关于航空承运人的归责原则，规定于《民用航空法》第125条。通过分析该条规定可知，我国航空承运人在承担航空货物运输时，适用的归责原则为无过错责任原则。第125条但书规定了承运人免责的4种情况。

（二）国际公约关于承运人责任的规定

国际公约规范单式运输，称为国际单式运输公约。现有公路、铁路、海路、航空分述如下。

1. 国际公路货物运输公约

依照1956年《国际公路货物运输合同公约》第17、18条的规定，[1]承运人负严格责任，[2]承运人必须证明损毁、灭失不可避免，才可以免责。换言之，货物的损毁或者灭失是因：(1)不可避免的事故（an unavoidable occurrence）；(2)可归责于申请人（the claimant）的故意或者过失的事由，特别是货物的短少、未包装或包装不当；(3)使用敞篷式货车运输（the use of open vehicles）；(4)托运人或收货人装货、卸货、储藏等行为；(5)货物的性质；(6)标志不足等导致货物发生毁损灭失，承运人不负责任。

---

[1] Convention on the Contract for the International Carriage of Goods by Road（CMR）19. May, 1956, and Protocol, 5 July 1978。《国际公路货物运输合同公约》适用于以机动车、拖挂车、拖车和半拖车运输，且合同锁定的托运地（the place of taking over the goods）与目的地（the place designed for delivery）分别坐落在不同国家，该不同国家中至少有一国为该公约的签约国。又若货物的损毁、灭失非由于公路承运人所引起，或虽由于公路承运人所引起，但是其运输工具并非机动车、拖挂车、拖车和半拖车，仍不适用该公约的约定。

[2] See David Holloway eds., *The Law and Practice of International Trade*, London: Sweet & Maxwell, 1990, p. 639 - 640.

2. 国际货物铁路运输公约

规范国际货物运输的公约有两个：1970 年《国际铁路货物运输公约》，该公约规定铁路承运人采取严格责任，[1] 该公约经 1980 年《国际铁路货物运输公约》加以修正，仍采用严格责任。《国际铁路货物运输公约》适用于非社会主义国家。1951 年《国际货物铁路运输公约》，在社会主义国家间适用，规定承运人负一般过错责任（fault liability）。

3.《海牙规则》等

《海牙规则》以及 1968 年《布鲁塞尔议定书》（以下简称《维斯比规则》）均采用过错责任原则中的过错推定责任（fault liability-presumed）。此责任制度为 1978 年《联合国海上货物运输公约》（以下简称《汉堡规则》）、1980 年《联合国国际货物多式联运公约》所承袭。

4. 1999 年《蒙特利尔公约》

此归责原则已于本章节第一节详细论述。

综合本节以上说明，可以将我国国内法及有关国际单式公约的责任基础列表，见表 4－1：

表 4－1　中国国内法及国际公约归责原则

国内或国际	运输方式	法律或公约	归责原则
中国	一般运输	《民法典》	无过错责任
	公路运输	《民法典》	无过错责任
	铁路运输	《铁路法》	无过错责任
	海上运输	《海商法》	过错推定责任
	航空运输	《民用航空法》	无过错责任

[1] 该公约所订严格责任，承运人主张的免责事由，基本上与 1956 年《国际公路货物运输合同公约》第 17 条以及第 18 条规定相同，但用语稍有差异。

续表

<table>
<tr><th>国内或国际</th><th>运输方式</th><th>法律或公约</th><th>归责原则</th></tr>
<tr><td rowspan="7">国际公约</td><td>公路运输</td><td>《国际公路货物运输合同公约》</td><td>无过错责任</td></tr>
<tr><td>铁路运输</td><td>1980 年《国际铁路货物运输公约》</td><td>无过错责任</td></tr>
<tr><td rowspan="3">海上运输</td><td>《海牙规则》</td><td>过错推定责任</td></tr>
<tr><td>《维斯比规则》</td><td>过错推定责任</td></tr>
<tr><td>《汉堡规则》</td><td>过错推定责任</td></tr>
<tr><td rowspan="2">航空运输</td><td>《华沙公约》</td><td>过错推定责任</td></tr>
<tr><td>《蒙特利尔公约》</td><td>无过错责任</td></tr>
</table>

由于通过两种或两种以上不同运输方式的集装箱货物国际运输业的显著增长,实施规范这种特殊类型运输方式的国际规则的实际重要性得到了强烈的关注。为管理多式联运而制定一套统一的国际规则的努力可以追溯到 20 世纪 60 年代,但迄今为止只取得了一定的成功。第一个取得成果的国际法律文书是 1980 年的《联合国国际货物多式联运公约》。大约 30 年后,国际社会又制定了另一项国际文书,试图规范国际多式联运,但这一次只是在有限的范围内,该规则是联合国大会于 2008 年 12 月通过的《联合国全程或部分海上国际货物运输合同公约》(以下简称《鹿特丹规则》)。但《鹿特丹规则》不具备成为成熟的多式联运制度的资格,它的设计仅适用于有限范围的多式联运运输业务,如其中第 1 条第 1 款中定义的海运和任何其他运输方式的货物运输合同,所以《鹿特丹规则》的命运也具有不确定性,因为它仍没有达到该公约第 94 条所规定的生效要求,而且目前看来短时间内也很难达到。

《联合国国际货物多式联运公约》未能获得足够的支持,《鹿特丹规则》前途未定,这使在多式联运作业过程中发生的货物毁灭、损坏或交付延误的情况下适用的责任规则成为悬而未决的问题。而且,通过以上分析可知,多年来一个相当复杂和支离破碎的法律框架填补了由于缺乏国际接受的跨国多式联运规则而留下的空白,但这不仅不能解决问题,反而会使问题复杂化。[1]

二、不同运输模式下的承运人责任保险

单式联运承运人责任保险是否足以涵盖多式联运承运人的责任,应简要概述目前存在的保险范围。

(一)海上运输责任保险

海上保险是发展最早、最完善的一种保险。它基本上已经成为其他运输保险的一个典范。在海事领域,P&I 和 TT 协会在提供承运人责任保险方面发挥着重要作用。

P&I 是"保护和赔偿"的缩写。它是一种关于船舶所有权或作为货主经营船舶所产生的第三方责任和费用的保险。海上保险单通常包括被保险人对第三者责任的 3/4,为了让船东为剩下的 1/4 的责任找到保险,保赔协会开始发挥作用。保赔俱乐部是一种相互保险制度,它将弥补第三方保险的不足。它仅用于支付被保险人在抗辩索赔时的费用,不用于被保险人向第三方索赔时的费用。由于保赔协会只为自己的会员服务,而这些会员只能是船东、船舶经营者或转租的承租人,因此它作为货物多式联运保险公司的作用相当有限。提供多式联运服务的保赔俱乐部成员是否可以为整个多式联运投保,取决于俱乐部规则。然而,保赔协会的成员可以

---

[1] The Odora Nikaki, *Bringing Multimodal Transport Law into the New Century: Is the Uniform Liability System the Way Forward*, Journal of Air Law and Commerce, Vol. 78, p. 70 – 71 (2013).

通过提单投保责任保险。即使注册船舶没有履行运输义务,俱乐部也应承担货物的责任。但是,管理人员也可以禁止船东将其责任保险范围扩大到由注册船舶以外的其他运输方式造成的货物损失或损坏。

TT 代表“联运”。TT 俱乐部专门为多式联运运营商、无船承运人、货运代理、物流运营商、海上码头、装卸工人、港口当局和船舶运营商提供责任和设备保险,涵盖:(1)货物灭失或者损坏的责任;(2)遗漏的责任;(3)第三方责任;(4)违反规定,包括海关、污染和工作安全的罚款;(5)调查、辩护、处理的费用。

TT 俱乐部是 P&I 俱乐部的补充保险。提供多式联运服务的船东应向 P&I 俱乐部申请传统责任保险,保赔俱乐部不能投保的,由 TT 俱乐部投保。TT 俱乐部还为被保险人的财产(集装箱)提供保护。P&I 俱乐部和 TT 俱乐部有一个共同之处,那就是“综合规则”。该规则规定,对于未明确提及或排除的所有损失,有权酌情赔偿成员的损失。

(二)航空运输责任保险

1999 年《蒙特利尔公约》规定缔约国有义务要求其承运人为该公约规定的责任投保。航空承运人责任保险也是欧盟的重要规定,关于航空承运人和航空经营商的保险规定于《欧洲议会和理事会关于航空公司和飞机运营商保险要求》(第 785/2004 号规例)。

航空运输保险包括由航空货运单引起的责任,通常体现为被保险人获得的赔偿金额。《华沙公约》和 1999 年《蒙特利尔公约》规定,承运人对在航空运输期间发生的货物毁灭、遗失、损坏或延误负有责任。保险的范围不应超过航空货运单和公约规定的范围。

(三)公路运输责任保险

公路承运人的责任保险受《国际公路货物运输合同公约》调整,

其中有关于承运人责任、责任限制和免除理由的具体规定。该公约对承运人的责任作出了限制,且政策被反复更新,在多式联运的情况下,在以其他运输方式运输的过程中也提供保险,但是原则上仅在公路车辆与货物一起通过海上、铁路、航空或内陆水路运输的情况下提供保险。

(四)铁路运输责任保险

铁路承运人的责任保险,只包括运输合同中规定的损害赔偿,如果承运人是负责运输的一方。铁路运输责任保险受《国际铁路货物运输公约》管辖。作为公共企业,大多数铁路公司通常不投保。在这种情况下,由所在国家提供保证。[1]

三、多式联运责任保险

多式联运是当今国际贸易中不可分割的一部分。随着这一概念的蓬勃发展,提供这类综合服务的公司也越来越多。多式联运的显著特点是:(1)货物从出发国到目的国的国际运输;(2)使用一种以上的运输方式来运输货物;(3)涵盖整个运输链的单一全程运输,无论所使用的运输方式的数量或性质如何;(4)一个单一的直达运输费用为整个运输收费;(5)一个人承担整个操作的全部责任。多式联运的重点不在于货物的实际装卸,而在于运输的管理和责任,总体目标是降低成本,加快运输速度。[2] 根据前文分析可以得知,如果货物被损坏、丢失或延迟交付,多式联运承运人将承担主要责任。然而,在这种情况下必须遵守哪些责任规则并不总是很清楚。由于缺乏统

---

〔1〕 See R. zelenika, *Multimodal Transport Operator Liability Insurance Modal*, Promet-Traffic and Transportation, Vol. 23, No. 1, p. 28 (2011).

〔2〕 See Jejurikar Usha, *The Multimodal Transport Operators: with Emphasis on the Shipping Company in the Role*, World Maritime University Dissertations, p. 7 (1996).

一的国际法律框架,多式联运承运人面临着一大堆立法,给承运人带来了不确定性和不可预测性。目前的法律框架包括国家立法和国际单式运输公约,这些国内法和国际公约规定了不同的责任规则。特别是在"非本地化损失"的情况下,很难确定适用哪些规则确定承运人的责任。

作为解决办法,联合国贸易和发展会议(United Nations Conference on Trade and Development, UNCTAD)提出了三个可能的基本制度:一个统一的网格制度、一个统一的综合制度和一个具有其他两个制度特点的适应制度。在此基础上,国际社会试图建立一个统一的多边制度,但目前没有实质性的进展和结果。由于缺乏批准,最近的《鹿特丹规则》可能无法生效。多式联运缔约方受到了负面影响。保险业依赖于明确的国际立法政策,作为制定保险单的基础。一个简化的制度将减少单独保险和补充保险的需要,并减少运输总费用。

多式联运是有价格的运输方式,而且,在运输过程中出问题的风险比用单一的运输方式运输要高得多。因此,国际公约通过提供明确的责任制度、赔偿责任限额和承运人的免责条款来限制承运人的责任。一般情况下,多式联运承运人应当对下列风险提供财务保护:(1)对货物的灭失或损坏、延误或因故意或疏忽造成客户经济损失的责任;(2)对第三者的死亡、人身伤害、财产损害等的责任;(3)对海关的责任;(4)律师、验船师处理受损货物、为受污染货物消毒的费用。所以,当托运人就货物的毁灭、损坏或延误向承运人提出索赔时,承运人通常无法应付这些索赔的费用。因此,多式联运承运人应经常利用保险公司的服务来分散他的风险责任。保险是一种法律行为,在保险合同规定的风险范围内,保险人对被保险人的一切损失承担全部责任。被保险人有义务支付保险费用。保险范围可以是选择性的,也可以是合同或法律规定的。

多式联运的货物运输可以用不同的组织方式进行运输。多式联运承运人可以使用自己的运输工具履行运输合同,也可以选择由其他承运人履行运输合同(分包运输)。后者通常在实践中被选择,因为承运人往往不具备执行货物多式联运所需的所有运输手段。承运人还可以选择自己不履行运输合同的任何部分,但与其他承运人签订合同,以履行整个多式联运业务。多式联运承运人必须根据所使用的每种运输方式单独投保责任吗?或者他可以将整个运输操作的责任保险购买在一份保险下吗?保险公司是否准备承保整个多式联运而不是特定的单式联运?关于货物多式联运的现行保险单概述如下。

(一)承运人与保险人之间的关系

保险经纪人通常是被保险人的代理人,负责制定保险政策,但由保险人支付费用。他是保险中介人,作为保险人和被保险人之间的中间人。他通常不被委托拥有或控制货物或所有权文件。保险经纪人有别于代理人,因为后者代表他的客户,也就是保险人行事。代理人代表受雇的保险公司,而经纪人却没有受雇于保险公司。

保险经纪人对被保险人支付的保险费亲自和全权负责。保险经纪人应当销售、洽谈或者招揽保险赔偿。他将帮助未来的投保人为其特定的风险状况找到一份保险。保险经纪人在海上保险实践中起着非常重要的作用。他的保险知识和现有的保险市场对他的客户来说是无价的。[1]

---

〔1〕 See N. Kouladis, *Principles of Law Relating to International Trade*, Netherlands: Springer, 2006, p. 239.

（二）保险公司对风险的处理

单一风险可以由几家保险公司分担，每家保险公司只承担总风险的一部分。潜在损失有限的较小风险可以由一家保险公司承担。保险就是风险的分配。当风险很大，没有一家保险公司能够承保整个风险，在某些保险市场上，每个参与的保险公司只承担一部分风险是常见的做法。大多数情况下，保险公司会主动对自己进行再保险，以便在需要赔偿时，它们的损失由它们自己的再保险公司承担。

多式联运承运人承担责任时，适用于承运人的法律规定或者同托运人签订的合同，合同条件中可以限制或者完全免除其责任。因此，保险人想知道这些（合同）限制或免除条件究竟是什么。这是为了确保不会出现意外的司法裁决，并知道适用哪一种管辖权。对于保险人来说，在保险开始前了解承运人责任比防止承运人犯错而导致损害、损失或延误更容易完成。这样的注意可以降低责任风险，从而降低保费。保险公司还会检查承运人的背景，以推算他们发生索赔事故的可能性。

（三）保险合同

关于保险合同的定义是："一方（保险人）进行考虑支付金钱或利益，另一方（被保险人）对一个事件的发生是不确定的，以及发生的时间都是未知的。被保险人的目的是提供对事件所造成损失的弥补。"[1]保险合同需要三个元素：（1）合同必须规定被保险人有权在发生保险事故/风险时获得赔偿；（2）事件/风险必须包含不确定性因素；（3）被保险人必须对其保险单的标的具有可保利益。保

[1] J. Templeman, *Department of Trade and Industry v. St. Christopher Motorists Association Ltd.*, Lloyd's Rep, Vol. 17, p. 20 (1974).

险费可以定期支付,也可以一次付清。证明保险的单据称为"保险单"。[1]

(四)结论

由于货物多式联运的兴起,保险公司不得不调整它们的运输保险政策。大型海运班轮使用综合保险(P&I保险和预约保险),而铁路或内陆、航运公司则很少有多式联运保险。由于至今还没有统一的多式联运制度,因此,保险人仍然缺乏起草多式联运承运人责任保险单的坚实基础。虽然在大多数保险中,缔约各方可能同意增加承运人的责任,如在运输单据中包括明示的价值声明,但这会导致运费率有不成比例的上升风险,所以这不是一种通常做法,即使在"完全"责任已达成协议的情况下,仍然需要单独投保。在没有统一责任制度的情况下,一个替代办法可以是为多模式运输公司建立强制性保险,强加于保险公司。然而,这将剥夺保险公司决定它们愿意承保风险时的自由裁量权。保险公司当然会强烈反对,因为它们的自由裁量权是它们业务的重要组成部分。

本章小结

对于因货物毁灭、遗失或损坏而生的损害,只要造成损害的事件是在航空运输期间发生,承运人即应负责。免责事由规定于1999年《蒙特利尔公约》第18条第2款,该条款相较于《蒙特利尔第四号附加议定书》来说,实际上是扩大了承运人的免责范围。而

〔1〕 See N. Kouladis, *Principles of Law Relating to International Trade*, Netherlands: Springer, 2006, p. 240.

关于解决争议的仲裁条款只能适用于航空货物运输，且只能在1999年《蒙特利尔公约》第33条第1款规定的管辖区内进行，并且仲裁不能排斥对该公约的适用。关于承运人责任期间，《华沙公约》和《危地马拉议定书》相比，责任期间的范围被扩大。想要突破公约规定的责任限额，托运人只有通过提出特别声明利益并支付一定费用的方式。

货物运输承运人责任保险合同内容包括承保范围、除外不保事项。因为没有标准的航空货物责任保险单，所以投保方式一般是在标准航空保险单上批单，或者投保"航空货物承运人责任及货物一切险保险单"，把货物责任险和一切险混合起来投保，当发生货损时，原则上货物责任险先行理赔，不足部分再由一切险补足。

多式联运下的航空货物责任保险，不管是国际公约还是国内法规定，对于不同运输方式的归责原则都有很大不同，这必然导致实践中多式联运货物责任承担的混乱和不透明。国际上对于不同运输模式下的承运人责任保险的保险内容也大有不同，所以想要在短时间内快速统一不同运输模式的归责方式和保险模式，还有一定难度。

第五章　1999年《蒙特利尔公约》延误责任保险

第一节　航班延误的承运人责任

查阅《华沙公约》和1999年《蒙特利尔公约》可知，关于旅客、行李、货物运输中延误的赔偿问题都规定在第19条。虽然两个公约相差70年，但是1999年《蒙特利尔公约》关于延误赔偿的表述与《华沙公约》规定相差不大。而且在起草1999年《蒙特利尔公约》的过程中，起草者们对此也无改动意愿。相比两个公约的法条，1999年《蒙特利尔公约》第19条增加了但书部分，以此来作为承运人的免责事由。增加的原因是，在航空运输中，大部分的延误都不是承运人人为造成，如恶劣天气、战争、航空管制、自然灾害等，这些延误因素都是承运人无法避免的。1999年《蒙特利尔公约》第19条但书与《华沙公约》第20条第1款中的“一切必要的措施”所指相同，但应该清楚的是《华沙公约》第20条第1款中的“一切必要的措施”可以适用于旅客的人身伤亡、行李货物的毁损和延误的索赔，而1999年《蒙特利尔公约》第19条中提到的采取“一切可合理要求”仅仅适用于旅客、行李、货物的延误。还有一点也值得注意，承运人针对延误的赔偿是针对延误造成的损失,而非延误这件事本身。[1]

在1999年《蒙特利尔公约》制定的大会上,起草者们对是否应在该公约第19条所指的"延误"以及延误所造成的赔偿损失作出定义时,相关国家产生了一些不同意见。在讨论中,各参与方根据英美法系判例中"合理延误"的观点,并参照了1980年《联合国国际货物多式联运公约》第16条第2项[2]以及1991年《联合国国际贸易运送港站经营人赔偿责任公约》(United Nations Convention of the Liability of Operators of Transport Terminals in International Trade),起草了延误的定义。经法律委员会第三十次会议的修改,延误定义在《蒙特利尔公约》草案第18条第2项规定为:"本公约中的延误是指,综合一切有关情况,在一个尽职的承运人期望的合理期间之内,未将旅客送至其最终目的地,或未将行李或货物在最终的目的地进行交付。"[3]该定义为众多阿拉伯国家、越南、中国所支持,但是一些欧洲国家(如法国)却反对该定义希望将其删除。另外,丹麦、德国等其他一些欧洲国家则希望对延误作出更详细的定义。

---

[1] 1929年《华沙公约》的"一切必要的措施"抗辩规定于第20条,属于该公约第三章"承运人的责任",因而并非单独针对承运人的延误责任而设;1999年《蒙特利尔公约》的"一切可合理要求的措施"抗辩规定于该公约第19条(延误)第二句,本身属于延误责任规则的一部分,并不适用于延误责任以外的其他承运人责任规则。

[2] 《联合国国际货物多式联运公约》第16条第2项规定:"Delay in delivery occurs when the goods have not been delivered within the time expressly agreed upon or, in the absence of such agreement, within the time which it would be reasonable to require of a diligent multimodal transport operator, having regard to the circumstances of the case."中文译为:"货物如未在明确议定的时间内交付,虽无此种约定,但未在按照具体情况可以合理要求勤勉的多式联运经营人履行的时间内交付,即为延误交货。"

[3] 英文原文为:"For the purpose of this Convention, delay means the failure to carry passengers or deliver baggage or cargo to their immediate or final destination within the time which it would be reasonable to expect from a diligent carrier to do so, having regard to all the relevant circumstances."(*ICAO Legal Committee* 30 *Session Report*, ICAO Doc. 9693 - LC/190, 1997, Attachment D - 7.)

在秘书研究小组(Secretarial Study Group,SSG)审议《蒙特利尔公约》草案第18条第2项的过程中,有委员鉴于航空公司在运输合同中所附的运输时刻表并不全然是指航班准确到达的时间,而支持将该定义保留。但是有些代表却提出,对延误作出准确定义很有可能在司法实务中引发新的关于其含义的诉讼。实践中,延误往往是由于多项原因造成,对其下定义不一定准确,还有可能会适得其反。另外,许多代表认为"综合一切有关情况""尽职的承运人""期望的合理期间"等概念非常模糊且不准确,对司法实践并不会有太大帮助,所以,最后删除了该定义,将该问题留给各国法院根据自己的国内法或判例加以判定。

综上所述,不对1999年《蒙特利尔公约》第19条中所指的"延误"和"损害"作出定义的主要原因是:(1)在《华沙公约》运行过程中,其第19条的用语被法院很好地定义且未引起司法混乱。如果在1999年《蒙特利尔公约》中启用草案所作出的关于"延误"的定义,很有可能导致以后的司法实践中法院对于模糊概念的判断给予不同解释,造成司法混乱,与1999年《蒙特利尔公约》的主旨不符。(2)相较于对"延误"作出定义,更为明智的做法应该是将1999年《蒙特利尔公约》中承运人应该赔偿的"延误损失"以《华沙公约》实践中形成的法理为指导,留给每个国家的法院根据其国内法或判例进行解释,而不是以列举的方式表明承运人应负责任的各种延误情形。因为以列举的方式表明延误情形,虽然准确直观,但是却很难涵盖完所有情况,各方也很难达成一致。出于以上考虑,起草者们最终决定删除草案中关于"延误"的定义。《华沙公约》关于航空运输"延误"所造成"损失"的法理,对1999年《蒙特利尔公约》第19条的运用发挥着重要作用,有着指导意义。但是之前的法理并不完全限制现如今法院扩大解释"延误"的情况和可以"赔偿"的范围,以符合1999年《蒙特利尔公约》保护消费者利益的主旨,也符合航空运输不断发展的特点,以资平衡各方关系。

一、延误相关规则

一般情况下,延误是指在合理期望的期间内没有到达。《华沙公约》对于延误应于何处、何时发生并没有进行规定,但是通过分析该公约第17条和第18条可以得知,延误应发生在航空运输期间、上下航空器过程中或航空站内、航空器上或在航空站外降落的地点。所以,如果延误没有发生在上述期间则不可适用《华沙公约》,此时,航空运输合同双方仅可就航空运输合同的约定条款及该合同应适用的某国国内法而加以限制。[1] 纵观1999年《蒙特利尔公约》的规定,延误的发生应当是在航空运输中,未能在合理的期望时间将旅客、行李或货物送达最终目的地。而非航空运输中的延误则不在该公约调整范围之内,如陆路运输、铁路运输或者内水运输。

(一)判断基准

对于如何判断是否构成"延误",各国的判例各有差别,但达成一致的是,《华沙公约》中第19条所规定的延误,并不是指航班晚于航班时刻表上的时间到达,而是指旅客或托运人选择空运这种快速运输方式,所期望的合理到达时间。[2] 因为快速是航空运输最为突出的特点,旅客和托运人为此付出了比铁路、水路、公路运输更为高昂的费用,要求承运人为自己的延误负责是情理之中。尤其是在《华沙公约》订立的时代,当时的航空技术并不如今天发达,飞机的安全性

---

〔1〕 参见刘铁铮:《国际私法论丛》,台北,三民书局1982年版,第314页。

〔2〕 See Dempsey, *Aviation Liability Law*, Canada: LexisNexis Canada Inc. ,2013,p. 630.

并不高，一旦发生空难往往人货两空，旅客或托运人放弃安全性选择航空运输无非就是因为其时效性有很好的保障，因而要求承运人为延误负责特别有必要。航空运输业发展到今天，虽然安全性得到了很大提升，但是相比于其他运输方式而言，运费高昂，针对货运来看，运载量也是其短板，所以旅客式托运人选择空运的目的仍然是出于对时效的追求。因此，以旅客或者托运人的合理期望时间为要求，让承运人承担延误责任并不苛刻。所以，想要证明延误引起的损害而请求赔偿，一般需要证明航班延误为不合理延误。至于如何判断合理与不合理，需要综合考虑旅客或托运人所期望的合理时间、一般正常情况下该趟运输所需要的时间、为保证航行安全承运人所付出的时间等各方面因素得出合理时间。

如果在运输合同中约定了起飞及到达时间，那么未能在该时间内将旅客、行李或货物送达最终目的地，应该认为是延误。如果航空运输双方没有约定运输时间，承运人就没有义务在特定的时间内达到，承运人在运输过程中就只需注意前段所述的合理时间，以避免不合理的延误。[1] 以航空运输实践来看，国际旅客运输的机票上通常只表明了登机时间，而未写明到达时间，所以国际航空旅客运输合同中未表明到达时间，此种情况下，只能依照前段所述的标准来判断承运人是否构成延误。《华沙公约》并未强制规定航空运输合同需要写明起飞时间和到达时间，当然承运人可以订立约定起止时间的运输合同，倘若承运人选择订立此种合同而未按合同约定时间到达，即为延误。[2] 在无此约定的情况下，一般认为承运人有在合理时间内完

〔1〕 See Shawcross & Beaumont, *Air Law*, London: Butterworths, 1966, p.434.

〔2〕 See I. H. Ph. Diederiks-Verschoor, *Pablo Mendes de Leon*, *An Introduction to Air Law*, Netherlands: Kluwer Law International, 2012, p.176.

成运输的义务。判断标准在陆路运输和海上运输中也有，也是综合考虑所有因素后得出一个合理时间。因此，延误是指承运人未能在合理时间内完成运输，只要在运输过程中，承运人无故意、过失，稍有晚点均不认为是《华沙公约》第 19 条所指的延误。1999 年《蒙特利尔公约》放弃对延误加以定义，可以留给各国法院自行判断，即法院依据个案判定，所以《华沙公约》中关于“延误”的法理自然应该成为适用 1999 年《蒙特利尔公约》审理延误案件的参考标准。

（二）时刻表的效力

前面已经提到，时刻表上所表明的到达时间并不是判断延误的基准点，因为时刻表并不是运输合同本身，也不是运输合同的一部分，而且时刻表上一般都表明了“如有变动，恕不通知”之类的条款。此类条款虽然并不能排除承运人的延误责任，但是它能将时刻表排除在运输合同之外。而且从 1999 年《蒙特利尔公约》关于运输凭证、航空货运单等的规定中可得知，运输到达时间并不是运输凭证、航空货运单等的必要记载事项。所以关于时刻表的效力，它只能作为告知旅客或者托运人该趟航班的通常到达时间，航空公司公布时刻表的目的是吸引旅客购票，这从本质上来说是典型的邀约邀请而非邀约。[1] 除非时刻表上表明所列时间为运输保证到达时间，否则时刻表不得作为判断是否延误的标准，旅客或托运人也不可根据该时刻表上所表示的时间主张延误索赔。

国际航空运输协会在 1972 年制定的《客票合同条件》第 9 条规定了所谓的“不定时条款”(no time clause)，[2] 该条款先后被各国承

---

[1] 参见郝秀辉：《中国航班延误赔偿责任司法认定的困境与实践》，载《北方法学》2016 年第 5 期。

[2] 承运人承允尽力合理地快速运载旅客与行李。对载于航班时刻或其他场所的时刻，承运人并无保证，其也并非运输合同的组成部分……航班时刻表可不经通知而予以变更。承运人对联程运输的衔接不担责任。

运人纳入了运输合同,为承运人开脱责任。但是该条款在实践运用中效力存在问题,因为如果在适用《蒙特利尔公约》规则界定承运人延误赔偿责任时,《蒙特利尔公约》的规定为强制性,所以不允许承运人以约定的方式与其相抵触或背离,所以该“不定时条款”不能具备为承运人开脱责任的效力。但是该条款却指出了实践中的一个现实问题,就是运输合同中航班预期抵达时间不能作为运输凭证上的时间来判定承运人延误,以此判断的延误时间可能是“合理抵达时间”,“合理抵达时间”在实践运用中虽然不够清晰,[1]却也取得了许多学者程度不一的认可。[2]

二、旅客、行李、货物运输中的延误

(一)旅客运输中的延误

1. 机票超售和拒绝登机

机票超售是现代国际航班屡见不鲜的事情,航空公司超出机位值出售机票,导致后值机的旅客无法登机或被拒绝登机。这种超售行为构成1999年《蒙特利尔公约》第19条所指的延误,诉讼时效为该公约第35条规定的2年。针对机票超售,旅客无法登机本来没有经济损失可言,不管是《华沙公约》还是1999年《蒙特利尔公约》所指的延误赔偿,都是指延误所引起的损失而不是延误这件事本身,而且如果航空公司及时地安排了另外的航班在合理期限内把旅客送到目的地,也不会产生延误损失。

某法院认为《华沙公约》第19条不适用于航空公司超售导致旅客不能顺利登机所引起的索赔。在沃尔格尔诉墨西哥航空公司案

---

〔1〕 例如,何为“与航空运输相一致的合理时间”并不存在客观统一的认定标准。

〔2〕 参见贺元骅主编:《航空民商法研究》,西南交通大学出版社2003年版,第99~103页。

(Wolgel *v*. Mexican Airlines,以下简称沃尔格尔案)中,法院认为,因为超售,航空公司拒绝为后到的旅客办理登机手续,应被视为合同的未履行,而《华沙公约》第19条的延误指的是合同的延迟履行,所以不能适用。该理论被后来的韦斯诉以色列航空公司案(Weiss *v*. EI Al Israel Airlines,以下简称韦斯案)所效仿。虽然韦斯案适用的是1999年《蒙特利尔公约》,但是审理法院运用了《华沙公约》第19条的法理。在韦斯案中,韦斯一家正常购买机票,但因为航空公司的超售行为未能顺利登机,该案的审理法院认为,该案的运输合同属于未履行而非延迟履行,所以1999年《蒙特利尔公约》第19条规定的承运人延误责任不能被适用。[1]

但是沃尔格尔案和韦斯案中法院的论证和结论明显是错误的,与国际公约的主旨相违背。虽然韦斯案的审理法院试图从1999年《蒙特利尔公约》的起草过程,通过历史解释来支撑其"合同未履行"的理论观点,但是前文提到,该公约在起草时,最后因为各种原因未能将延误的概念包含在该公约之内。虽然起草者们将构不构成延误的问题留给各国法院决定,但这并不能构成该案法院得出此种结论的支撑。因为旅客被延误的原因多种多样,只要被认定为《蒙特利尔公约》所指的"延误"而引起了损失,承运人就应根据该公约第19条承担赔偿责任,机票超售而被拒绝登机其实也是"延误"的一种,与因为天气原因、安全原因、航班管制原因所造成的延误一样。而且从该公约本身来分析,1999年《蒙特利尔公约》第1条第1款规定了:该公约适用于国际运输。紧接着该条第2款表明了该公约下何为国际

---

〔1〕 See George N. Tompkins & Jr., *The Preemptive Effect of the Warsaw Convention and the Distinction between the Applicability of the Convention to a Claim and Liability under the Convention for the Claim*, Air and Space Law, Vol. 32, p. 226 - 227 (2007).

运输,所以该公约的责任制度应成为"国际航空运输"双方之间的"合意法律",沃尔格尔案和韦斯案明显符合该公约所指的国际运输。而《华沙公约》和1999年《蒙特利尔公约》第19条所规定的延误责任也应成为航空运输合同双方的"合意法律",韦斯案中的延误索赔应适用1999年《蒙特利尔公约》,延误是该公约第19条的诉由。正常购买机票的旅客被拒绝登机滞留机场,毫无疑问应被认为是"国际航空运输中的延误",承运人应根据该公约第19条承担责任,或根据第19条举证免责。所以这两个案子中拒绝登机并不是合同的未履行而是延迟履行,如果因此对旅客造成了损失,那么承运人应根据国际公约负赔偿责任,对于延误本身承运人不负责,断案法官明显忽略了这一点。而且沃尔格尔案和韦斯案中,法院还忽略了《蒙特利尔公约》与《华沙公约》所规定的"适用所有国际运输",这两个公约应成为国际航空运输双方的"合同"这一法理。一旦超售的航班是国际运输,而航空公司所在国是这两个公约的缔约国,那么这两个公约中所规定的承运人责任就将适用于合同延迟履行或合同未履行,退一步来说,就算延误属于合同未履行,也应适用这两个公约,用这两个公约所规定的责任制度来判断承运人是否应当负责,而不是各国国内的合同法。

在国际航空运输中,一旦运输合同中约定了具体航班和航班到达时间且没有欺诈等其他违法理由,那么就应认为该合同是双方的合意,只要没在合同约定时间内完成运输,不管出于何种原因造成都应认为是延误,而且只要是《蒙特利尔公约》的缔约国就应当适用该公约第19条。所以许多法院认为旅客未登机构成1999年《蒙特利尔公约》第19条中所指的延误,此时该公约将取代国内法的适用。所以在菲尔兹诉BWIA国际航空有限公司案(Fields. *v.* BWIA

International Airways, Ltd.)中,法院得出的结论与在沃尔格尔案中不同,认为延误无论是旅客未达到承运人值机要求还是机票超售而未登机,运输合同的延迟履行也是一种履行,损失索赔应受《蒙特利尔公约》第19条规制。

还有一点也值得注意,在沃尔格尔案中,法院认为不能适用《华沙公约》,法院在断案时似乎对于拒绝登航空器发生在沃尔格尔案的去程航班中还是运输合同履行结束时进行了区分。但是,根据《华沙公约》第19条的规定,合同何时被延误不应作出区分。所以1999年《蒙特利尔公约》的起草者们意识到了这一点,他们认为:"运输合同的履行延误,不管是发生在合同的哪个阶段(开始时、运输履行中),都有可能引起延误的损失赔偿,承运人也可适用第19条中的'合理措施'来抗辩免责。"

2. 旅客延误索赔的其他案例

导致错过后续航空和航班部分取消的延误也在《华沙公约》的适用范围内,即使索赔提出的理由是基于承运人关于中转的时间欺诈,索赔损失的责任限额也受《华沙公约》第19条限制。萨苏尼诉奥林匹克航空公司案(Sassouni *v.* Olympic Airways)中,原告共买了三段航班,其中一段因为航空公司机票超售原告未能顺利登机,首先该法院认定机票超售属于《华沙公约》第19条规定下的延误,其次原告的损失是"延误"引起的,最后原告的法律主张为欺诈。综上,法院认定该案适用《华沙公约》且具有排他性,案件的诉讼时效也按照该公约第29条规定为2年。

前文提到因为天气原因引起的延误适用于1999年《蒙特利尔公约》第19条,但是有一点需要注意,承运人通常不对天气引起的延误所造成的损失负责。在姜戈诉皮若雷特天空快递案(Jahanger *v.*

Purolator Sky Courier)中,约定4天交付的货物因为大雾导致航班无法按时降落,最终交货时间延长了1天。法院首先确定该案属于《华沙公约》管辖,然后法院作出判决为:"鉴于不可避免的空中航行危险,承运人无法意识或避免这一点,延误应被解释为'异常延误',即由于承运人不能采取一切适当措施以确保飞机起飞和降落的延误而造成。"最后该法院认为,在这种情况下,承运人无须根据《华沙公约》第19条承担"延误"的责任。

在罗杰诉美国航空公司案(Roger *v.* American Airlines, Inc.)中,美国航空公司要求婴儿应具有国际旅行护照,但是航空公司由于对婴儿进行国际旅行所需要的证件工作上有疏忽,导致原告错过了商务会议和旅行,原告在起诉时做了被告违反合同和疏忽的陈述。最后法院并未对此争议索赔是否属于《华沙公约》的"实质性范围"给出结论。笔者认为,该案不应属于《华沙公约》第19条规定的承运人因延误造成的旅客损失,因为该案是由于旅客自身原因未提供承运人所要求的旅行证件导致的"延误",并不是承运人责任。

(二)行李、货物运输中的延误

根据1999年《蒙特利尔公约》第19条的规定,承运人不仅对旅客的延误损失承担责任,也对行李或货物的延误损失承担责任,承运人的免责事由同旅客延误一样。1999年《蒙特利尔公约》中所提到的"一切可合理要求的措施"和《华沙公约》中所规定的"一切必要的措施"虽然表述不一样,但是含义上并没有任何不同。大多数法院已将《华沙公约》第20条的"一切必要的措施"等同于"所有合理措施"。但从1999年《蒙特利尔公约》法条的结构来看,此抗辩理由只适用于行李、货物或旅客运输延误的情况。

同旅客延误一样,"所有合理措施"的抗辩涉及避免因延误引起的“损失”,而非航空运输中“延误”事件本身。一旦发生延误,“所有合理措施”抗辩的有效性将取决于承运人为了避免因运输延误导致的损失采取了什么措施。

三、延误损失认定和免责事由

(一)损失认定

因为延误所引起的损失,一般赔偿数额不会太巨大。因为,实践中所谓的损失一般是指因为延误而“支出”的费用,而且该费用还受到国际公约责任限额的限制。另外,《华沙公约》第 20 条第 1 款中的“一切必要的措施”和 1999 年《蒙特利尔公约》第 19 条中的“一切可合理要求的措施”,“必要”和“合理”也最大限度地引导减少损失费用的支出。所以因为延误而引起的损失一般是一些小数额的零星费用,如餐饮费、住宿费、交通费、电话费等。如果延误没有引起相关损失,那么将不会引起 1999 年《蒙特利尔公约》第 19 条中所规定的延误赔偿损失的问题。

1. 精神损失赔偿

在刘易斯诉英国航空公司案(Lewis *v.* British Airways)中,旅客的行李箱中装有治疗糖尿病的胰岛素,但因为航空公司原因,行李被延误了 3 天,旅客在起诉时并未提出因为没有及时用药而引起的身体损害赔偿。法院认为《华沙公约》第 19 条所提到的延误损失赔偿,不应包括精神损失赔偿和身体损害赔偿,如果旅客因为身体损害赔偿而起诉航空公司可以根据《华沙公约》第 17 条提起诉讼。而且就算延误引起了乘客损失,赔偿范围也应在《华沙公约》规定的赔偿限额之内,即以该公约规定的每公斤 250 法郎为限;在前文提到的菲尔兹诉 BWIA 国际航空有限公司案中,原告因为没能登上飞机错过参加葬礼而对被告提起诉讼,她为“丧亲期间的精神压力而提出赔偿”。法律通过审理认为,旅客因为被拒绝登机而遭受了精神困扰,但是并没有遭受实际的身体损害,所以无法根据《华沙公约》第19条提起诉讼,但是旅客因为被拒绝登机而支出的交通费,是可以得到赔偿的。所以法院最终认为,基于未登机而提出索赔是不符合《华沙公约》要求的,因为未登机不是航空运输合同的延误履行,而属于运输合同的未履行。

所以综上,因延误所引起的精神损失是无法通过《华沙公约》第19条获得赔偿的。简而言之,因为延误或者航班取消未能出席重要场合、丧失了愉快的假期等精神上的失落或不愉快都不能认定为延误损失,无法通过《华沙公约》获得赔偿。因为《华沙公约》的法理是1999年《蒙特利尔公约》运用的基础,所以延误无法获得精神损害赔偿的法理也同样可运用于1999年《蒙特利尔公约》。

2. 行李或货物延误

《华沙公约》第19条的延误同样也适用于行李和货物。但是值得注意的一点是,艺术品的延误或因为海关验货而引起的延误是不是赔偿范围。首先应明确,艺术品因为延误而未赶上展出这种情况是很有限的,海关扣货查验的行为也不是必然的,而且也不存在故意或重大过失的行为。所以在行李或者货物的延误中,承运人如果能证明他自己及他的受雇人、代理人为了避免损失的发生,采取了一切必要的措施或不可能采取此种措施,就无须负责。但是,承运人需要证明所采取的措施避免的是延误对货物或行李造成的损害,而不是运输中的损害。

(二)免责事由

根据1999年《蒙特利尔公约》第19条但书规定,承运人如果能证明其本人及其受雇人和代理人为了避免损失的发生，已经采取一切可合理要求的措施或者不可能采取此种措施的，承运人不对因延误引起的损失承担责任。在1999年《蒙特利尔公约》起草时，由53个非洲国家组成的集团提议将延误赔偿责任删除，但是删除明显不符合该公约想要保护旅客或托运人利益的主旨，所以最后的折中方案是，采取举证责任倒置的过错推定原则，来平衡起草各方利益。简单来说，承运人如果想要运用此条免除自己责任，那么他就必须证明自己及其受雇人、代理人已经采取了一切合理的措施，或者不可能采取此措施。承运人负有举证义务，因为该公约的用词是“及其”，所以承运人不仅要证明自己还要证明他的受雇人或代理人，缺一不可。让承运人证明已经采取一切合理措施或者不可能采取此种措施实质就是让其证明对延误引起的损失自己没有过错，所以这种举证责任表明了《蒙特利尔公约》采用的是过错推定原则。

1. 已采取一切可合理要求的措施

1999年《蒙特利尔公约》第19条关于延误的承运人免责事由，一种是承运人及其受雇人或代理人已经采取一切合理要求的措施，但仍然不能避免损害的发生。在实践中此种情况是指飞机因为零件故障，起飞将会影响飞行安全，且承运人及时抢修，也为旅客提供了交通、住宿、餐食等一切合理措施，在仍然无法起飞或起飞需要过长时间的情况下，及时为旅客安排其他班机搭乘，避免因为延误造成旅客的损失，以上就为承运人采取了一切可合理要求的措施。[1]

在《华沙公约》中关于承运人的免责事由，用词为“一切必要的

---

〔1〕 See Marty Fulgueira Elfenbein & Katherine Abigail Roberts, *Stranded: Navigating Aviation Delay Damages Under the Montreal Convention*, Florida Bar Journal, Vol. 88, No. 8, p. 20 (2014).

措施”（all necessary measures），1999 年《蒙特利尔公约》将其改为“一切可合理要求的措施”（all measures that could be reasonably required）。在《蒙特利尔公约》的审议阶段，也有委员曾建议秘书研究小组，为了保持 1999 年《蒙特利尔公约》与《华沙公约》用语的一致性，应考虑将该条文中的“所有可能合理要求的措施”（all measures that could be reasonably required）与第 20 条一样，改为“所有必要措施”（all necessary measures），但并未被接受。之所以会对“一切必要的措施”作出修改，是为了遵循《华沙公约》司法实践所发展出来的“合理延误”观点。1999 年《蒙特利尔公约》所指的“一切可合理要求的措施”中，“合理”一词明显比“必要”一词所负的义务要宽松。关于《华沙公约》中“必要的措施”一词各国的法院所采取的态度有所不同，标准也宽严不一，美国法院大多采用严格的态度，他们认为如果仅规定承运人采取“一切合理的措施”（all reasonable measures）稍显宽松，而应改为“一切可能的措施”（all possible measures）或“在其能力所及内为一切必要措施”（did everything in its power to take the necessary measures），[1] 在此态度下，如果有一特别措施承运人没有采取，那么就不得主张免责。[2] 但是在 1973 年非贝尔曼诉法国航空公司案（Feibelman *v.* Compagnie Nationale Air France）中，法院主张 1999 年《蒙特利尔公约》已放弃《华沙公约》第 20 条所谓“尽其注意的抗辩”（defense of due care），同样地，在 1977 年汉诺威信托公司诉意大利航空公司案（Manufactures Hanover Trust Co. *v.* Alitalia

---

〔1〕 See George N. Tompkins, Jr., *Liability Rules Applicable to International Air Transportation as Developed by the Courts in the United States: From Warsaw*1929 *to Montréal* 1999, Netherlands: Kluwer Law International, 2010, p. 240.

〔2〕 See Miller G., *Liability in International Air Transport: The Warsaw System in Municipal Courts*, Deventer: Kluwer, 1977, p. 162.

Airlines)中,法院认为所谓的“一切必要的措施”不应该单纯就文义作出解释,而应理解为“一切合理的措施”,应适用一般常识的解释标准,认定标准显然变得比较宽松。1999年《蒙特利尔公约》的“可合理要求的措施”依然有赖司法实务加以解释,前述案例中,美国法院针对华沙体系较为宽松的解释,是较为接近1999年《蒙特利尔公约》的概念,其法理可供适用1999年《蒙特利尔公约》第19条时作为参考。

“可合理要求的措施”根据现代法理论的观点来看,一般是指旅客对于具备“合理、应有注意”的承运人通常做法下的正常期望值。这种“期望值”是指希望承运人运用一切合理的技术或手段、穷尽一切合理的注意以避免损害的发生。当然,承运人所运用的手段是否合理需要法院依据法理和正义,根据具体案例作出判断,而非只依据承运人或旅客单方面的主观认定来断案。承运人所采取的手段和措施是为了避免延误引起的损害,而非延误本身。换言之,以货运中的新鲜易腐物品为例,如果承运人在运载过程中发生了航班延误,而货运物品的储存有严格的时效要求,承运人采取了一切合理措施来避免延误发生,或者不可能采取此种措施,但承运人却未针对货物的易腐性采取避免措施,导致货物送到时已经变质,则仍然不可主张免责。

2. 一切必要措施

《华沙公约》第20条为航空承运人提供了针对第19条推定责任的肯定性抗辩。经过《蒙特利尔第四号附加议定书》修正的第20条规定:在运输旅客和行李时,以及由于延误运输而造成损害的情况下,如果承运人证明他和他的代理人已采取一切必要措施避免损害或他们不可能采取这样的措施,则承运人不承担责任。所以在原《华沙公约》适用于货物和行李运输的情况下，如果承运人证明损坏是飞行员、飞机的操作或航行中的错误造成的，为了避免这种损害，承运人采取了“一切必要的措施”，则承运人也不承担责任。这种额外的预防措施是在航空运输发展初期采用的，并在 1955 年的《海牙议定书》中予以删除。

承运人必须承担“一切必要的措施”的举证责任。在举证中承运人仅需表明已采取一切预防措施，换句话说，采取的措施是适合风险的，即为承运人合理采取的措施。因此，法院认为《华沙公约》第 20 条的“一切必要的措施”辩护是指在当时情况下的所有合理措施。但即使有证据表明承运人遵守了所有法规，如果承运人未能在这种情况下采取一切合理的措施，那么这些要求不足以维持承运人针对“一切必要的措施”的辩护。《华沙公约》第 20 条要求合理措施应包括所有与风险相适应的预防措施，即可以合理地采取的措施。承运人经过合理计算，以防止乘客、行李或货物遭受损失。

而且法院还意识到，未采取可能会造成损害的任何特别警告，并不一定会阻止承运人依赖《华沙公约》第 20 条“一切必要的措施”而提出抗辩理由。对于承运人是否采取了“一切必要的措施”，这是法院需要断定的事实问题。

3. 不可能采取此种措施

承运人可以主张的另一免责事由，是承运人不可预料、无法控制的原因造成的延误损害，也就是说承运人在该种延误情况下，不可能采取合理措施，也不可能采取合理措施来阻止损害的发生。不可预料、无法控制的原因一般是指一些不可抗力的因素导致延误，如紧急安全事故、机场因为突发情况关闭、极端天气等无法预知或预知了也无法避免的情况。如果是由旅客或托运人本人的故意或者过失造成的延误,出于法理对公平正义的追求,应认为属于承运人不可能采取合理要求的措施,而对承运人予以免责。

第二节　航班延误责任险的保险责任

航空延误责任险是指旅客、行李或货物在航空运输过程中,未能在保险载明的时间内送抵,航空公司的赔偿责任与风险可通过以被保险人的法律赔偿风险为承保标的的责任保险。[1] 航空延误责任险包括航空旅程延误保险和航空行李延误保险。

一、航班延误责任险的必要性

(一)延误成因复杂难以避免

实践中造成航班延误或者取消的成因并不单一,很多因素都能导致航班延误。一方面有一些因素是承运人可以直接控制的,航班之间的飞机返航、准点率、技术和机组人员表现等。另一方面可能还有更多的因素不在航空公司的控制范围之内,如天气、空中交通管制、安全、机场条件等。所以现实是,只要空运事业继续发展,航班延误将不能完全被解决。以下就一些承运人无可避免造成延误的因素作出分析。

1. 空中交通管制

自 20 世纪 80 年代以来,航空客运量已经从每年 5 亿人次增长到超过 30 亿人次。用时更长时间的航班也有更多的限制和规定,航

[1] 参见魏华林、林宝清主编:《保险学》,高等教育出版社 1999 年版,第 32 页。

空公司经常在最后一刻由于天气和气流而改变航线。另外，关于基础设施，例如，世界上的某些地区没有像欧洲或美国那样的雷达覆盖范围。这使空中交通监管机构要求更长的起飞和降落间隔时间，以确保安全，如果一个或多个航班延误，很容易形成连锁反应。

2. 恶劣天气

不同机场对于恶劣天气造成的航班延误有不同的标准，这个标准通常由航空管理局等国家监管机构制定。恶劣的天气条件经常被认为是航班延误的主要原因之一，但这种情况并不像大多数人认为的那样普遍。这是因为，我们通常指的是极端天气是指龙卷风、暴风雪、飓风等。

3. 飞机延误造成的连锁反应

连锁反应是造成延误的主要原因，也就是由于飞机晚点导致航班延误。由于航空公司会优化其机队的利用，所以可能因为本应运营航班的飞机在前一条航线上延误而延误，这种情况并不罕见。

4. 罢工

罢工在航空业就像在大多数行业一样，航空公司员工可以利用劳动力，与雇主进行谈判。例如，2019 年 9 月，英国航空公司飞行员决定进行 48 小时的罢工，这影响了数十万乘客。[1] 对许多人来说，这些罢工是不被理解的，然而，如果考虑到一个几乎完全依赖于专家劳动力行业的动态，就会清楚地发现，员工确实拥有相当大的谈判能力。

5. 获得安全许可

在飞机引擎开启之前需要进行的手续清单很长，如飞行员为飞机准备起飞，机组关闭机门，与空中交通管制联系，空中交通管制将

---

〔1〕 参见《英国航空飞行员大罢工 大部分航班被迫取消》，载新华网，http://www.xinhuanet.com/world/2019-09/10/c_1210273970.htm。

立即或在一段时间后给予许可以进行反推和启动，空中交通管制指定滑行道，最后空中交通管制准许进入跑道，飞机开始起飞。每一步都有很多准备工作，这些将决定飞机是否可以按时起飞。

在实践中，无论航班延误的原因如何，因航班延误引发的赔偿纠纷越来越多，如乘客拒绝登机、拒绝下机、占据登机廊桥、抢占飞机、毁坏候机楼设备、乘客与航空公司人员群体冲突等。这些事件的发生不仅造成了新的航班延误，还严重扰乱了机场正常秩序，给航空安全带来巨大压力。

（二）航班延误赔偿责任风险需要转移

保险有助于将风险从被保险人转移到保险人身上。保险的基本原则是将风险分散给大量的人。当很多人购买同一种保险，并向保险人支付保险费时，一旦发生损失，就由保险人的资金予以补偿，[1]这就是所谓的“保险集资说”。保险所提供的资金支持，可以减少商业和人类生活的不确定性，它为特定事件提供了安全保障，而且保险为任何突然的损失提供保障。保险的工作原理是汇集大量有类似风险的人的资源，以确保少数遭受损失的人得到保护。

当承运人购买了一份航空责任保险并支付保险费时，如果因为承运人的责任造成的财产意外丢失、被盗、损坏或毁坏，这时承运人购买的航空责任保险，如果涵盖这些风险，那么他就可以提出索赔，并获得赔偿金，以帮助承运人支付因为修理或更换所赔偿的费用。如果是贵重物品丢失、被盗、损坏或毁坏，这可以让承运人避免支付更换、修理、重建或修复的全部费用。以航空延误责任险为例，从航空运输合同本身来分析，在发生延误的情况下旅客一方享有知情权、

[1] 参见中国保险学会、《中国保险史》编审委员会编：《中国保险史》，中国金融出版社 1998 年版，第 36 页。

选择权、索赔权,航空公司一方负有告知义务、补救义务、损害赔偿义务。航班延误的法律责任性质应是一种违约损害赔偿责任。因此,航空公司对航班延误赔偿责任的承担势必造成自身利益的损失,这种损失的风险需要通过保险进行转移。

(三)及时获赔保障旅客权益

航班延误造成的损失和人身伤亡、行李灭失、货物灭失相比或许小很多,但是它给旅客带来的负面情绪却不容小觑,航班长时间延误,旅客滞留机场,耽误出行,由此引发的争端每年都有发生,而争端所产生的社会负面影响同承运人其他责任相比,一样值得重视。上文已经分析指出,造成航班延误的成因复杂,很多原因承运人无法避免,当延误已成客观事实时,如何安抚延误旅客情绪是当务之急。除妥善安排旅客外,及时赔付旅客因为延误所造成的损失,或许是最有效的方法。保险的功能除可以分散风险外,还可以保障旅客及时获赔的权益。保险公司承保航空保险时,一般都通过共同保险和再保险将风险进行了二次转移,而且承保航空保险的保险公司经济实力同一般承运人相比也较为雄厚,相较于承运人,他们在处理保险业务时也更为专业且快速,这就能很好地保障旅客及时获赔。

二、航班延误责任险的可行性

随着近年来航班延误率不断提升,旅客对航班延误的意见越来越大,要求航空公司赔偿损失的呼声也越来越高,因航班延误造成的混乱也越来越多。而为解决这一问题,有关专家很早就已经提出了请保险公司介入设立航班延误保险的方案。航班延误责任保险作为保险的一种类型,其可行性分析可从保险法一般理论入手:(1)保险风险不是投机风险;(2)事故为意外,但是风险损失可以确定;(3)风险幅度具有经济可行性;(4)有大量的独立的同质风险单位存在。如果套用保险法基本原理来看航班延误责任保险:(1)航班是否延误具有不确定性,什么时候延误、导致延误的事由、延误的时间长短都是不确定的,而且延误对航空承运人没有任何好处,所以航空承运人不会主动导致航班延误,不存在投机风险;(2)航班延误的发生不是必然的,具有偶然性,而且航班延误所导致的损失可以确定其大致范围;(3)航班延误的风险范围不会过大,也不会过小,具有经济可行性;(4)航班延误在现代航空运输中时有发生,有大量的同质风险单位存在。以上可知,从保险法一般原理来看,航班延误具有可保性。

从国家实践来看,一些国家和地区早已有航班延误险的规定,被保险人搭乘航班如果延误且符合保险合同赔偿条件,就可以获得保险公司的赔偿。赔偿范围包括旅客的交通、餐饮、住宿、通讯费用等。例如,我国香港特别行政区关于航班延误险规定,已确认航班误点在4小时以上或被取消,或因超额订位而被保险人被拒绝搭乘,且于该定期航班预定起飞4小时内,无空中运输工具可以搭乘,则在等候时间保险公司应以信用卡签付食宿等合理费用,等候期间的损失可由保险公司赔偿。美亚保险提供的保险细则规定:"由于天气、罢工、航空公司超售或航空管制等原因导致飞机或轮船延误,每延误5小时,可获得赔偿300元,最多获赔1800元。同时,旅行期间随行行李延误,每延误8小时,可获得赔偿500元。"

我国《航班延误经济补偿指导意见》规定,旅客在搭乘飞机的时候,如果是天气、突发事件、空中交通管制、安检以及旅客等非承运人原因,造成航班在始发地延误或取消,承运人协助安排食宿,费用则由旅客自理。除购买延误险可得到相应赔偿外,航空公司不进行经济赔偿。但如果是航空公司自身原因造成航班延误,一是延误4小时以上、8 小时内,二是延误超过 8 小时,对于这两种情况,航空公司要对旅客进行经济补偿。补偿方式可以通过现金、购票优惠券和返还里程等方式兑现。

三、航空旅程延误责任险和行李延误责任险

(一)航空旅程延误责任保险

跨国旅游的人数增多,航空旅程延误责任保险已成为必不可少的保障。延误损失同其他航空损失相比或许很少,但长时间的延误极易让人焦虑烦躁,乘客充分了解承运人延误责任保险,不仅有利于保护自身权益,对提出索赔也有很大的帮助。

航空旅程延误责任保险的保险标的为航班延误对被保险人造成的损失。在保险合同期内,被保险人航空出行发生延误,如果引起延误的原因为保险合同载明的索赔原因,那么被保险人因为延误所导致的损失,可以按照合同约定向保险人求偿。求偿的责任限额 1999 年《蒙特利尔公约》规定为每名旅客 5346 特别提款权,保险期间为旅客办理登机手续时起,直到实际到达目的地止,具体时间应以航空承运人出具的书面证明为准。航空旅客责任保险的除外责任一般在保险单中都有详细载明。由于下列原因造成的损失、费用,保险人不负责赔偿:(1)投保人、被保险人故意或重大过失;(2)战争和内乱;(3)核材料和放射性;(4)行政或司法行为;(5)被保险人不以旅客身份搭乘航班;(6)被保险人未办理登机;(7)自然灾害。

(二)航空行李延误责任保险

航空行李延误责任保险的保险标的为被保险人因托运行李延误所造成的损失。在保险合同期内,被保险人航空出行发生延误,如果引起延误的原因为保险合同载明的索赔原因,那么被保险人因为延

误所导致的损失,可以按照合同约定向保险人求偿。行李延误责任保险的保险期间、保险费用与航空旅程责任保险相同,关于承运人责任限额,1999 年《蒙特利尔公约》规定为每名旅客 1288 特别提款权。

保险不赔付的除外责任为,因下列原因造成的损失,保险人不负赔偿责任:(1)投保人、被保险人的故意或重大过失行为;(2)战争和内乱;(3)核材料和放射性;(4)行政或司法行为,例如,被保险人的行李被海关扣押,被检疫部门检疫所导致的延误;(5)旅客抵达目的地后未将行李延误一事告知承运人;(6)被保险人将行李留置于承运人或其代理人处;(7)自然灾害。

第三节 承运人与乘客利益平衡

一、严格区分延误情况

(一)区分延误情况的宗旨

1999 年《蒙特利尔公约》的序文表明了各方当事国都共同认定的精神,是该公约的宗旨和目的,也可以说是该公约的基本原则,同时 1999 年《蒙特利尔公约》的序文中也表示其在认识华沙体系重要贡献和必要性的基础上不同于华沙体系之处。[1] 应当指出,国际航空运输实践中的航班延误的确有别于日常情形下的"误点",这与航空运输实践中存在诸多不确定干扰因素相关。航空运输的高技术性、高风险性意味着每次正常起飞前的大量技术性安检工作,涉及承运人以外的众多他方主体的参与,而航空运输的正常进行同时还受

[1] 参见赵威主编:《国际经济法论文专集》,中国政法大学出版社 2000 年版,第 17、25 页。

空中交通管制、机场航班时位安排、天气状况、航线业务调整等诸多外在因素的牵制。[1] 航班“误点”问题自国际空运服务业诞生至今一直长期存在，因而不宜将“误点”直接界定为法律上的航班“延误”。[2] 由于航班延误的界定问题旨在解决承运人损害赔偿责任的确定问题，如若一概以“误点”来认定“延误”，势必给承运人施加过重的不合理负担。

1. 承运人利益与消费者保护的并重

1999年《蒙特利尔公约》不再是一个以“航空公司(承运人)利益为导向的公约”(a convention for airlines)，而是一个“消费者(旅客)的公约”(a convention for consumers/passengers)。[3] 换言之，1999年《蒙特利尔公约》所采取的价值取向是在承运人与消费者利益平衡的基础上，更加看重保护消费者利益的公约。

1929年的《华沙公约》签订的社会环境是航空业刚起步，技术和行业发展极不稳定，为了促进和保护这一新兴产业，在制定《华沙公约》时更加看重承运人利益，让其承担更少的责任以及赋予其较为宽松的免责条款。但是经过70年的发展，航空制造业和运输业早已不像当初那样，再加上制造技术、空中导航技术以及飞机设备的升级更新，航空运输变得更加可靠安全，现如今飞机可以说是极安全的运输方式之一，[4] 所以承运人所承担的风险也在行业和技术的发展中逐渐降低，慢慢加强对旅客利益的保护实属合理。

---

〔1〕 参见蔡东辉：《航空旅客运输航班延误及其法律责任》，载《法律适用》2006年第8期。

〔2〕 参见赵维田：《国际航空法》，社会科学文献出版社2000年版，第349页。

〔3〕 See Thomas J. Whalen, *The New Warsaw Convention: The Montreal Convention*, Air and Space Law, Vol. 25, No. 1, p. 14(2000).

〔4〕 参见管德：《坐飞机去——现代民用运输航空》，清华大学出版社、暨南大学出版社2000年版，第58页。

1999年《蒙特利尔公约》更加倾向于保护消费者利益，这主要体现在责任限额的提升、责任期间的延长、归责方式的转变等方面。但是该公约并不是一味地追求消费者利益而置承运人利益于不顾，该公约的最终目的或者理想状态是追求承运人和消费者利益平衡。简单来说，1999年《蒙特利尔公约》相比《华沙公约》更加强调消费者利益保护，但是航空业的发展仍然重要，双方达到平衡始为基点。[1]

2. 公平赔偿原则

在恢复原状原则的基础上，提供公平赔偿的原则，[2]也就是对旅客、托运人提供的损害赔偿，原则上应使旅客、托运人财产恢复到其遭受损害前的状态。在旅客死亡的情况下，应以其死亡前能够预见的收入为主要计算依据，在旅客受伤的情况下，应以医疗费和因为受伤所减少的实际收入为损害依据，这种原则为大多数国家所采用。但是，某些国家的法院，却会在上述损害赔偿外，对承运人增加惩罚性赔偿，惩罚性赔偿一般数额非常巨大，以示对承运人的惩罚。1999年《蒙特利尔公约》第29条规定衡平赔偿原则就是为了明确排除惩罚性、惩戒性以及其他非补偿性的损害赔偿。因为只有这样，才是对承运人和消费者双方都公平的赔偿。

（二）区分延误情况的必要性

在民用航空中，承运人和乘客之间，乘客作为关系链中的弱势一方，出于人本化思想理应得到法律上更多的保护，这是1999年《蒙特利尔公约》保护消费者的原因和出发点。但是法律的价值体现不仅仅是对弱者的保护，还应该注重社会关系的平衡，作出价值判断。在

---

〔1〕 参见黄力华：《国际货物运输法律制度研究》，台北，元照出版社2018年版，第146页。

〔2〕 参见王海文主编：《国际贸易理论与法律法规》，中国财政经济出版社2016年版，第193页。

现今社会平等主体间，一部科学的法律不应该具有强烈的价值倾向色彩，或许在每部法律运行的初期，价值倾向是不得已而为之，但是在社会不断发展的过程中，同一对关系间的矛盾一般都是由尖锐到缓和，法律也应该跟上社会发展的节奏作出相应调整。航空承运人和消费者之间的矛盾由1999年《蒙特利尔公约》商议初期的承运人责任制度和责任限额的矛盾，慢慢变为由延误争端所引发的不和谐矛盾，其实不难看出，双方矛盾的发展的趋势是越来越缓和的，1999年《蒙特利尔公约》将航班延误纳入承运人强制责任险从以人为本思想来看无可厚非，但承运人的利益我们也应考虑。平衡社会关系并不是对强者妥协，也不是一味地对弱者让步，而是应当找到强弱之间的利益平衡点，由此出发，进行制度设计，这不仅是现代法治的发展要求，也是1999年《蒙特利尔公约》的主旨。

1999年《蒙特利尔公约》第19条相比《华沙公约》增加了但书部分，这不仅是承运人的抗辩理由，也是在该公约起草的过程中，起草者们有意识地区分合理延误和非合理性延误，让承运人承担的责任更具有科学性和合理性，而不是一旦发生延误造成损失就让承运人承担责任。但是1999年《蒙特利尔公约》最后确定的版本中却没有对延误作出具体定义，具体原因在本章第一节已经提到，而解决办法就是各国国内法院根据自己的国内法或判例加以判定。在1999年《蒙特利尔公约》形成至今已经20多年，继续将该问题留给各国法院判定并不是最理想的做法：(1)不管是《华沙公约》所形成的法理，还是1999年《蒙特利尔公约》参照《华沙公约》所形成的法理，其法理体系发展至今应该非常成熟了。1999年《蒙特利尔公约》的初衷就是解决民用航空承运人责任碎片化状态，以达到统一的目的，将过多的问题交给各国国内法处理与初衷相悖。(2)如果以判例法为依据，那么判例法并不是所有国家的正式法律渊源，判例法源于从判例中概括出来的判例法理论。[1] 英美上诉审是创制判例法的唯一合法渠道，判例法为英美法的重要法律渊源。[2] 由于我国不是普通法法系，所以我国只有判例而无判例法，只能通过判例的形式对既有的制定法进行补充和改进。[3] (3)如果以各国国内法为依据，那么由于各国航空产业的发展程度不一，每个国家对待承运人责任态度的标准也就不一样——美国联邦航空管理局认为航班延误是指航班起飞和/或降落比预定时间晚 15 分钟的航班确定被延误，当航空公司出于某种原因而完全不运营该航班时，就是取消航班；在欧盟，《关于拒绝登机、取消或长时间延误航班时对旅客赔偿和协助的共同条例》(第 261/2004 号条例)规定，航班延误超过 3 小时、取消航班和拒绝登机的乘客有权从航空公司获得每名乘客 250 欧元至 600 欧元的赔偿。(4)目前为止，再优秀的航空公司都无法保证百分百准点，延误已然变成了世界民航业所面临的共同问题，由延误所引发的争端时有发生，不仅影响社会治安，也不利于和谐社会的构建。

(三)区分延误情况的可行性

本章第一节已经提到之所以不对"延误"下定义的原因，在 1999 年《蒙特利尔公约》起草的过程中，相关原因是值得被理解且被接受的。首先，当时的华沙体系已经使得承运人责任呈现一种严重的碎片化状态，贸然地对"延误"下定义不仅无法统一司法实践，还会有可能引起更大混乱；其次，1999 年《蒙特利尔公约》想要尽快被各国接

---

[1] 参见倪正茂：《比较法学探析》，中国法制出版社 2006 年版，第 318 页。

[2] 参见孙长永：《探索正当程序：比较刑事诉讼法专论》，中国法制出版社 2005 年版，第 665 页。

[3] 参见胡肖华主编：《权利与权力的博弈——行政诉讼法修改纵横谈》，中国法制出版社 2005 年版，第 358 页。

受,"一揽子"解决民用航空实务中的所有问题是不现实的,对于某些问题适当妥协或者暂时选择"忽视"在当时的情况下也不失为一种明智之举;最后,当时的主要目的是对民用航空承运人责任中一些严重不符合社会发展的问题进行修正,以及对消费者权益的保护。给"延误"下定义并不是当时急需解决的问题。现如今的 1999 年《蒙特利尔公约》已经成为大多数国家参与以及执行的公约,航空业发展至今也已经越来越科学和成熟,当严格承运人责任和保护消费者利益这对主要矛盾被解决时,一些次要矛盾也应该引起人们的重视:(1)不管是《华沙公约》抑或 1999 年《蒙特利尔公约》,经过几十年的发展它们的法理已经形成的完整的体系,通过梳理相关法理对延误下定义,不仅不会引起混乱,反而会明确相关司法实践。(2)对于当初模糊不清且不准确的词,在今天的司法发展中,我们可以且有现实条件将其清晰化,如"综合一切有关情况"可以区分合理延误和非合理延误,"期望的合理区间"可以以具体时间代替等做法来一步一步完善定义。(3)近年来各国对此的态度也越来越明确,都相应给出了立法反馈。欧盟通过第 261/2004 号条例、美国运输部公布了相关规则、拉丁美洲民用航空委员会通过了 A16 - 8 号建议、中国的《民用航空旅客、行李国际运输规则》(原中国民用航空总局号令第 70 号,已失效)、沙特阿拉伯 2005 年颁布的《保护消费者条例》和以色列 2012 年颁布的《航空旅客权利法》也制定了消费者保护规则等。(4)延误是 1999 年《蒙特利尔公约》承运人强制责任保险的一种,给其下定义不仅可以完善承运人在延误领域的责任,也使保险的赔付更加明确。

二、合理性延误与非合理性延误

区分合理延误与非合理性延误在起草 1999 年《蒙特利尔公约》

初期时,通过列举式来表述是非常不科学的做法,因为列举式虽然可以清晰地表明各种情况不会引起司法模糊,但是它却无法涵盖所有情况,通过列举式来分类延误原因,各国也很难达成一致意见。而且列举式在今天看来也并不是最完美的做法,虽然各国不断发展,各国对于合理延误和非合理延误的区分上越来越和谐,但列举式无法涵盖所有情况的弊端却无法解决。有些学者企图用归纳式来对延误的各种情况进行区分,如在刘铁铮所著的《国际私法论丛》一书中,作者认为:"在综合考虑旅客和托运人所期望的合理时间、一般正常情况下该趟运输所需要的时间、为保证航行安全承运人所付出的时间等各方因素所得出的合理时间。在该时间范围内的延误就为合理延误,超越该时间的延误就为非合理延误。"[1]该定义作者归纳了三个限定因素"旅客和托运人期望的时间""一般的时间""承运人付出的时间",综合这三个因素来区分合理延误和非合理延误。该观点笔者不能认同,因为这三个判断标准具有明显的主观性和不确定性,如"期望""一般正常情况""付出的时间",用这些词语作为标准不仅不能帮助判断延误的性质,且这样对延误主体进行定义没有任何规律可循。笔者认为判定标准不应该是主观性的东西,而应该是具有客观性的内容。所谓的非合理性航空延误引起主体是承运人,这时候就无可厚非是非合理性延误,应该按照1999年《蒙特利尔公约》规定的承运人责任限额进行赔偿。而合理性延误一般是由自然原因(恶劣天气)、政治因素(战争、罢工)、航空当局原因(空中限流)所引起的,在这几种情况下承运人就可以运用1999年《蒙特利尔公约》第19条规定的但书来进行免责。

所以可以按照1999年《蒙特利尔公约》第19条的但书部分来区

---

[1] 刘铁铮:《国际私法论丛》,台北,三民书局1982年版,第314页。

分合理延误与非合理性延误。该条但书不仅是承运人的免责事由，也可以用来区分合理延误与非合理延误及对延误进行定义。合理性延误，是指承运人证明本人及其受雇人和代理人为了避免损失的发生，已经采取一切可合理要求的措施或者不可能采取此种措施，如由自然原因、政府原因等不可抗力所引起的延误为合理性延误。非合理性延误，是指由承运人人为引起的延误。这样定义的好处首先是通过归纳说明延误的几种原因，比列举式能涵盖更多的情况，而且使定义更加简洁和清楚；其次以列举的方式来展示几种归纳的情况，也使定义更加直观；最后同时运用列举和归纳的方法，可以弥补各种方法的不足。在社会不断发展的过程中，可能合理性延误不仅包含自然原因、政府原因，我们可以对定义不断完善。由引起延误的主体来区分合理性延误和非合理性延误具有确定性，而且判定准确和取向明确，在以后完善定义的过程中，也可以很好对新出现的情况进行分类。并且该定义不会引起司法实践中的混乱。

三、区分延误情况之后的赔付问题

（一）非合理延误下的赔付

1999 年《蒙特利尔公约》第 22 条是关于延误、行李和货物的责任限额，其中第 1 款规定了承运人对旅客延误损失的赔偿责任限额；第 2 款规定了承运人对行李毁灭、遗失、损坏或者延误的赔偿责任限额，以每名旅客 1288 特别提款权为限。可见在该公约规定下，只要是发生了该公约第 19 条规定的延误，且不存在该公约规定的承运人免责事由，延误给旅客或托运人造成了损失，那么承运人就负有在赔偿限额内赔偿的责任。

（二）合理延误下的赔付

前文论述已经得出结论，在《华沙公约》中只要承运人没有故意、过失,稍有晚点均不认为是该公约第19条中所指的延误,而该法理也被1999年《蒙特利尔公约》继承。所以笔者所认为的在公约中严格对合理延误与非合理延误进行区分的观点,在《华沙公约》的法理中也得到了证实和支持。《华沙公约》法理中所指的承运人故意、过失就是笔者认为的非合理性延误,不存在承运人的故意或过失就是笔者所说的合理性延误。既然合理性延误在法理和判例中均不认为是《华沙公约》和1999年《蒙特利尔公约》中所指的延误,那么承运人就没有承担责任一说,更不存在赔付的可能。

在合理延误下承运人虽说没有赔付责任,但也不是全无义务,欧盟的《关于拒绝登机、取消或长时间延误航班时对旅客赔偿和协助的共同条例》(第261/2004号条例)在处理航班延误若干问题时考虑得较为全面和具体,很好地平衡了各方利益。欧盟第261/2004号条例就规定了承运人关怀与帮助的义务,主要是指提供免费餐饮、住宿以及交通等。在"特殊事件"是否可以免除承运人该义务时产生了一些争议,该条例中的"特殊事件"主要是指政治不稳定、安全风险、罢工等不可抗力造成的承运人采取一切措施或不可能采取措施以避免的事件。欧盟法院在丹尼斯·麦克唐纳诉瑞安航空有限公司案(Denise Mcdonagh *v.* Ryanair Ltd.)中明确表示,承运人的关怀与帮助义务不因"特殊事件"而免除。[1] 在该判决作出之后,就遭到了国际航空运输协会首席执行官乔瓦尼·比西纳尼的反对,他表示"特殊事件"作为不可抗力,是承运人无法左右和避免的,这种情况下让承运人承担责任是不合理的。这样做不仅无法减少航班延误次数,反而会增加航空公司成本,而航空公司最终又会将成本分摊到机票上,

---

〔1〕 See Sophia Tang, *Air Carriers'" Obligation in 'Extraordinary Circumstances"*, European Journal of Risk Regulation, Vol. 4, No. 2, p. 277(2013).

最终增加的是旅客的负担。对此,笔者对乔瓦尼·比西纳尼的观点并不赞同:(1)1999年《蒙特利尔公约》双梯度责任制和国际航空运输第五管辖权这两个加重承运人负担的制度,在确立时最大的反对意见就是将导致航空公司成本增加从而机票涨价,但经过20多年的实践表明,机票并没有大幅度涨价。而关怀与帮助的义务同这两个制度相比承运人所付出的成本并不会太高,不会对其造成太大负担,所以有理由相信该义务不会导致机票上涨。(2)承运人和旅客之间存在航空运输合同关系,当不可抗力发生时有所谓的"不可抗力免责",但是发生不可抗力后双方的航空运输合同关系依然存续,所以并不能当然地免除债务人所有履行义务。[1] 只要旅客不退票那么承运人就仍需要继续履行包括附随义务在内的航空运输合同义务。(3)虽说合理延误承运人无责,但是出于和谐因素考虑,承运人也应该及时作为,安抚消费者情绪。

承运人的关怀与帮助义务其本质是一种合同随附义务。如何合理地设计该义务需要综合考虑合同双方与三项随附义务的特点:(1)合乎目的性,合同中任何一项权利和义务的设置其目的都应该是保障合同目的快速实现。航空运输合同的主要目的就是快速、安全地将旅客和货物运输到目的地,欧盟第261/2004号条例规定的关怀与帮助义务无疑帮助了旅客。不可抗力一般都会导致长时间延误,旅客得到妥善的帮助和关怀可以减少退票,这有利于合同的实现和履行。(2)符合利益平衡,合理的随附义务应当是满足权利人的迫切需要,也不会对义务人造成过大负担,而且不能包含"不可预见"的因素。机场的配套设施一般并不会太完善,承运人及时提供餐饮、住宿、交通等能满足旅客的迫切需要,餐饮住宿和交通承运人一般都有

---

[1] 参见韩世远:《合同法总论》,法律出版社2018年版,第481页。

合作协议,并不会给承运人造成过大负担。现代科技的发达,不可抗力大多数情况下都可以提前预知,所以较少存在“不可预见”因素。(3)义务设计应适度,承运人所负义务不能超过其承担能力。欧盟第261/2004号条例规定的关怀与帮助义务在本质上要求的是普通餐饮与住宿,量上要求与等待时间相适应,通讯服务的次数也被严格限制,这样的制度设计对航空公司来说并不会超过其负担能力。所以欧盟第261/2004号条例所规定的关怀与帮助义务存在法理基础。

综上,对于承运人赔偿损失的责任,笔者认为,只有在非合理性延误下才会产生,合理延误下承运人只有关怀与帮助的义务。而且前文已经提到了,延误赔付并不是赔偿“延误”本身,而是赔偿旅客或托运人因“延误”所产生的损失。通过分析本章第一节各国判例可发现,消费者或是托运人的延误实际损失通常情况下不会是一个巨额数字,所以所获得的赔偿并不会太多,再加上1999年《蒙特利尔公约》的责任限额,消费者最终获得的赔偿利益或许只是一些零星的费用。近年来我国陆续颁布了《民航旅客不文明行为记录管理办法(试行)》《关于在一定期限内适当限制特定严重失信人乘坐民用航空器推动社会信用体系建设的意见》等,由此可见争端当事人不仅所获财产利益不多,还有可能被拘役、禁止乘坐航空器等,对消费者来说明显得不偿失。那为何在现实生活中因为延误所引起的争端却频繁发生,屡禁不止。2020年8月18日,因航班受台风影响被取消,旅客徐某酒后前往深圳宝安国际机场南方航空销售柜台,大声喧哗,辱骂工作人员并扯拽柜台盆栽,甚至在执勤人员劝导时,推搡执勤人员,并掏出现金扔向执勤人员。最后,经过警方调查取证,徐某因扰乱公众场所秩序被依法处以行政拘留5日。[1] 其实当航班被延误时，旅客的焦躁情绪是完全能理解的，特别是无期限延误和取消航班的情况下，负面情绪难免滋生，但是我们也应明白权利的维护应该通过理性沟通、投诉等合法合理的方式，过激行为无法解决问题。而航空承运人也应该在航班延误时耐心地解释原因，保障消费者的知情权，并及时采取后续保障措施，如安排餐饮、住宿、交通或是另换航班等。旅客之间的矛盾很多时候其实是对承运人态度的不满或者不理解。双方多换位思考，延误所带来的问题才可能得到实质解决。

本章小结

1999年《蒙特利尔公约》关于延误赔偿的表述与《华沙公约》法条的规定相差不大，1999年《蒙特利尔公约》只在第19条增加了但书部分来作为承运人的免责事由，且该免责事由只适用于延误责任，承运人其他责任不能以该条但书进行免责，而且承运人如果想适用此免责事由，则负有举证义务。航班延误一般是指期望的合理时间，而不是时刻表上的时间，因为时刻表并不是运输合同本身，也不是合同的一部分。现代国际航班中的机票超售构成延误，而因天气原因引起的延误虽然构成国际公约所指延误，但承运人一般不需要负赔偿责任。

由于航空延误存在的客观性且赔偿责任风险需要转移，延误保险可以更好地保护旅客权益，并且一些发达国家和保险公司也相继

---

〔1〕 参见李暄：《航班遇台风被取消 旅客酒后大闹机场》，载《中国民航报》2020年9月2日，第2版。

推出了延误保险,所以延误责任保险的制定是有必要性和可行性的。但是在此基础上,也应区分延误情况,将合理延误和非合理延误分别看待,承运人只有在非合理延误下才承担赔偿责任,在合理延误下承运人没有赔付责任,只有关怀与帮助的义务。

第六章　我国航空承运人强制责任保险的立法现状及完善

第一节　我国航空承运人责任机制述评

一、我国航空承运人归责原则

（一）归责原则概述

民事责任归责原则由过错责任原则与无过错责任原则构成。过错责任在19世纪是主要的归责原则，但也是在这个时候开始遭受质疑和压力。过错责任之所以会在19世纪流行，是因为自由放任政策的盛行，过错责任的法条理念有助于社会经济的发展。但是工业革命之后，由于科学技术的进步，新型交通工具涌现，在促进人类社会文明的同时，也给人类社会带来更多未知的风险。由于新型交通工具技术要求高，一旦发生事故，举证对于消费者来说困难重重，如果还以过错责任作为主要的归责理由，实属不公。所以在面对高科技风险的时候，为了彰显公平，无过错责任开始逐渐发展起来，时至今日，过错责任和无过错责任是具有同等地位的两种归责原则。飞机的制造技术日新月异，但潜在的风险却无法完全避免，而且由于速度快、班次多的特点，航空运输变得越来越普遍。航空事故的发生原因除不可抗力外,还包括航空产品制造缺陷和人为过失。空难事故发生后,机上人员生还概率非常小且飞机作为高科技技术也为探究空难发生原因增加了复杂性,如果在该领域适用过错责任的归责原则,被害人及其家属很难通过举证获得相应赔偿。所以,对于航空承运人的归责原则,无论是国际公约抑或国内立法都趋于向无过错责任归责模式转变。在这种归责模式下,行为人造成他人民事权益损害,不论行为人有无过错,法律规定应当承担侵权责任的,依照其规定。[1] 虽然过错责任建立起了完整的体系,但是对于其名称,各国却尚未统一。在我国称为无过错责任原则,[2]德国通称为"违宪责任"(Gefahr dungs haftung),[3]英美法上则多称为"严格责任"(strict liability),[4]名称虽不同,基本上均指同一事物。

诚信原则为民法的帝王条款,其运用核心为当事人利益的平衡,这也是法律的一种表现形式,[5]也可以称为"利益衡量"。[6] 利益衡量是1999年《蒙特利尔公约》所揭示的原则,承运人责任也依此原则而有所调整,但是从该公约整个制定过程的争议可以知晓,这一调整并不符合各方的期望。

(二)1999年《蒙特利尔公约》的创新

在华沙体系下,虽然《蒙特利尔协议》及《危地马拉议定书》采用无过错责任,但是前者仅适用于起点、终点或中途降落地为美国的国

〔1〕 参见《中华人民共和国民法典》第1166条。
〔2〕 参见程啸:《中国民法典侵权责任编的创新与发展》,载《中国法律评论》2020年第3期。
〔3〕 参见李昊:《德国危险责任体系的生成与演进——兼及我国危险责任立法模式的选择》,载《私法研究》2010年第1期。
〔4〕 参见[美]文森特·R.约翰逊:《美国侵权法》,赵秀文等译,中国人民大学出版社2004年版,第190页。
〔5〕 参见何勤华主编:《西方法律思想史》,复旦大学出版社2005年版,第255页。
〔6〕 参见梁上上:《利益衡量论》,法律出版社2013年版,第23页。

际运输，而后者则尚未生效，所以华沙体系下的承运人责任其实仍未改变。也因此，1999 年《蒙特利尔公约》针对旅客死伤的损害创立了双梯度制，在第一梯度采用无过错责任制或称严格责任制（strict liability），才更显得众所瞩目。

成文法中的严格责任，通常允许某种程度的抗辩，例如，《俄罗斯联邦法》（Russian Federation Code）第 1079 条即允许抗辩人在能证明损害是因不可抗力所致，或是国际行为导致时，可以免除责任，这使严格责任不再绝对严格。[1] 在运输领域适用严格责任也遭到了学者的质疑。一些学者认为承运人承担严格责任的情况下，高昂的保险费用势必会通过机票或运费等形式转嫁给旅客或托运人，而且引发航空事故的原因复杂，除承运人原因外，还可能是制造商、空管人员、机场经营者等的原因，只让承运人承担严格责任实属不公，除非结合责任限额，否则令人难以接受。[2]

在学术上，绝对责任（absolute liability）和严格责任（strict liability）都为无过错责任，一般情况下并不会对二者作出严格区分，但是二者之间仍有差别。严格责任一般为国内立法中所通用的名词，绝对责任一般为国际公约所用名词；严格责任有免责条件，责任范围也只有法律规定的几种情况，绝对责任的免责条件少，责任范围更大。[3] 此外，学者郑斌也曾对 1999 年《蒙特利尔公约》中所谓绝对责任与严格责任加以区别。如果归责原则为严格责任，那么行为

---

〔1〕 See Elspeth Reid, *Liability for Dangerous Activities: A Comparative Analysis*, International Comparative Law Quarterly, Vol. 48, p. 736(1999).

〔2〕 See Teruo Sakamoto, *The Fate of Passenger Liability Limitation in the Warsaw System*, *The Use of Airspace and Outer Space for all Mankind in the 21st Century*, Netherlands: Kluwer Law International, 1995, p. 137.

〔3〕 See L. F. E. Goldie, *Liability for Damage and the Progressive Development of International Law*, International Comparative Law Quarterly, Vol. 14, p. 1200 – 1218(1965).

人应负责任的情形为该行为人的行为导致损害，这种情况下的免责除证明自己无过错外，其他通常的抗辩理由也可以适用；如果归责原则为绝对责任，行为人应负责的情形为行为和损害无须存在因果关系，但该行为人与规定的特殊情况有关联，而该情况导致损害发生，在这种归责原则下，行为人可以免责的情况为法律明文规定，除此之外其他通常的抗辩理由不可适用。[1] 在保障旅客权益的同时，为了求得旅客和承运人利益的平衡，一般的民事责任不再以绝对责任作为归责原则，而是以严格责任作为主要的归责原则。但是对于承运人的免责事由也只是在有限的范围内予以放宽，如不可抗力，[2] 运输物的性质或托运人、收货人的过失所致，才可以免除其责任。也就是说，在严格责任状态下，承运人对不可抗力以外的通常事故责任均应负责，且对免责事由应负举证责任。这种责任轻于绝对责任，但是又比一般的过失责任更重，相当于英美法上的严格责任（strict liability）。

1999 年《蒙特利尔公约》关于承运人对旅客人身伤亡赔偿采用双梯度责任制，在不超过 128, 821 特别提款权时，采用严格责任，请求超过 128, 821 特别提款权部分采用过错推定的归责方式，该公约只规定了承运人可以自证清白的两种免责情况，对于承运人的过失到底谁负有举证责任，该公约并未作出明确表态。在实践中，如果发生空难，要求旅客或者托运人来证明承运人存在过错难度较大。一

---

[1] See Bin Cheng, A *Reply to Charges of Having inter Alia Misused the Term Absolute Liability in Relation to the* 1966 *Montreal Inter-Carrier Agreement in My Plea for an Integrated System of Aviation Liability*, Annals of Air Law and Space Law, Vol. 6, p. 9 – 10(1981).

[2] 不可抗力是指不能预见、不能避免并不能克服的客观情况，合同中的不可抗力是指在合同成立以后所发生的，不是由于当事人一方的故意或过失所造成的，对其发生以及造成的结果是当事人不能预见、控制、避免、克服的。参见秦定主编：《国际贸易合同实践教程》（双语教材），清华大学出版社 2006 年版，第 49 页。

般来说旅客或托运人不能取得空难事故的调查报告，所以在美国，其国内航空运输法并无对旅客或托运人负有此举证责任的要求，甚至在普通的民事侵权案件中，对被侵权人也无此要求。但是从 1999 年《蒙特利尔公约》的条款来看，在第二梯度的赔偿下其并未明确表明免除旅客或托运人证明承运人过失的责任。还有一个问题，承运人在第二梯度的赔偿下，相较于 128,821 特别提款权所增加的赔偿应由谁来负责，如果承运人将增加的赔偿风险转嫁于航空保险，那么增加的保险费用很有可能借由机票又转嫁到了旅客身上。

此外，1999 年《蒙特利尔公约》虽然在人身伤亡领域引入了双梯度赔偿模式，在第二梯度下取消了承运人的赔偿责任限额，但也取消了《危地马拉议定书》中的“补充赔偿制度”。虽然《蒙特利尔第三号附加议定书》的责任限额不可打破，但是可以允许各国在根据《华沙公约》应付的乘客死亡或人身伤害赔偿之外，安排一笔补充付款。虽然某些国家认为，对其国民来说，10 万美元的限额已经足够，相当于无限责任，但美国认为这个限额太低。因此，美国提议根据每一缔约国的选择，设立一个补充补偿办法：“(1)在任何情况下，不得对承运人、其受雇人或代理人施加除本公约规定的责任以外的任何责任。(2)‘赔偿’费用不应由承运人承担。否则，与外国竞争对手相比，实施该计划国家的运营商将处于不利地位。(3)补充补偿办法不仅必须对在本国经营的承运人不具歧视性，而且必须对旅客不具歧视性；它不能只为实行该计划的国家的国民或居民的乘客的利益而设立。”其实该补充制度是不完整的，可能是因为起草仓促。例如，(1)它没有表明什么法院可以决定所谓的损害可以打破最大限度的问题。(2)在最高赔偿金额已裁定或支付给其他索赔人(可能不经法庭程序)后，提出索赔的人是否可获得额外赔偿？(3)是否所有有权获得补偿的人,无论严格解释还是扩大解释,都在补充赔偿下享有同等利益?

其实,在《危地马拉议定书》之后,美国就曾拟出一套美国版的补偿责任制,虽然该套补偿责任制已属精心设计的成果,但是碍于《危地马拉议定书》所附加的条件,依然出现严重的问题。该套补偿责任制规定仅有损害赔偿额超过100,000特别提款权的旅客才有享有额外补助的利益。这无异使损害赔偿额未超过100,000特别提款权的旅客,以其缴付的税款来填补特别补助,除非将此认为是基于大众利益所做的特别牺牲,否则结果的不公不言而喻。[1] 在1999年《蒙特利尔公约》以100,000特别提款权为标准,区分双梯度以认定责任制度的情况下,难以执行的国内补充赔偿制自然不被采纳。

(三)我国相关归责原则法治实践

关于人身伤亡的归责原则我国《民用航空法》规定在第124条;关于旅客随身携带的物品灭失、托运行李灭失、货物灭失的归责原则,我国《民用航空法》规定在第125条;关于承运人延误责任,《民用航空法》规定在第126条。

旅客人身伤亡的归责原则,1999年《蒙特利尔公约》实行无过错责任加过错推定相结合,我国的归责原则为无过错责任;关于随身行李1999年《蒙特利尔公约》的归责原则是过错责任,我国规定为无过错责任;关于托运行李的归责原则,我国《民用航空法》同1999年《蒙特利尔公约》的归责原则一致,为无过错责任,免责事由也一致。关于行李的归责原则,我国区分托运行李和旅客随身携带的物品,适用

---

[1] See Teruo Sakamoto, *The Fate of Passenger Liability Limitation in the Warsaw System*, *The Use of Airspace and Outer Space for all Mankind in the 21st Century*, Netherlands: Kluwer Law International, 1995, p. 132 – 133.

统一的责任制度，这一点同华沙体系的文件相似；我国货物的归责原则与免责事由同1999年《蒙特利尔公约》完全一样，为无过错责任；承运人的延误责任归责原则我国《民用航空法》同1999年《蒙特利尔公约》规定一致，为过错推定责任。

二、我国航空承运人责任限额

（一）1999年《蒙特利尔公约》保留有限责任的合理性

对于1999年《蒙特利尔公约》继续保留有限责任的理由，除华沙体系时代“航空业应受到保护”的理由随着科技进步、时代变迁而屡遭挑战，不再如《华沙公约》订立之初那般理所当然外，[1]还有两个重要理由：(1)为符合损害赔偿责任定额化的要求；(2)为符合责任保险的要求。换句话说，由于现代企业损害赔偿定额化的要求，[2]采用有限责任具有重大的意义。虽然现在对于人身伤亡赔偿进行固定赔偿有一定困难，[3]但是可以依有限责任制度而达到目的。另外，对于保险来说，根据限制承运人责任而使承运人的损害赔偿责任限制在一定范围内，是责任保险所必要的。对于旅客而言，将承运人的责任以限额的方式事先表示，则旅客可以根据自身需求，对于超过责任限额的部分另行保险，这对旅客来说也是有利的。

1999年《蒙特利尔公约》第50条新增了关于承运人责任保险的规定，责任保险一方面可以分担承运人的运输风险，另一方面也可以保证旅客、托运人、收货人在受到损害时及时获赔。《蒙特利尔公约》

---

〔1〕应特别指出的是，航空业的发展虽今非昔比，但是发展中国家的情况仍不比发达国家，又因为各国经济水准不一，赔偿额难免互异，这正为纷争的源头。所以，保护航空业的理由即使相对变得薄弱，也并未绝对失去立论根据。

〔2〕参见张新宝：《中国侵权行为法》，中国社会科学出版社1995年版，第109页。

〔3〕参见刘士国：《论人身死伤损害的定额化赔偿》，载《法学论坛》2003年第6期。

第50条规定了当事国要求其承运人在1999年《蒙特利尔公约》要求的范围内进行充分保险的义务,同时赋予了当事国要求经营运输至该国内的承运人提供证据证明其已就1999年《蒙特利尔公约》中的责任进行了充分保险的权利。在航空实践中,各国航空公司都会为其运输的责任进行投保,只是对于1999年《蒙特利尔公约》第50条中的"充分"一词,各国将会作出不同解释,然后对其承运人作出不同要求,若要求太高,则会造成承运人负担,影响航空业发展,若要求太低则不利于保障旅客的权益。所谓"充分",应当是指承运人所投的保险能够完全涵盖其可能承担的责任,最简单的判定方法就是所投保险等于或大于《蒙特利尔公约》中的责任限额。所以1999年《蒙特利尔公约》中关于责任保险的规定,对有限责任进行适当保留仍有必要。

(二)责任限额高低的妥当性

既然肯定了有限责任存在的价值和意义,那么就需要探讨责任限额到底定为多少才显得合乎时宜的问题。其实,承运人的有限责任原则一直以来虽引起争论,但从未被真正抛弃,各国及地区也仅是针对其限额额度进行调整。

1. 历来国际关于责任限额额度的调整

1976年欧洲马耳他集团(Malta Group)决定将限额定为80,000或100,000特别提款权。[1] 这种做法获得了其他国家的争相效仿,有些国家甚至将此规定适用于外国航空公司。在某些情况下,华沙体系所赋予承运人的抗辩权被放弃,华沙体系自此遭到破坏。

1985年意大利宪法法院判决意大利法律中承认《海牙议定书》

---

[1] See Finn Hjalsted, *Passenger Liability in International Carriage by Air-Lines of Development*, Hague: Martinus Nijhoff Publishers, 1982, p. 96.

第22条第1款的规定违宪;[1]然而,1988年意大利另一项法律却又将责任限额规定为100,000特别提款权。[2]

1987年第四届伦敦劳合社国际航空法研讨会(The Fourth International Aviation Law Seminar, Lloyd's of London Press 1987)在葡萄牙阿尔沃(Alvor)举办。会议中郑斌教授等提议在《阿尔沃一号公约》的基础上起草了《阿尔沃二号公约》。关于旅客人身伤亡的赔偿责任,《阿尔沃二号公约》采用了双梯度责任制度(two-tiered liability system):限额为100,000特别提款权的绝对责任,同时规定在赔偿请求权人可以证明承运人有过失的情况下,各国可以在其国内法中自行规定较高的责任限额甚至说是无限额。

1992年,日本的航空公司将其运输条件作了修改,放弃适用《华沙公约》或《海牙议定书》中运输时的旅客责任限额,而适用100,000特别提款权的运输责任,并放弃了《华沙公约》第20条第1款所赋予的抗辩权利。[3]

1994年,欧洲民航会议(European Civil Aviation Conference, ECAC)建议将旅客责任限额提高至250,000特别提款权,并督促承

---

〔1〕 意大利于1932年与1962年,分别通过适用《华沙公约》与《海牙议定书》的法律。然后在1985年Coccia *v.* Turkish Airlines一案中,意大利宪法法庭认为其《宪法》第2条的"不可侵犯的人权"(inviolable right of man)条款,包括请求补偿(right to compensation),尤其在与人身伤亡有关的场合,而飞机航行安全提升与保险费的降低已使航空事业改观,《华沙公约》与《海牙议定书》以特别保护航空承运人为由而设的责任限制,在今天已显得不公平,所以宣告其违宪。

〔2〕 See Doo Hwan Kim, *The Liability of International Air Carriers in a Changing Era*, *The Use of Air space and Outer Space for all Mankind in the 21st Century*, Netherlands: Kluwer Law International, 1995, p. 101.

〔3〕 See Naneen K. Baden, *The Japanese Initiative on the Warsaw Convention*, Journal of Air Law and Commerce, Vol. 61, Issue. 2, p. 459(1995).

运人参加类似1966年《蒙特利尔协议》的承运人间协定。[1]

1995年澳洲修改其《民用航空(承运人民事责任)法》,将澳洲航空公司履行的国内及国际运输中的旅客法定责任标准提高至260,000特别提款权(约合50万澳币)。

1995年6月国际航空运输协会在美国华盛顿召开航空公司责任会议,该会议认为,《华沙体系》的责任限额严重偏低,但目前仍应当对其进行保留,并尽快对其限额作出修改调整。1995年10月30日在吉隆坡签订的《国际航空运输协会关于旅客责任的承运人间协定》于1996年11月1日开放签署,该协定放弃了责任限制,并为旅客提供全额赔偿。

1996年4月,国际航空运输协会旅客责任法律咨询委员分会起草了《关于实施IATA承运人间协议的措施的协定》(Agreement on measures to implement the agreement between IATA Carriers, MIA),并于1996年5月开放签署。MIA的内容类似前述日本航空公司的条件,此外MIA还规定在不违反案件适用的准据法条件下,损害赔偿适用旅客住所地或永久居所地法。同时,由于在一些航线上索赔额通常不会超过100,000特别提款权,MIA的承运人根据运输所涉国家政府的授权,需要放弃《华沙公约》第20条第1款的抗辩权,而确定一较低的责任限额。[2]

1996年3月,欧盟委员会(European Commission)提交了一份理事会航空承运人责任规则(Council Regulation on Air Carrier

[1] See Anthony G. Mercer, *The Montreal Protocols and the Japanese Initiative: Can the Warsaw System Survive?*, Air and Space Law, Vol. 19, No. 6, p. 308 - 309(1994).

[2] See Matthew R. Pickelman, *Draft Convention for the Unification of Certain Rules for International Carriage by Air: The Warsaw Convention Revisited for the Last Time*, Journal of Air Law and Commerce, Vol. 64, No. 1, p. 289 - 291(1998).

liability)，建议在严格责任(strict liability)条件下的责任限额为100,000欧元，在有过失的情况下放弃所有的责任限制。1997年欧盟委员会采取MIA的主旨制定相关的理事会规则，如《关于发生事故时航空承运人责任的条例》(欧盟第2027/97号条例)。

1996年美国运输部发布一项临时指令，规定在符合下列条件的情况下批准MIA：(1)MIA关于适用旅客住所地法的条款适用于在美国出发、到达、中转、经停的运输；(2)MIA关于特定航线上严格责任制下100,000特别提款权的责任限额不适用于在美国出发、到达、中转、经停的运输。但1996年12月国际航空运输协会要求美国运输部重新考虑该临时指令，于是美国运输部在1997年1月8日发布一新指令，删除前述条件(1)。

2.1999年《蒙特利尔公约》责任限额的新制度

1999年《蒙特利尔公约》在针对旅客人身伤亡损害赔偿的部分，创设了以100,000特别提款权为分界的双阶制。对于此，日本学者中有人认为该制度是以1992年“日本创始”(Japanese Initiative)为基础而公约化，也可以说是由于日本对双阶制的创设才使1999年《蒙特利尔公约》有了问世的可能，证明了日本对于新国际航空公约的确立有着重大的贡献，并值得骄傲。日本学者口中的日本创始其实是指1992年，日本三大航空集团合意以特别契约的方式，采用一种新的双阶制的赔偿模式，即损害赔偿额在100,000特别提款权下的，放弃《华沙公约》第20条的抗辩，而接受绝对责任；而损害赔偿额度在100,000特别提款权以上的，承运人则可利用《华沙公约》第20条所赋予的抗辩权,而采过失推定责任。[1]

前文已经提到,在1999年《蒙特利尔公约》的起草商议过程中,有限责任引起了不小争议,但最后得以保留。不可否认,在最终确立的1999年《蒙特利尔公约》中确实可以看到1992年日本所提出的双阶制的影子,也可以说是对日本制度的承袭。虽然在该公约起草过程中,以美国为首的发达国家,由于经济实力雄厚,航空业发展较为迅速,仍旧倾向于采用无限额责任制度。而国际民用航空组织委员会的主席阿萨德颗泰特(Dr. Assad Kotaite)也在一方面期许1999年《蒙特利尔公约》将于21世纪,充分符合旅客、托运人、承运人及运输企业等各方的要求;另一方面他也批评道:"1999年《蒙特利尔公约》中关于旅客人身伤亡的无限额责任规定看起来像无稽之谈(eyewash),因为《华沙公约》中的有限责任被保留在1999年《蒙特利尔公约》中,所以对于1999年《蒙特利尔公约》关于责任限额的革新其实是'旧瓶新装'。在全球化越来越深,贸易、合同自由化越来越被推广的当今社会下,无限额责任赔偿制度下受害者请求全额赔偿是自由的一种理想状态,是符合当今社会发展趋势的。而且责任限额在很多国家也已经被取消,但它却仍然被1999年《蒙特利尔公约》所保留。"虽然该批评有一定的前瞻性,但是由前段论述可知,责任限额本身其实并无绝对的好与坏,存在即有原因,所以它的存在仍然有一定的合理依据。[2] 至于具体限额的高低,1999年《蒙特利尔公约》也提供了一种"自动调整"的机制,而且从某些方面来看,主张废除该

---

[1] See Bin Cheng, *Air Carrier's Liability for Passenger Injury or Death: The Japanese Initiative and Response to the recent ECC on sultation Paper*, Air and Space Law, Vol. 18, No. 3, p. 109 – 110 (1993).

[2] See A. Rein, *International Variations on Concepts of Limitation of Liability*, Tulane Law Review, Vol. 53, p. 1259 (1979).

制度的发达国家对该机制有很大影响力,所以在责任限额制度的存废上,1999 年《蒙特利尔公约》的新制度应具有一定的正面价值。

除旅客人身伤亡之外,1999 年《蒙特利尔公约》在延误、行李毁损灭失、货物毁损和灭失上,均保留了有限责任制度,但是该公约对此制度也留有一定余地,它允许承运人自行与相对人签订无限额责任合同。抛开旅客延误和行李毁损灭失不谈,单看货物运输,其合同相对人一般为企业、法人、商人等。他们一般经济实力较为雄厚,与承运人的地位相差并不悬殊,而且他们也可以在运输证券上以注明货物价值的方式来保障自身权益,只是限额责任合同在航空运输中仍然具有合理性,《蒙特利尔公约》中限额责任的高低也属公平。由于各国经济实力不同、发展程度也有差异,想要在国际公约中求得一个各个国家都满意的限额实属不易,而且从实践来看,各国对限额达成一致的可能性非常小。

华沙体系运行了 70 年,混乱的状态大家有目共睹,这种状态明显与《华沙公约》想要统一国际航空运输责任规则的初衷相悖,而且这种混乱状况对航空运输、消费者,甚至航空业的发展都是极为不利的,但是从根本而言,其实质是因为各国的经济水平、发达程度不一,导致各国航空技术、配套法律以及相关文化形态有巨大差异,所以想要达成一个完全被各国接受的统一规范不仅困难重重,也显得毫无实现可能。1995 年 6 月,国际航空运输协会在美国华盛顿召开航空公司责任大会(Air lines Liability Conference),会议中就承运人责任限额问题达成了一项临时协定。该协议决定航空公司(承运人)承诺将对旅客的人身伤亡赔偿责任限额提高到 250, 000 特别提款权(约合 375, 000 美元),并尽快在各国国内立法,以推动该协议尽快实施。该会议还达成了《华盛顿协议》,该协议规定缔约国的承运人采取行动取消《华沙公约》中规定的责任限额,而参照受害旅客国籍国的国内法确定限额并进行赔偿。但是《华盛顿协议》保留了《华沙公约》中规定的承运人抗辩权,当然承运人可以以声明的形式放弃抗辩权;同时保留了对第三人的追偿权。《华盛顿协议》期望在诸多矛盾中寻求一个平衡点,既避免同一个国际航空公司面对多个国家的法律责任限额,以及烦琐的诉讼程序和巨大的法律费用开支,也避免同一旅客因为乘坐所属不同国家承运人的航班,遇到损害时赔偿金迥然各异的情况,同时它也保留了华沙体系中的框架和优点(抗辩、第三人追偿)。但是该协议也有一定缺陷,即航空事故发生时,同一国际航班上不同国家的旅客得到的赔偿不同。因为赔偿数额是根据受害人国籍国法律确定的,发达国家和发展中国家的责任限额肯定存在差异。我们不难看出,真正统一且被普遍接受的责任限额,即使是在各方努力下也很难达成,所以 1999 年《蒙特利尔公约》中关于赔偿限额的设定,以及配套的责任限额调整机制,对于避免各国因国情不同而不认可赔偿责任限额有一定帮助。而且该机制对限额妥当性与公平性的维持也有一定积极意义。

(三)我国民用航空承运人责任限额

我国《民用航空法》第 129 条规定了我国承运人的责任赔偿限额:(1)对每名旅客人身伤亡的赔偿责任限额为 16,600 计算单位,[1]该数额可以经双方书面约定而突破。(2)对托运行李或货物的赔偿责任限额为每公斤 17 计算单位。旅客或者托运人可以声明特别利益并支付一定费用,突破该限额。(3)对每名旅客随身携带物品的赔偿责任限额为 332 计算单位。

---

[1] 国内航空法教材也将“计算单位”解释为“特别提款权”。参见马松伟、李永编著:《中国民用航空法简明教程》,中国民航出版社 2007 年版,第 167 页。

可见我国《民用航空法》规定的旅客伤亡的赔偿限额远远低于1999年《蒙特利尔公约》所规定的128,821特别提款权。我国区分了托运行李和旅客随身携带的物品的赔偿限额,这点不同于该公约。托运行李的赔偿限额同该公约一致,货物的赔偿责任限额本来同该公约一致,但是因为该公约的自动调整机制将货物责任限额调整到了22特别提款权,所以现在我国关于货物责任限额的规定低于该公约。我国并未对延误的赔偿限额作出规定。

三、我国航空承运人责任制度立法现状评析

我国承运人责任制度的主要规则集中体现在《民用航空法》中,该部法律作为我国民用航空运输规则的母法,规定了民用航空相关的一些主体和责任义务。除此之外还有作为中国民航主管部门的民用航空局发布一系列具有法律效力的文件作为配套:如1998年4月1日实施的《中国民用航空旅客、行李国际运输规则》(已失效),1985年制定,1996年修订的《中国民用航空旅客、行李国内运输规则》,2000年通过的《中国民用航空货物国际运输规则》以及1996年修订的《中国民用航空货物国内运输规则》等。

我国于2005年批准加入1999年《蒙特利尔公约》,作为该公约成员,我国在《民用航空法》第184条对国际条约的适用作出了明确规定,该条表明我国参加的国际条约如果不同于该法规定,则适用国际条约。所以在国际航空运输领域,1999年《蒙特利尔公约》适用于我国。但是从我国《民用航空法》第129条我们可以看到,在旅客人身伤亡赔偿、行李货物损灭、延误的承运人赔偿限额同1999年《蒙特利尔公约》还存在相当大的差距,这不仅不利于保护弱者利益,也不利于我国步入航空强国。我国在2006年1月29日经国务院批准发

布了《赔偿责任限额规定》。《赔偿责任限额规定》是在1995年《民用航空法》第128条的基础上制定的,1995年《民用航空法》第128条表明,我国国务院民用航空主管部门有权制定国内航空运输承运人的赔偿责任限额,然后报国务院公布批准后公布执行。《赔偿责任限额规定》的主要内容为对旅客的人身伤亡赔偿责任限额、随身行李赔偿限额、托运行李和货物的赔偿责任限额作出比《民用航空法》第129条更高的调整。《赔偿责任限额规定》对《民用航空法》的责任限额作出了较大修改,表明了我国对弱者权利的保护,出台的时间也表明了我国对1999年《蒙特利尔公约》的重视。

当今社会全球化范围越来越广,各国和地区联系也越来越频繁和深入,且法律人本化趋势也越来越明显。我国的航空业和发达国家相比虽然还有很大发展空间,理应保护,但是对于消费者利益我们也不能忽视,这不仅符合法律发展趋势,也符合现代社会以人为本的价值追求。我国现行的法律法规与国际社会所遵循的立法——1999年《蒙特利尔公约》以及欧盟区域立法相比,还有较大的完善空间。所以修改我国关于民用航空方面的立法理应提上议程。美国学者博登海默曾说过:“我们必须在运动与静止、保守与改革、经久不变与变化无常这些互相矛盾的力量之间谋求某种和谐。作为松散的社会结构紧紧黏合在一起的黏合物,法律必须巧妙地将过去与现在联系在一起,同时又不忽视未来的迫切需求。”[1] 华沙责任体系以及1999年《蒙特利尔公约》的一个非常重要的特点就是国际航空运输统一法律规则往往对国内航空运输产生深远影响,因而也常常成为各国国

---

[1] [美]埃德加·博登海默:《法理学——法哲学及其方法》,邓正来、姬敬武译,华夏出版社1987年版,第312页。

内航空立法创制和修改的蓝本。[1] 修订我国航空母法中不合时宜的部分以同国际立法接轨，不仅符合现代法治的价值取向，也能使保护消费者利益同保护行业发展形成动态的平衡，我国航空事业的发展需要完备的法律制度作为催化剂，这也是建设航空强国的必然要求。

第二节　我国航空承运人强制责任保险待完善方面

一、我国法律强制保险的待完善

（一）我国法律强制保险开办领域有待补足

保险行业的发展同社会发展呈正相关，社会越进步保险行业越发达。保险行业也是社会综合管理体制是否完善、机制是否健全的侧面反映，同社会发展相配套的保险措施不仅可以维护社会稳定，也能促进社会发展。[2] 我国改革开放以来，社会经济水平飞速提升，人们的生活也相应得到了质的改善，新生事物的层出不穷给人们生活带来便利的同时，也带来一些潜在风险。在社会经济发展的同时，社会文化也在进步，人们对于生命财产保障的意识也越来越强。这就需要解决如立法存在缺陷、保险产品的范围狭窄，保险公司只对突然、意外的污染事故承担保险责任，而将故意、恶意的污染视为除外责任的问题。[3] 又如，安全是经济发展保障的基石，我国安全生产

---

〔1〕参见王瀚：《华沙国际航空运输责任体制法律问题研究》，陕西人民出版社 1998 年版，第 26 页。

〔2〕参见谢金玉：《中国保险产业发展研究》，中国经济出版社 2011 年版，第 193 页。

〔3〕参见赵凌云、张连辉等：《中国特色生态文明建设道路》，中国财政经济出版社 2014 年版，第 256 页。

责任险却对经济增长没有充分发挥出应有的保障作用,影响了保险实施效果。[1] 再如,经济发展使人们出行更加便利,但是承运人责任险在保障人们人身、货物安全的时候还存在投保面窄、产品范围不大、法律条文规定不够明确、人身伤害赔偿的金额设置不够合理的问题。由此可以看出,我国的责任保险领域与发达国家还有很大一段差距,而想要缩小差距仅仅依靠保险公司的商业行为是不可能取得理想效果的。强制保险是除社会保险以外的依法必须实行的保险。[2] 从国际经验来看,有一些国家在以上方面已经广泛推广强制责任保险,而且配套法律也比较完善,使责任保险对保障公共财产与民众安全发挥了应有作用,这同时说明,我国法律强制保险开办领域有待补足。[3]

(二)我国强制保险法律环境有待完善

分析1995年《保险法》第10条和2015年《保险法》第135条可知,我国对于强制保险的态度从法律、行政法规规定转变为国务院保险监督管理机构批准即可。虽然我国对强制保险的态度变得逐步放开,但是强制保险牵涉多方利益格局的变化。我国目前没有系统性的关于设立强制保险必要性、可行性、正当性以及设立标准的研究,虽然态度有了极大转变,但是配套的研究能否跟上是对学术界以及实务界的一大考验,可谓任重道远。所以在许多国务院保险监督管理机构批准的认为应当展开的强制保险,因为配套法律或者政策没跟上,落地操作的成效性较弱。

---

[1] 参见冯中越主编:《社会性规制评论》(第1辑),中国财政经济出版社2012年版,第55页。
[2] 参见王家福主编:《社会主义商品经济法律制度研究》,经济科学出版社1992年版,第297页。
[3] 参见李洁主编:《保险概论》,清华大学出版社2005年版,第16页。

（三）我国强制保险经营管理技术有待加强

强制保险不同于一般的商业保险，强制保险对保险经营者的要求更高。由于我国保险产业发展较晚，而且因为一定历史原因经营管理技术相对薄弱，正在面临一系列问题：(1)没有建立起专业的、科学的风险评估机制。[1] 一些发达国家对于巨大灾害和责任保险的起步早且重视程度高于我国，所以对相关数据的收集和积累也较为丰富，而我国在这方面的数据累计起步晚，就成了一个先天的劣势。由于数据量不够，导致了对相关险种的建模技术也尚不成熟，对风险分布、损失估计缺乏精确性。(2)虽然我国对保险业的态度逐步放宽，但是一个行业的发展不是一蹴而就的，我国保险行业仍然存在产品品种少，体系不健全，保障不够全面的问题。[2] 相较于强制险来说，虽然我国的商业保险已经发展得较为成熟，但是因为民众保险意识不强，所以保险公司经营的险种出现严重不平衡，一些险种一直没能成为保险公司的经营重点，这就影响了保险行业以及保险公司开发符合市场需求的新产品的积极性。(3)产品定价精算技术仍不专业。[3] 前面提到保险公司的产品发展不平衡，所以导致有些产品长期得不到关注，就导致了产品设计技术资源投入不足，没有完善的定价技术与流程。(4)强制责任保险的事故认定周期长、理赔额度评估困难、理赔效率低。这是因为我国强制保险发展晚，保险公司对于相关事故的处理缺乏经验，特别是对于一些大规模的事故，保险公司难免显得力不从心。(5)对于巨灾险和责任险，由于涉及的风险较大，

---

[1] 参见朱进元、张承惠等主编：《转型与发展：保险保障与供给侧改革》，中国财政经济出版社2017年版，第123页。

[2] 参见李江宁、殷晓松主编：《保险业在国家治理体系中的定位及发展研究》，南开大学出版社2016年版，第92页。

[3] 参见薄滂沱：《中国保险业发展模式研究》，南开大学出版社2015年版，第195页。

理赔数额多,为了保险公司自身的利益和发展,再保险就显得尤为重要,而我国保险公司在再保险的安排方面还缺乏实际经营的经验。

另外,强制保险和商业保险因为有本质上的不同,所以两者的监管模式也有很大区别,商业保险以自愿购买为基础,其监管主要集中在保险公司的赔偿能力与市场准入和退出等方面。而强制保险则以强制购买为手段,其监管要求更高,还需要对投保人是否履行了投保义务、保险人是否履行承保义务,以及具体的产品条款、定价、风险分散等作出安排,甚至对市场行业行为都要建立完善的监管措施,应用相应的监管技术手段。

(四)我国地方立法强制保险执行力有待提升

从强制保险的相关文件来看,涉及强制保险立法的文件并不在少数,且立法单位级别有高有低,内容也包含了很多领域。但当文件落实到各地方执行的情况来看,却不尽如人意,有些问题虽然有文件指导,但依然没有得到很好的解决。主要有以下几方面原因:(1)相关法律规定都比较系统化,没有具体的操作流程,对落实情况也没有继续跟踪、评估和监督,对于一些执行不到位的情况没有建立相应的处罚机制;(2)系统化的法律模式必然对操作性有所影响,执行力自然而然就被打了折扣;(3)在立法、执行过程中,相关的政府职能机构之间的协调还不够到位,在推行强制责任保险时,没有充分理解法律或政策法规的精神,使推广和执行的过程效果不理想,从各地对强制保险执行的结果来看,基本可以得出执行力的强弱与政府有关部门的理解和支持有密切正相关关系的结论。

二、《民用航空法》强制保险的待完善

(一)航空母法有一定滞后性

随着航空的出现和发展,尤其是国际民用航空运输的快速发展,

各国对于领空主权、飞行安全、空中航行政策、航空权益、经济利益等诸多方面一直进行规范和统一,航空法由此产生。[1] 目前,调整我国民用航空活动的法律规范主要是作为航空母法的《民用航空法》,该法从 1995 年颁布以来,已经过去 20 多年,最近一次修正是 2021 年。不可否认,在我国民用航空飞速发展的同时,我国对于航空母法的修改从未停止,以尽量减少法律滞后性对行业带来的不利影响。虽然我国的航空水平相较于 1995 年该法才出台时已经有了质的改变,但仍然需要完善,例如,因为我国航空业还是上升趋势,且航空业的发展在现今看来对国家的发展尤为重要,所以我国的法律措施必须对其有所保护,在法律对承运人和消费者的选择来看,难免偏向于承运人,这就导致了我国的航空母法同《华沙公约》的内容相似,有一定滞后性。对承运人保护可以理解,但是对于一些行业发展的新兴问题我们却不应该忽视,如电子化运输凭证、第五管辖权、机长的法律地位、承运人对旅客人身伤亡、行李和货物毁损灭失以及延误的责任险等问题,对比《民用航空法》2021 年版和 1995 年版,二者没有任何区别,这明显不符合航空业发展的趋势,也和我国参与的国际公约无法接轨。所以在实践中,一旦出现上述问题,只有以司法解释和行政部门颁布规章的形式作出回应,这不仅不利于统一司法,也不利于问题的处理。

(二)《民用航空法》仅规定地面第三人责任险

我国《民用航空法》中关于强制责任保险的规定体现在第 166 条,这条要求是第三人强制责任险的基本规定。这条内容的法理来源主要是《罗马公约》第 15 条,该条规定了对第三者的强制责任保险

---

[1] 参见王剑辉主编:《民用航空法规》,西南交通大学出版社 2017 年版,第 7 页。

要求,我国《民用航空法》参照该公约并结合了我国当时的实际情况,确立了第三人强制责任险制度。[1] 所谓第三人责任险就是民用航空器的经营人向保险公司支付费用,对因民用航空器事故造成的第三人的人身或财产损失,保险公司在保险范围内,向被害人支付保险赔偿金。[2] 我国《民用航空法》第167条是关于保险人和担保人所享有的抗辩权,该条是参照《罗马公约》第16条第1款并结合我国实际情况所确立。我国《民用航空法》第168条规定了受害人可以直接向保险人或者担保人提起诉讼的情况,该条源于《罗马公约》第16条第5款,旨在保护受害人利益,该制度突破了合同相对性原则的束缚,让不是合同一方的受害人可以直接起诉保险人或担保人,这是我国《民用航空法》对弱者利益保护的体现。我国《民用航空法》第169条规定了对于第三人责任险的赔付,应当专门指定优先支付,该条是参照《罗马公约》第17条而设置的。我国《民用航空法》第170条规定也体现了保护受害人权益的意向。我国的航空母法参照《罗马公约》规定了较为成熟的第三人责任保险,这点值得肯定。但是不管是1995年的《民用航空法》还是2021年的《民用航空法》,它们都只规定了第三人责任险,对于强制责任险的范围没有作出任何扩大。

(三)旅客、行李、货物、延误责任险立法空缺

前段已经提到,我国《民用航空法》比较系统化地对第三人责任险进行制度设计。但是我国同样也是1999年《蒙特利尔公约》的缔约国,且该公约在我国已经生效,如果将我国《民用航空法》同该公约对责任险的范围进行比较,会发现我国在此方面的立法仍然较为落

[1] 参见杨帆:《风险社会视域中侵权损害赔偿与责任保险的互动机制》,中国社会科学出版社2016年版,第170页。

[2] 参见李洁主编:《保险概论》,清华大学出版社2005年版,第98页。

后，而且对比其他发达国家在此方面的立法，也可以发现我国的不足。在旅客责任险方面，我国成立之初就曾在公路、铁路、水路和航空客运中增加过强制险的立法。如《旅客意外伤害强制保险条例》，虽然已经被废止，但是它是适用于水路运输和航空运输实行旅客强制责任险的法律依据，旅客强制意外险在 1993 年被改为自愿投保的险种。1995 年的《民用航空法》中只规定了第三人强制责任险，且该法经过历次修改，直到 2021 年关于强制责任险的范围也未得到扩大。对于旅客人身伤亡、行李灭失、货物灭失以及延误等与消费者利益密切相关的几种承运人责任，相关的保险在航空母法中没有得到任何体现，这明显是法律真空地带。2015 年《保险法》也没有对航空强制责任保险有所提及。虽然对此目前并没有法律依据，但是在实践中，航空事故不仅对受害人造成巨大损失，对承运人也会产生不小打击，严重的会导致受害人失去生命，承运人宣告破产。这种不利后果不仅不符合以人为本的发展观，对行业和社会发展也有很大的负面影响。

三、国内法和国际法统筹的待完善

1999 年《蒙特利尔公约》第 50 条明确规定当事国应当要求其承运人就其在本公约中的责任（不管是合同责任还是侵权责任）进行充分保险。虽然学术界对民用航空承运人强制责任保险的范围看法不一，但是就该公约来看，其第三章第 17 条规定旅客死亡和伤害——行李损失、第 18 条规定货物损失、第 19 条规定延误，紧接着该公约第 21 条规定旅客死亡或者伤害的赔偿，第 22 条规定延误、行李和货物责任限额。通过以上内容，在把握该公约对承运人强制保险范围——“本公约中的责任”的大方向上，旅客伤亡、行李损失、货物损失、延误损失这四个方面是不存在异议的，而"进行充分保险"则具有强制保险的意味。这种强制包含了强制和准强制（quasi-mandatory）性。强制与准强制，是指向法律关系中较弱的或更容易受到损害的一方提供最低限度保护的规定是强制性的，这种情况中的强制性通常是单方面的，对于这种法规，不可以作出有损于但可以作出有利于需要保护一方的变通。在1999年《蒙特利尔公约》中体现为对于缔约国而言它是强制的，缔约国必须在该公约规定下要求其承运人进行充分保险；对于承运人来说它又有准强制的意味，因为他是该公约要求的第二或间接义务人，该公约并非直接对其进行要求，他们不过是该公约义务的承担者。

分析1999年《蒙特利尔公约》强制责任保险的范围以及我国《民用航空法》的法条规定可知，我国对承运人要求购买的强制保险范围明显小于该公约要求。从我国开始发展民用航空产业，到大飞机项目的启动，航空业的发展一直在稳步前进，法律价值取向或许应当在这种"前进"中慢慢做出调整。消费者作为民用航空合同中弱势的一方，理应得到更多的保护。1999年《蒙特利尔公约》之所以产生，除是对混乱的华沙体系进行统一以外，还有一个宗旨就是在承运人与消费者利益平衡的基础上，更加看重消费者利益保护。作为1999年《蒙特利尔公约》的缔约国，我国向来重视条约在国内的落实和遵守，条约的遵守是一项基本国际关系原则，也是国际社会交往的重要原则。条约是当今国际公法的主要渊源，是找出和确定各国作为具有约束力的国际法律关系主体、作为主权载体承担国际义务的最佳途径。同时，国际条约是影响国际合作的重要工具，是国际关系的一种非常有效的发展和管理方法。无论其名称如何，国际条约都是两个或两个以上国际法主体意志的一致表现，以产生国际法的法律效力。

同时我国也重视国际法对国内法的有利影响和驱动,承运人强制责任保险范围的扩大,是对弱者保护的一种方式,它不仅符合法律的发展规律,也符合当今世界的价值取向。我国应当根据产业发展情况,参考国内和国际环境作出更合适的规定,更多地保护私人利益。

第三节 我国航空承运人强制责任保险完善

一、完善相关法律规则

所谓的有限责任是指承运人在每一起事件中所应承担的赔偿责任有最高限额。[1] 被害人损失再大,赔偿也不会超出这个限额,这是一种范围状态,并不是定额赔偿。所以,被害人应当按照实际损失计算损害赔偿的额度,然后承运人在《蒙特利尔公约》所规定的限额内进行赔偿,在此种情况下,被害人的损失可能得不到全额赔偿。而无限责任也不是指承运人将负担天价赔偿,[2] 而是说拿掉赔偿额的上限限制,受害人可以以其损害的全额进行求偿,此种情况下被害人的损失可以得到全面保障。

在所有有关航空私法的国际公约中,《华沙公约》是最先采取有限责任的公约。随着《华沙公约》的签署国越来越多,各国为了让国内法与国际法相衔接,《华沙公约》的有限责任也为各国所援引,而成为航空承运人责任最为广泛适用的原则。而后,在华沙体系中无论生效或未生效的条约,都将有限责任纳入其中。虽然实践中,有限责任也引起了争论,同意方与反对方各执一词、相互对峙,在 1999 年

---

〔1〕 参见杜新丽:《国际私法实务中的法律问题》,中信出版社 2005 年版,第 153 页。

〔2〕 参见刘伟民:《刘伟民航空法学文选》,法律出版社 2016 年版,第 272 页。

《蒙特利尔公约》的制定过程中，关于有限责任的讨论也从未停止，但最后1999年《蒙特利尔公约》沿用了有限责任。如果说《华沙公约》中的推定过错责任朝1999年《蒙特利尔公约》中无过错责任倾斜是时势所趋，那么相反地，有限责任的沿用就可谓是现实中仍难以完全舍弃的制度。

（一）承运人责任限额的设置和完善

1. 我国并未对延误赔偿责任限额作出规定，应当对此作出完善。当今消费者越来越注重自己的权益保护，延误作为引起争端的缘由之一，我们应当从法律层面作出回应。我国2021年修订的《民用航空法》规定了承运人应当对延误负责，但却没有规定负责的具体数额或者措施。分析相关官方文件对于"延误补偿"的态度可知，我国之所以不对此作出回应主要原因还是保护航空业的发展，减少承运人责任，但是这样做却损害了消费者利益，一部科学的法律应该逐步从利益选择到各方利益平衡。从1995年《民用航空法》出台，随着社会主义市场经济体制以及国际航空运输业发展的新变化，其内容需要进一步完善和修订。[1] 目前我国的法律设置同国际社会的法律实践产生了较大差距，而且过分的国家保护也不一定完全有利于航空业的发展，这就导致了我国航空业水准虽然已经有了质的提升，但是同发达国家相比还有很大距离。针对此，由于我国是1999年《蒙特利尔公约》的缔约国，所以我国完全可以参考该公约第22条第1款的规定进行制度模仿。该公约规定因延误所造成的损失，承运人对每名旅客的责任以5346特别提款权为限，目前看来这个数额对于我国来说偏高，所以我国可以以自身国情为基础进行数额限定。在消

---

〔1〕 参见轩余恩编著：《中国民航运输市场发展与创新》，中国民航出版社2003年版，第245页。

费者的保护范围上，我国应当对乘客进行充分保护。长时间的延误、取消航班、错过转机和航班重新预订都会给乘客造成极大的不便，因此受影响的乘客应该得到补偿。如今，航空旅客的权利比以往显得更为重要，航空公司必须让乘客在接受旅行代金券或报销机票费用之间自由作出选择；如果航班因特殊事由而取消，旅客有权全额退票。目前，许多航空公司和旅行社只提供未来可以用来预订新航班的代金券。然而，在欧洲，这种代金券政策并不符合规定。此外，代金券往往不提供任何担保；而且即使航空公司已经给旅客提供了代金券，旅客也可以要求全额退款。

2. 提高旅客人身伤亡赔偿限额。我国 1993 年在国内运输中承运人对旅客伤亡的责任赔偿限额为 7 万元；2006 年中国民用航空总局发布了部门规章——《赔偿责任限额规定》，该规章第 3 条规定承运人对每名旅客的责任限额为 40 万元人民币。可见从 7 万元到 40 万元我国逐步加大对消费者的保护，也缩小了同其他国家责任限额的差距。但是根据 1999 年《蒙特利尔公约》第 21 条第 1 款的规定，承运人对旅客伤亡的赔偿限额为 128, 821 特别提款权。所以目前我国对于旅客伤亡的责任限额存在：(1)2006 年距今已较远，从责任限额同经济发展速度的时效性来说已显滞后；(2)同 1999 年《蒙特利尔公约》差距巨大的问题。早在 1994 年国际民用航空组织所作的社会经济学调查报告显示，多数欧洲国家已经把国内运输的赔偿责任限额提高到 10 万特别提款权；日本、波兰、美国在内的航空运输中实行无限额；加拿大和立陶宛没有明确的限额。[1]

3. 建立复审制度。1999 年《蒙特利尔公约》第 24 条规定了每 5 年进行一次的复审制度，为的就是更好地保护消费者权利，防止通货

---

〔1〕 参见唐明毅、陈宇：《国际航空私法》，法律出版社 2004 年版，第 212 页。

膨胀带来的不利影响。我国在科学设置和完善承运人责任额度的基础上完全可以将该机制引入国内,这不仅可以保障责任额度的科学性,也是对消费者利益的一种保护。关于复审制度的责任限额和通货膨胀的百分比,我们不一定要照抄该公约,而是应当统筹考虑航空业的发展和社会经济发展等相关因素后,设定一个合理期限,然后再逐步达到同《蒙特利尔公约》接轨的状态。

(二)明确承运人责任保险的最低水平

由于公约是各国协商之后的成果,其中必然包含某些条款的妥协,我国作为1999年《蒙特利尔公约》的缔约国,国内法同该公约保持一致不仅体现我国重视该公约的态度,也体现了国内法同国际法相结合。但由于各国国情不同,我们在遵守该公约的同时,也可以根据我国民航业发展的自身情况将该公约加以适用。如该公约第50条关于承运人强制责任保险的立法,其中“充分保险”一词该公约并未作出明确解释,各国学者对此的态度和认识也不一致,这导致许多学者认为该公约具有模糊性,其中以罗德·马格(Rod Margo)的评论最为典型,他认为:“充分保险具有非常大的模糊性,当承运人承担无限责任时,这种模糊性显得尤为明显。而且责任承担的形式多种多样,它受多重因素影响包括法系、责任基础、责任类型等。在一个国家被认为是充分的保险,在其他国家或许并不如此。”[1]大陆法系国家的立法特征通常具有具体、明确的特点,我国在修订《民用航空法》时,可以在综合我国国情的基础上对“充分保险”加以解释。[2]笔者认为,以承运人责任限额来看待保险是否充分是具有可操作性和

---

〔1〕 Rod Margo, *Aviation Insurance: The Law and Practice of Aviation Insurance*, London: Butterworths, 2000. p. 19.

〔2〕 参见张超汉:《航空承运人强制责任保险制度之检讨与反思——纪念1999年〈蒙特利尔公约〉实施10周年》,载《北京理工大学学报(社会科学版)》2013年第5期。

明确性的，不管是人身伤亡还是货物行李灭失，我国都对承运人责任限额、免责事由、责任期限作出了明确规定，要求承运人按照责任限额来购买保险，既可以保证赔付的充分性，也避免了司法模糊。

在明确“充分保险”的基础上，承运人责任险保险的最低限额也应在法律中明示，给出标准不仅利于承运人明确投保，也可以让承运人强制责任保险制度摆脱“软法”的嫌疑。所以如果未来我国对《民用航空法》进行该方面的修订，可以对旅客人身伤亡、行李毁损、货物毁损、延误这四种责任的承运人最低投保限额进行设定，设定方式可以是承运人的最低责任限额。这样做不仅符合《蒙特利尔公约》“充分保险”的要求，也增强了责任保险的适用性和可操作性，这也是目前许多国家普遍遵行的做法。

二、被保险人的权利保障

（一）根据公约义务完善我国民用航空责任保险

本章第二节已经提到，我国《民用航空法》仅规定了承运人对地面第三人的强制责任险，关于旅客人身伤亡、行李货物灭失、延误的强制责任险呈现一种法律空白状态。按照目前我国航空业发展的状态来看，这样的立法缺失不仅不利于行业发展，也不利于消费者权益保护。我国是1999年《蒙特利尔公约》的缔约国，2005年该公约就已经对我国生效，经过多年的行业和社会发展，我国的航空母法仍然没跟上该公约节奏。为了更好地促进行业发展和指导我国航空保险业的实践，我国应在落实1999年《蒙特利尔公约》第50条关于承运人强制责任保险的基础上，提高我国航空承运人责任限额，填补我国立法在承运人强制责任保险方面的空缺，在我国建立起较完善的航空保险制度，通过这种对法律上层规则的确立，将承运人责任险由自愿变为强制。在航空领域推行承运人强制责任险不仅只是为了保护消费者利益,也是对承运人风险的分散,对行业的保护。所以在未来修订《民用航空法》时,我国可以综合我国国情,制定出符合我国承运人、消费者、保险人三者利益的法律。应特别指出的是,根据本书第五章第三节,我国应该严格区分合理延误与非合理延误,在本书第五章第三节定义的合理延误状态下,承运人无须负责,所以就算把延误纳入承运人强制责任保险范畴,也应当注意承运人在合理延误状态下没有赔付义务。

(二)确立先行付款制度

1. 确立先行付款制度。先行付款制度的建立首先应体现在我国《民用航空法》中,《民用航空法》作为该领域的母法,应率先表明态度。在该法的第九章——公共航空运输章节中的承运人责任的规范中,为保护民用航空事故旅客权益,可以设立先行付款制度来体现"原则性"的保障,只有上位法先行确立该制度,下位法才有制定实施具体操作规范的可能性,而且这样才能达到上位法和下位法配套。当《民用航空法》设立先行付款这一原则后,下位法也应作出相应的反馈。我国可以结合我国具体国情和实际情况对该制度进行修订和补充。如可以修订原中国民用航空总局2006年1月1日开始实施的《民用航空器飞行事故应急反应和家属援助规定》(以下简称《援助规定》)。

2. 制度规则确定化。本书第二章第三节已经提到,1999年《蒙特利尔公约》所规定的先行付款制度中有很多问题需要各国国内法加以确定,对于有些问题该公约甚至没有进行规范。我国可以在制度设计中将该公约中的不足通过国内法加以规范,这不仅可以填补我国的制度空缺,也可以使该制度在司法实践中更加清晰。如修改

《援助规定》的第29、36条，在第29条中增加先行付款的原则，在第36条中对该原则进行具体规范。以第36条为例，对先行付款的具体时限作出规定，对“迫切经济需要”的范围作出明示。针对该公约的不足，我国还可以进一步规定先行付款是承运人的强制性义务、承运人违反先行付款义务时该如何制裁；如果事故调查最终结果为承运人不负责任，先行付款的金额是否应当退还，如何、何时退还等。以1999年《蒙特利尔公约》和其他国家、地区立法为基础，综合各方的优势，规避各方不足，制定符合我国国情的先行付款制度。

综上，如果一旦发生国际民用航空事故，我国国内法不仅与国际法保持一致，在国际法的不足方面我国也可以援引自己的具体操作规范。这不仅有益于国际公约的适用和航空旅客的保护，也能提升我国的国际形象，促进我国航空事业的发展。

（三）建立受害人向保险人直接索赔制度

严重的空难事故有可能导致承运人陷入破产清算的境地，这将导致受害人无法获得赔偿。[1] 在这种情况下，如何才能更好地保障旅客权益，让受害人家属可以快速地获得赔偿，理应值得重视。因为合同具有相对性，所以空难事故发生后，按照常规流程应当是由承运人先向保险公司提出赔偿请求，保险公司赔偿给承运人后，再由承运人向受害人赔偿。这套程序虽然具有法律的正当性，但是当它运用于实践时难免显得冗长和烦琐。法律制度的价值之一就是对主体有意义、可以满足主体需要的功能和属性，[2] 在这样的价值要求下，如

---

〔1〕 如果涉案航空器的经营人破产，直接诉讼可以防止保险人对经营人的赔偿被破产部分或全部地分掉而不是被受害第三人获得，因为这种赔偿毕竟是最后的资产。See A. J. Mauritz, *Liability of Operations and Owners of Aircraft for Damage Inflicted to Persons and Property on the Surface*, Maastricht: Shaker Publishing, 2003, p. 103 – 104.

〔2〕 参见张文显：《法哲学范畴研究》，中国政法大学出版社2001年版，第192页。

果能突破合同相对性,让航空受害者的近亲属或者第三人可以直接向保险公司索赔,不仅程序上显得更简便,而且受害人家属可以及时获得赔偿,甚至缓解了航空承运人的经济压力,[1]使其损失通过保险方式"粉末化"和社会化,有利于后续航空秩序的良性发展和社会稳定,体现现代航空法的人文精神和人文关怀。

航空责任保险制度建立的初期,其目的是分散承运人风险,但是随着社会的不断发展,该制度的目的逐渐转变为保护受被保险人侵犯的第三人,即受害人。[2] 在这种情况下,保险人向被保险人支付保险赔偿金,甚至不以被保险人向受害人实际支付损害赔偿金为要件,而发展出受害人对责任保险人的"直接"请求给付保险赔偿金制度,[3]即第三人直接请求权。对于该权利的建立,合同相对性似乎成了其法律障碍,但是纵观目前世界上保险产业发达的国家,合同相对性理论似乎并未对责任保险第三人向保险人行使请求权造成太大的障碍。在美国,以合同受益人的地位请求履行保险合同的第三人,可以得到法院和立法的支持;在英国《1930 年第三方(对承保人的权利)法案》[Third Parties(Rights Against Insurers)1930]规定了当被保险人,也就是航空责任保险中的承运人无力还债(bankruptcy)时,旅客或托运人有权向保险公司提出索赔。[4] 从这一规定可以看出,原本有起诉权的承运人,因为破产导致起诉权转移给了旅客或托运

[1] 直接诉讼将赔偿责任引导至涉案保险公司身上,有利于涉案的航空器经营人或航空承运人,这简化或减少了他们在航空事故或实践中的影响。See A. J. Mauritz, *Liability of Operations and Owners of Aircraft for Damage Inflicted to Persons and Property on the Surface*, Maastricht: Shaker Publishing, 2003, p. 103 - 104.

[2] 参见郑玉波:《民商法问题研究(二)》,台北,三民书局 1980 年版,第 194 页。

[3] 参见邹海林:《责任保险论》,法律出版社 1999 年版,第 47 页。

[4] 参见[英]科林·史密斯:《责任保险》,陈彩芬译,中国金融出版社 1991 年版,第 152 页。

人。[1] 之后,1972 年《英国道路交通法》第 149 条规定了:当保险合同成立时,被保险人因为交通事故对受害人承担责任,在受害人取得赔偿判决后,可以依赔偿判决向保险人索赔。[2] 1958 年《瑞士联邦道路交通法》第 65 条第 1 款也明确规定受害人有直接请求损害赔偿权。此外,《日本机动车损害赔偿法》第 16 条第 1 款规定:发生保险者损害赔偿责任时,受害人根据政令的规定,可以在保险金额的限度内向保险人请求支付损害赔偿额。[3]

受害人向保险人直接索赔制度能否在航空强制责任保险中建立,以及建立后的可操作性到底强不强?从国际公约来看,《国际油污损害民事责任公约》第 5 条、1996 年《国际海上运输有毒有害物质的损害责任和赔偿公约》第 12 条、《国际燃油污染损害民事责任公约》第 7 条以及《1974 年海上旅客及其行李运输雅典公约》第 4 条在确立了强制保险的同时,赋予了第三人对保险人直接索赔的法定权利。[4] 从国内法来看,我国在《民用航空法》第 168 条中明确规定了受害人可以直接对保险人提起诉讼的情形,所以不管从国际公约还是从国内法分析,该制度都是具有一定法律基础以及可操作性的。因此我国完全可以将该制度在航空领域落实,并颁布相应的配套措施,因为如果受害人向保险人直接索赔,对保险人来说略显不利,在配套措施中应当规定该制度的相应细则,尽量平衡双方利益。主要有以下几方面措施:(1)被害人的索赔只能在航空强制责任保险合同

---

〔1〕 参见[英]Malcolm A. Clarke:《保险合同法》,何美欢、吴志攀等译,北京大学出版社 2002 年版,第 143 页。

〔2〕 See Raoul Colinvaux, *The Law of Insurance*, London: Sweet & Maxwell, 1984, p. 430.

〔3〕 参见李薇:《日本机动车事故损害赔偿法律制度研究》,法律出版社 1997 年版,第 239 页。

〔4〕 参见张湘兰、李凤宁:《海上责任保险法基础理论问题研究》,载《武大国际法评论》2006 年第 1 期。

的约定赔偿限额之内,超出部分,保险人没有赔付义务;(2)保险人对承运人的抗辩权也可以适用于被害人;(3)直接赔偿不同于先行付款,它并不是为了解决受害人急迫的生活需要,所以赔偿应当在航空事故责任认定之后;(4)直接索赔权利的享有主体应当明确限定为受害人、受害人的家属等。

三、风险防控措施

风险防控的本质就是保障飞行安全,以及一旦发生空难如何解决争议。飞机制造和研发能力是航空产业能否蓬勃发展的关键,而该产业的发展必须是以政府牵头才能得到保障的。航空业的发展是政府提升产业发展水平的一贯政策,目前中国作为全球第二大民用航空市场,发展大飞机项目是中国经济快速增长和民航业快速发展的需要,而且大飞机项目对国家的工业、制造业基础和上下游产业的带动有着巨大潜力。但是大飞机项目的发展具有产品高度复杂、安全标准高、市场竞争残酷的特点,中国商用飞机有限责任公司成立之初,经历了一系列困难,目前已经成功研发 C919 中型客机,并于 2017 年取得成功首飞。C919 客机是我国首款按照国际最新适航标准且拥有自主知识产权的民用飞机,我国于 2022 年交付首架 C919 单通道客机。虽然 C919 客机的成功问世代表了我国的大飞机研发的里程碑,但是从研发科技的深度和飞机类型的广度来看,还是距离世界几大飞机研发公司有一定距离。而且我国对于空难的处理和后续政策跟进都还有一定上升空间。

(一)保障飞行安全

安全是飞行的重中之重,产品质量的不达标不仅损失惨重,也会对该国航空业产生无法估量的消极影响。以波音公司和空中客车公司为例,欧洲飞机制造商空中客车公司2019年共交付863架客机,是自2011年以来首次“击败”美国波音公司,成为全球最大的飞机制造商。空中客车公司2019年共交付客机863架,而波音自2019年1月至11月仅交付345架飞机,不到2018年同期的一半,甚至是过去10年中最差的表现。因此,波音公司2019年飞机的交付量远落后于空中客车公司。[1] 2018年全年,波音公司交付的飞机数量是806架,而空中客车公司是800架。其实两大航空巨头排名出现逆转是意料之中的。波音737MAX8型号飞机接连发生两起坠机事故,自2019年3月起该型号在全球范围遭到停飞,复飞时间也一再被延迟,这场危机至今仍在持续。对于提高飞机的安全性能,可以从以下两方面入手。

1. 修改《中华人民共和国产品质量法》(以下简称《产品质量法》)。民用飞机属于该法调整的产品这个毫无疑问,但是综合来看,《产品质量法》属于调整产品质量的基本法律,将它适用于民用飞机的质量时还是难免显得功能性不足。这主要体现在两方面:(1)民用飞机的质量监督方面。民用飞机的质量关系人民的生命财产安全,因此,民用飞机的质量管控需要更加具体细化的规则。显然,作为基本法律的《产品质量法》不可能对民用飞机的质量监督问题作出详细规定。不过需指出的是,《民用航空法》《中华人民共和国民用航空器适航管理条例》等法律法规已经规定了民用航空器型号合格证、生产许可证、维修许可证、适航证、型号认可证等制度,对民用航空器设计、生产、维修、租用、进口、出口等质量监督制定了相应的规定。

---

[1] 参见《空客“击败”老对手波音！空客2019年交付863架客机,成全球最大飞机制造商》,载百家号“央视财经”2020年1月4日,https://baijiahao.baidu.com/s?id=1654778269971720384&wfr=spider&for=pc。

(2)民用飞机的质量责任方面。民用飞机的质量责任包括缺陷责任和瑕疵责任。由于界定民用飞机缺陷和瑕疵需要具体规则规定,对此,作为基本法律的《产品质量法》不可能对民用飞机的上述质量问题作出详细规定。此外,关于诉讼时效问题,由于民用飞机的特殊性,完全适用《产品质量法》也不合理。针对以上问题,笔者认为有两种处理方法:(1)在民用飞机这个领域进行专门针对飞机质量监督的立法。具体来说,尽快制定民用飞机产业发展条例(以下简称产业发展条例),这不仅是法律完善的需要,也是我国民用大飞机项目的政策支持。在该条例中可以具体规定我国民用飞机的适航认证标准、生产许可、质量检查监督体制等,在该产业发展条例中还可以规定飞机产业的战略定位、项目决策程序、机构组成、队伍建设等宏观方面。(2)在民用飞机的立法中,规定飞机质量责任规则。在产业发展条例中,严格规定民用飞机的质量缺陷和瑕疵,对于其责任主体、归责方式、责任承担等也应作出明确规定,除此之外,免责事由的制度设计也应符合行业发展、上位法、国际公约,并且合理设置民用飞机缺陷的诉讼时效和除斥期间。[1]

2. 美国体系研究。[2] 以美国国家运输安全委员会为例:美国国家运输安全委员会成立于1967年,在美国所有民用航空事故和其他运输方式发生重大事故时进行独立调查。它不是美国运输部的一部分,组织上也不隶属于任何一个运输机构,包括美国联邦航空管理局。但是美国国家运输安全委员会没有监管或强制执行的权力。为了确保美国国家运输安全委员会调查只侧重于改善运输安全事宜,

---

〔1〕 参见庄浩刚、李乾贵:《中国民用飞机产业发展立法研究》,科学出版社2013年版,第89页。

〔2〕 参见任和、邱明杰等编著:《飞机运行安全与事故调查技术》,上海交通大学出版社2017年版,第95页。

该委员会对事实信息的分析和其可能原因的决定不能作为呈堂证据。其中安全建议是美国国家运输安全委员会工作最重要的部分。美国国家运输安全委员会必须立即解决安全缺陷,并因此常常在调查工作完成前发布各类安全建议。建议的基础是根据调查的结果,和可能解决的安全缺陷,但不一定和最终确定事故原因直接相关。从分析美国国家运输安全委员会的职责来看,民用航空事故调查最重要的特点就是专职性和独立性。我国的民用航空器飞行事故调查一般属于民用航空局的职务范围。如果是外国民用航空器在我国境内发生事故,就由国务院或者国务院授权其他部门组织调查。从调查组织来看,我国并没有一个独立的专门针对民用航空器事故调查的组织,每当发生航空事故时,民用航空局会从各地抽调相关专家组成一个调查小组,专家并不具有专职性。民航局属于国务院管辖,并不是一个独立的机构,这一点就同美国国家运输安全委员会有很大区别。我国完全可以建立自己的安全运输机构,该机构不仅针对航空事故调查,对铁路和水路的事故调查也可以一并参与。该机构能完全独立地出具调查报告并给出安全建议。该建议不一定要有强制执行性,但是应从官方层面赋予其权威性。

(二)法律解决危机

1. 成立大规模事故处理委员会。虽然科技的发展可以大大提高飞机的安全率,但是空难的发生具有可能性,这是我们不能逃避的问题。一旦空难发生,伤亡人数达到一定数量,极有可能引发国家突发公共事件。目前我国的公共事件组织体系属于各级政府,虽然政府对于处理重大公共事件具有一定的组织和协调能力,但是专业性却有一定欠缺。处理大型事故,最重要的三个要素就是计划、团队和处理方式。其中团队的组建是最为重要的,高效的团队,在事故发生时能快速对事件进行响应,可以减少损失、尽快恢复流程,甚至可以减轻被利用的漏洞,提供了防范危险的第一道防线,并且从长远来看,有助于建立一套最佳的实践流程。如建立这样的组织,人员设置可以但并不限于:(1)事件响应经理(团队负责人),协调团队的所有行动,并确保团队专注于最大限度地减少损失。在事件中监督所有行动,并在严重事件中指导团队。(2)安全分析员,团队负责人由一组安全分析员协助,这些分析员跨部门工作,以评估安全系统,提供解决方案。(3)首席调查员,他们负责找出根本原因,分析所有证据,管理其他安全分析师。(4)沟通主管,与团队内部和外部的所有受众进行沟通,包括管理层、内部利益相关者、律师、媒体和客户。[1] 这样的团队可以通过对事件的信息分析快速反应,其中两种类型的事件应当属于他们作出反应的范畴:公共事件和组织事件。公共事件是指对整个社会产生影响的事件,如恐怖主义、自然灾害、大规模空难、流行病、大规模化学品泄漏等;组织事件仅限于单个组织但影响后果严重的,如炸弹威胁、计算机事故、商业机密泄露等。

2.政府提供司法补助和救济。承运人面对大规模的空难事件很有可能出现没有赔偿能力或赔偿能力不足的情况,这就会导致空难事件中的受害者及其近亲属无法及时得到赔偿。大量的求偿得不到妥善解决极易引发群众不满的负面情绪,影响社会和谐。针对此,我国各地均积极探索解决之道,如提供法律援助、信访救助等相关渠道,这些工作对缓解受害者的负面情绪产生了一定积极作用。但是因为司法救助工作起步较晚,还未形成成熟的体系,还存在许多问题

---

〔1〕 Pramod Borkar, *The Three Elements of Incident Response: Plan, Team, and Tools*, Exabeam (May. 02, 2022), https://www. exabeam. com/incident-response/the-three-elements-of-incident-response-plan-team-and-tools/.

亟须解决。

首先,司法救助应当遵循几项基本原则:(1)救助应当是辅助性的。国家司法救助是对遭受犯罪侵害或民事侵权,无法通过诉讼获得有效赔偿的当事人,采取的辅助性救济措施。重点解决符合条件的特定案件当事人生活面临的急迫困难。对同一案件的同一当事人只进行一次性救助。对于能够通过诉讼获得赔偿、补偿的,一般应当通过诉讼渠道解决。(2)救助应当公平公正。救助的标准应当严格公正,不仅要考虑个案中当事人的受害情况,也要兼顾同类案件中救助的数额,两者结合得出一个公平合理的救助数额。(3)救助应当及时有效。空难事故的受害人损失的利益一般都很大,及时救助可以缓解他们的负面情绪。

其次,明确救助方法和救助标准:(1)救助方式应当以资金救助为主,其他救助方式配合进行。其他救助方式可以但不限于法律援助、大规模事故后的心理疏导、诉讼救济,以上方式同资金救助相结合,形成动态的救助模式,给予受害人全方位帮助。(2)救助的标准应当根据各地区经济发展水平不同而各自制定符合地区情况的救助标准。关于救助标准也应当明确,救助不能超过法院判罚的赔偿数额,救助标准的确定应该具体化,尽量避免笼统的标准。

最后,明确司法救助程序:(1)主动告知。对于有资格接受救济的受害人或其近亲属,相关单位工作人员应主动告知其权利,对于一些文化水平低的权利主体,相关单位应提供帮助,协助其提出申请。(2)申请。申请过程应尽量简化,尽量避免烦琐的手续,对于不能书面申请的当事人,可允许口头申请。(3)审核。审核工作应当尽快进行,对于审核后决定不发放救助金的对象,相关单位应做好解释工作,并说明具体的理由。(4)救助金发放。财政部门应及时发放审核通过后的救助金,对于一些急需的特殊情况,办案机关可根据情况先行垫付。

四、制定制裁措施

法律的精神和价值在于实践。[1] 一部完整的法律,除规定权利和义务外,还应对不履行义务的后果作出明确规定,因为只有这样才能发挥法律的价值和功能。1999 年《蒙特利尔公约》具有公约的一般特性——各国协商的产物,虽然其作为一项国际交往原则一致被各国认可,但该公约并没有规定承运人如果不购买强制责任保险的后果是什么,再加上国际上并不存在一个超过国家的执法机关,这就更使该公约的执行力大打折扣。与公约的"软法"性质不同,在这种情况下,只有通过国内立法对该公约进行落实,才能赋予该公约强制的执行力。

本章小结

本章主要是在前文研究的基础上,提出一系列法规制定的建议。本书的前面五个章节主要侧重于对 1999 年《蒙特利尔公约》相关条款的分析和解读,本章则从我国国内法入手。从分析承运人的归责原则、责任限额可知,我国的航空法治发展同达国家相比还有一定进步空间,这主要体现在我国法律强制保险不足、航空母法规定滞后、国内法同国际法统筹不足。在此基础上本书提出了可以科学设

---

[1] See Stephen M. Garcia, *The Letter Versus the Spirit of the Law: A Lay Perspective on Culpability*, Judgment and Decision Making, Vol. 9, No. 5, p. 479 – 481 (2014).

置承运人责任限额、明确责任保险最低水平、制定相关制度保障被保险人权利、建立风险防控措施保障飞行的安全、制定制裁措施的建议。

参考文献

一、中文类参考文献

(一)著作类

1. 温世扬主编:《保险法》,法律出版社 2014 年版。

2. [英]科林·史密斯:《责任保险》,陈彩芬译,中国金融出版社 1991 年版。

3. 郝秀辉、刘海安、杨万柳:《航空保险法》,法律出版社 2012 年版。

4. 刘潭槐编著:《航空保险》,中国金融出版社 2016 年版。

5. 赵维田:《国际航空法》,社会科学文献出版社 2000 年版。

6. 邹海林:《责任保险论》,法律出版社 1999 年版。

7. 王传丽主编:《国际贸易法》,中国政法大学出版社 2003 年版。

8. 王瀚:《国际航空运输责任法研究》,法律出版社 2012 年版。

9. 黄力华:《国际航空运输法律制度研究》,法律出版社 2007 年版。

10. 杨惠、郝秀辉:《航空法学原理与实例》,法律出版社 2011 年版。

11. 唐明毅、陈宇:《国际航空私法》,法律出版社 2004 年版。

12. 郝秀辉:《海峡两岸航空法之比较研究》,法律出版社 2013 年版。

13. 黄卉主编:《航空法律前沿问题研究》,法律出版社 2010 年版。

14. 郭莉主编:《民用航空法概论》,航空工业出版社 2010 年版。

15. 郝秀辉编著:《航空法案例教程:民法总论卷》,知识产权出版社有限责任公司 2018 年版。

16. 许凌洁:《民航案例精析及纠纷防控》,法律出版社 2016 年版。

17. 王立志、杨惠、聂晶晶:《航空旅客权益保护问题与规制》,法律出版社 2013 年版。

18. 王铁崖主编:《国际法》,法律出版社 1995 年版。

19. 王玫黎主编:《国际法学》(第 2 版),厦门大学出版社 2015 年版。

20. 王瀚主编:《中国航空法评论》,法律出版社 2017 年版。

21. 王瀚、张超汉、孙玉超:《国际航空法专论》,法律出版社 2017 年版。

22. [英]郑斌:《国际航空运输法》,徐克继译,中国民航出版社 1996 年版。

23. 杨立新:《侵权法论》,人民法院出版社 2005 年版。

24. 王利明:《违约责任论》(修订版),中国政法大学出版社 2000 年版。

25.《牛津法律大辞典》,光明日报出版社 1988 年版。

26. 周鲠生:《国际法》,商务印书馆 1976 年版。

27. 徐振翼:《航空法知识》,法律出版社 1985 年版。

28. 贺元骅主编:《航空民商法研究》,西南交通大学出版社 2003 年版。

29. 李浩培:《条约法概论》(第 2 版),法律出版社 2003 年版。

30. 吴建端:《航空法学》,中国民航出版社 2005 年版。

31. 董念清:《中国航空法:判例与问题研究》,法律出版社 2007 年版。

32. 黄涧秋:《国际航空法研究》,中国法制出版社 2007 年版。

33. 韩冰:《国际航空旅客运输承运人责任制度研究》,上海社会科学院出版社 2010 年版。

34. [荷]迪德里克斯 - 弗斯霍尔:《航空法简介》,赵维田译,中国对外翻译出版公司 1987 年版。

(二)论文类

1. 潘晚英:《美国航班正常性管理经验及对我国的启示》,载《中国民用航空》2014 年第 1 期。

2. 姜南:《公益与私益的融合——以强制责任保险法律制度为核心》,载《河北经贸大学学报》2016 年第 4 期。

3. 郭锋、胡晓珂:《强制责任保险研究》,载《法学杂志》2009 年第 5 期。

4. 张超汉:《航空承运人强制责任保险制度之检讨与反思——纪念 1999 年〈蒙特利尔公约〉实施 10 周年》,载《北京理工大学学报(社会科学版)》2013 年第 5 期。

5. 李小燕、叶航:《美国航空旅客权益保护新法规》,载《中国民用航空》2012 年第 4 期。

6. 覃华平:《论欧盟航空旅客权利的保护及其对中国的启示——从 EC No. 2612004 条例谈起》,载《武大国际法评论》2012 年第 2 期。

7. 金秋、杨永浩:《从“4 · 15”空难事故透视国际空难的赔偿问题》,载《延边大学学报(社会科学版)》2004 年第 2 期。

8. 许凌洁:《航空旅客人身意外伤害保险的法律性质分析》,载《中国民航飞行学院学报》2005 年第 3 期。

9. 刘路:《欧盟航空承运人责任制度研究——以与国际公约的继受与竞合为中心》,载《北京航空航天大学学报(社会科学版)》2016 年第 4 期。

10. 李新记、张鸣胜、吴伟:《论航空保险中的可保险利益原则》,载《中国民航飞行学院学报》2006 年第 2 期。

11. 皮立波:《责任保险和保证保险的区别探讨》,载《保险理论与实践》2016 年第 3 期。

12. 梁艳艳:《评国际航空责任赔偿的法理依据》,载《重庆大学学报(社会科学版)》2015 年第 2 期。

13. 王茵:《我国航空承运人责任限额制度的检讨与研究》,载《南方论刊》2007 年第 4 期。

14. 翟业虎:《论国际航空事故赔偿的法律适用》,载《法学杂志》2014 年第 7 期。

15. 刘胜军:《海峡两岸航空承运人责任制度之比较——以旅客航空运输为视角》,载《河北法学》2013 年第 9 期。

16. 王瀚、孙玉超:《航空运输承运人责任制度的发展与创新》,载《上海政法学院学报》2006 年第 1 期。

17. 刘伟民:《论航空运输延误和“超售”拒载的违约责任》,载《北京航空航天大学学报(社会科学版)》2011 年第 6 期。

18. 许凌洁:《民用航空器损害责任研究》,载《社会科学研究》2016 年第 2 期。

19. 张世良:《国际航空运输承运人责任探微》,载《社会科学研究》2006 年第 6 期。

20. 解兴权:《国际航空运输规则和责任制度的现代化》,载《中国民用航空》2005 年第 3 期。

21. 屈凌:《论国际航空运输侵权责任的发展——以 1999 年〈蒙特利尔公约〉为视角》,载《西北大学学报(哲学社会科学版)》2011 年第 3 期。

22. 冯梅、姜艳庆:《浅析我国航空企业的社会责任》,载《中国市场》2009 年第 28 期。

23. 余俊:《航空运输责任的发展趋势及预测》,载《中国民用航空》2007 年第 6 期。

24. 李伟芳:《航空承运人航班延误的法律分析》,载《政治与法律》2004 年第 6 期。

25. 董念清:《试析〈华沙公约〉中的"事故"》,载《民航经济与技术》2000 年第 11 期。

26. 解兴权:《航空事故索赔人赔偿诉讼的新途径——〈1999 年蒙特利尔公约〉第五管辖权简介》,载《国际航空》2002 年第 6 期。

27. 唐明毅:《新国际航空旅客运输责任制度及其影响》,载《政治与法律》2003 年第 2 期。

28. 贺元骅:《论航空运输的侵权责任》,载《西南民族大学学报(人文社科版)》2003 年第 11 期。

29. 贺元骅:《不可抗力与航空承运人延误责任——以"全日空"两起延误案为例》,载《社会科学研究》2003 年第 6 期。

30. 何祥菊:《国际航空法中的旅客精神损害赔偿问题探讨》,载《华东政法学院学报》2004 年第 5 期。

31. 董念清:《欧盟关于航班拒载取消延误时对旅客补偿的规定》,载《中国民用航空》2004 年第 7 期。

32. 林燕平:《民用航空侵权的法律适用及〈蒙特利尔公约〉对中国的影响》,载《华东政法学院学报》2006 年第 6 期。

33. 陈宇:《国际航空运输概念界定——兼论 1999 年〈蒙特利尔公约〉的适用》,载《法学家》2006 年第 3 期。

34. 王瀚、孙玉超:《国际航空运输领域侵权行为法律适用问题研究》,载《河南省政法管理干部学院学报》2006 年第 1 期。

35. 唐明毅:《论贯穿国际航空运输法发展过程的矛盾与挑战》,载《北京航空航天大学学报(社会科学版)》2008 年第 1 期。

36. 陈宇:《国际航空运输中的损害赔偿》,载《北京航空航天大学学报(社会科学版)》2008 年第 2 期。

二、外文类参考文献

(一)著作类

1. Dr. D. Goedhuis, *National Air Legislations and the Warsaw Convention*, Netherlands: Martinus Nijhoff, 1937.

2. Dr. D. Goedhuis, *Limitation of Liabilities in Interactional Air Law*, Netherlands: Martinus Nijhoff, 1954.

3. H. Drion, *Limitation of Liability in International Air Law*, Hague: Martinus Nijhoff, Hague, 1954.

4. Eric Wertheimer, *Underwriting: The Poetics of Insurance in America*, 1722 - 1872, San Francisco: Stanford University Press, 2006.

5. Georgette Miller, *Liability in International Air Transport*, Deventer: Kluwer-Deventer, 1977.

6. Dr. Rene H. Mankiewicz, *The Liability Regime of the International Air Carrier*: *A Commentary on the Present Warsaw System*, Netherlands: Wolters Kluwer, 1981.

7. L. H. Ph. Diederiks-Verschoor, *An Introduction to Air Law*, 6th ed., Hague: Kluwer Law International, 1997.

8. C. N. Shawcross & K. C. Beaumont, *Air Law*, London: Lexis Nexis Butterworth, 1997.

9. Elmar M. Giemulla & Ludwing Weber, *International and EU Aviation Law*, Hague: Kluwer Law International, 2011.

10. Burling Julian: *Lloyd's*: *Law and Practice*, London: Informa law from Routledge, 2007.

11. Rod D. Margo, *Aviation Insurance*: *The Law and Practice of Aviation Insurance Including Hovercraft and Spacecraft Insurance*, 3th ed., London: Butterworths, 2000.

12. L. H. Ph. Diederiks-Verschoor, *An Introduction to Air Law*, 7th ed., New York: Springer, 2001.

13. Eric Williams, *Capitalism and Slavery*, Chapel Hill: University of North Carolina Press, 2015.

14. Brian F. Havel & Gabriel S. Sanchez, *The Principles and Practice of International Aviation Law*, London: Cambridge, 2014.

15. Tompkins George, *Liability Rules Applicable to International Air Transportation as Developed by the Courts in the United States*: *From Warsaw* 1929 *to Montreal* 1999, Netherlands: Kluwer Law International, 2010.

16. H. A. Cousy, *Tort Liability Insurance*: *A Different Relationship*,

New York: Springer, 2002.

17. George N. Tompkins & Jr. , *Liability Rules Applicable to International Air Transportation as Developed by the Courts in the United States: From Warsaw 1929 to Montréal 1999*, Netherlands: Kluwer Law International, 2010.

18. Lawrence B. Goldhirsch, *The Warsaw Convention Annotated: A Legal Handbook*, Hague: Kluwer Law International, 2000.

19. TimUnmack, *Civil Aviation: Standards and Liabilities*, London: Informa law from Routledge, 1999.

(二)论文类

1. John Jay Ide, *The History and Accomplishments of the International Technical Committee of Aerial Legal Experts (C. I. T. E. J. A.)*, Journal of Air Law, Vol. 3(1932).

2. Andreas Lowenfeld & Allen Mendelsohn, *The United States and the Warsaw Convention*, Harvard Law Review, Vol. 80(1967).

3. Michael Milde, *Warsaw System and Limits of Liability-Yer Another Crossroad*, Annals of Air and Space Law, Vol. 18(1993).

4. Eloise Cotugno, *No Rescue in Sight for Warsaw Plaintiffs from Either Courts or Legislature—Montreal Protocol Three Drowns in Committee*, Air Law and Commerce, Vol. 58(1993).

5. George N. Tompkins Jr. , *The Case for the Japanese Initiative Approach*, Aviation Law, Vol. 30(1994).

6. Joseph Asselta & Lee Kreindler, *The Japanese Initiative: Absolute Unlimited Liability in International Air Travel*, Air Law and Commerce, Vol. 60(1995).

7. Michael Milde, *Warsaw Requiem or Unfinished Symphony?*, Aviation Quarterly, 1996.

8. Naneen K. Baden, *The Japanese Initiative on the Warsaw Convention*, Journal of Air Law and Commerce, Vol. 61 (1996).

9. Paul S. Dempsey, *Pennies from Heaven: Breaking Though the Liability Limitations of Warsaw*, Annals of Air and Space Law, Vol. 22 (1997).

10. Michael Milde, *Liability in International Carriage by Air: The New Montreal Convention*, Uniform Law Review, Vol. 4 (1999).

11. D. Westwood Wilson & J. L. Geraghy, *The Progeny of Tseng*, Air and Space Law, Vol. 25 (2000).

12. Jurka Heinonen, *The Warsaw Convention Jurisdiction and the Internet*, Journal of Air Law and Commerce, Vol. 65 (2000).

13. Paul S. Dempsey & Michael Milde, *International Air Carrier Liability: The Montreal Convention of* 1999, McGill University Center for Research in Air Space Law, 2005.

14. Kevin Kyser, *Tarnished but Still Valuable: A History and Present State of the Gold Franc*, International Trade Law, Vol. 16 (2007).

15. George N. Tompkins, *The Montreal Convention* 1999. *The Fifth Jurisdiction and the Doctrine of Forum Non-Convenience*, Air Space Law, Vol. 33 (2008).

16. HuangYue, *Ma Meilan v. Thai Airways International Public Company Limited: A Survey of the First Case in China Relating to the Application of The Montreal Convention* 1999, Air and Space Law,

Vol. 38(2013).

17. Sonja Radosevic, *CJEU's Decision in Nelson and Others in Light of the Exclusivity of the Montreal Convention*, Air and Space Law, Vol. 38(2013).

18. Benjamin Potier, *The Fifth Jurisdiction under the Montreal Liability Convention: Wandering American or Wandering Everybody*, Journal of Air Law and Commerce, Vol. 68(2003).

19. John F. Easton eds. ,*A Continuum of Bodily Injury Under the Warsaw Convention*, Journal of Air Law and Commerce, 2003.

20. Bin Cheng,*A New Era in the Law of International Carriage by Air: From Warsaw (1929) to Montreal (1999)*, International & Comparative Law Quarterly, Vol. 53(2004).

21. J. W. Callison, *The Current Status of the Airline Deregulation Movement*, Journal of Air Law and Commerce, Vol. 45(1980).

22. J. C. Batra, *Modernization of Warsaw System-Montreal* 1999, Journal of Air Law and Commerce, Vol. 65(2000).